CB072364

Título do original norte-americano:
The everything parent's guide to dealing with bullies
Copyright © 2009 by F+W Media, Inc.

Cuidado! Proteja seus filhos dos bullies
Copyright © Butterfly Editora Ltda. 2011

Direitos autorais reservados.
É proibida a reprodução total ou parcial, de qualquer forma
ou por qualquer meio, salvo com autorização da Editora.
(Lei nº 9.610, de 19 de fevereiro de 1998.)

Direção editorial: Flávio Machado
Assistente editorial: Renata Curi
Tradução: Yma Vick
Capa: Danielle Joanes
Imagens da capa: Alexandrenunes / Dreamstime.com
Projeto gráfico e editoração: Ricardo Brito / Designdolivro.com
Produtor gráfico: Vitor Alcalde L. Machado
Revisão técnica: Valdeniza Sire
Preparação: Maiara Gouveia
Revisão: Luiz Chamadoira

Dados Internacionais de Catalogação na Publicação (CIP)
(Câmara Brasileira do Livro, SP, Brasil)

Carpenter, Deborah.
Cuidado! Proteja seus filhos dos bullies / Deborah Carpenter e Christopher J. Ferguson; tradução Yma Vick. – São Paulo : Butterfly Editora, 2011.

Título original: The everything parent's guide to dealing with bullies.
ISBN 978-85-88477-91-9

1. Adolescentes 2. Bullying 3. Comportamento agressivo 4. Conflito interpessoal 5. Psicologia aplicada 6. Relações interpessoais 7. Violência I. Ferguson, Christopher J. II. Título

10-11278   CDD-158.2

Índice para catálogo sistemático:
1. Bullying : Pessoas difíceis : Relações interpessoais : Psicologia aplicada   158.2

Butterfly Editora Ltda.
Rua Atuaí, 383 – Sala 5
Vila Esperança/Penha
CEP 03646-000 – São Paulo – SP
Fone: (0xx11) 2684-9392
www.flyed.com.br | flyed@flyed.com.br

Impresso no Brasil, no outono de 2011, pela:
Prol Editora Gráfica

2-5-11-3.000-6.000

CUIDADO!
PROTEJA SEUS FILHOS DOS
BULLIES

Deborah Carpenter
e
Christopher J. Ferguson, PhD

Tradução
YMA VICK

BUTTERFLY
EDITORA

São Paulo – 2011

Dedico este livro aos meus filhos, Kaylin e Kevin.

CARO LEITOR

Sempre me considerei uma mãe culta e esclarecida. Faço todo o possível para que meus filhos estejam bem e em segurança. Não andam de bicicleta sem capacete, sua vacinação está sempre em dia, os pequenos só vão no banco de trás do carro, em suas cadeirinhas de segurança, e os mais velhos têm aulas de natação. São orientados a tomar cuidado com estranhos e a olhar para os dois lados antes de atravessar a rua. Mas cheguei à conclusão de que nunca os alertei sobre um perigo que existe em toda parte, porém passa despercebido para a maioria dos pais: os *bullies* (termo em inglês para indivíduos que discriminam e humilham os colegas).

Jamais imaginei que meu filho de quatro anos poderia estar sofrendo esse tipo de violência — até o dia em que recebemos uma fotografia de sua turma da escola e pedi a ele que me dissesse o nome de cada um de seus colegas. Ele começou, então:

"— Esta aqui é Jenny, este é Thomas e este é o menino que me maltrata todos os dias..."

Fiquei chocada. Nunca pensei que esse tipo de coisa pudesse acontecer entre crianças tão pequenas. Descobri, assim, que o chamado *bullying* (discriminação e humilhação) existe em todas as escolas e em todas as fases, da pré-escola à faculdade. Devo confessar que pesquisar e reunir o material que deu origem a este livro foi um grande alívio para mim, pois, finalmente, posso dizer que aprendi a proteger meus filhos dos *bullies* (e a evitar que eles também venham a praticar atos desse tipo contra seus colegas).

Espero que as técnicas e estratégias que apresento possam ser igualmente úteis para você e para seus filhos.

Deborah Carpenter

Bully (substantivo).

Indivíduo cruel, autoritário e, muitas vezes, violento, especialmente com pessoas de compleição ou temperamento mais fraco. Também designado como seguidor da expressão latina *Canis Canem Edit* ("cobra engolindo cobra", ou seja, "os mais fracos que se cuidem").

Agradecimentos

AGRADEÇO À MINHA família (em especial a meu marido, Jeff) e a meus amigos, pelo apoio que recebi durante este projeto. Os *e-mails* com mensagens de estímulo, os serviços da babá e as paradas para tomar café e conversar me ajudaram muito. A orientação de Bob Diforio, Katie McDonough e Brett Palana-Shanahan foi fundamental.

Durante o processo de pesquisa e composição do livro, deparei-me com muitas histórias tocantes de crianças que sofrem perseguição de *bullies*. É um sofrimento que ninguém merece padecer. Crianças com tendências desse tipo devem ser orientadas e impedidas de maltratar as outras.

Dedico este livro a todos vocês: pais, professores, funcionários de escolas e profissionais que trabalham incansavelmente para proteger as crianças. Vocês são imprescindíveis neste mundo.

Sumário

Introdução 17

Capítulo 1: Afinal, o que é *bullying*? 19
    Definição de *bullying* 19
    A história do *bullying* 20
    Fatos e estatísticas 23
    Sinais de que o *bullying* está ocorrendo 26
    Diferença entre o *bullying* e os conflitos comuns 27
    Por que a maioria das pessoas subestima os problemas causados pelo *bullying*? 28
    A tríade: o *bully*, a vítima e a testemunha 29

Capítulo 2: Tipos de *bullying* 33
    Bullying verbal 33
    Bullying físico 36
    Bullying social, em relacionamentos e emocional ... 38
    Extorsão 41
    Bullying direto e indireto 42
    Cyber bullying – O *bullying* pela Internet 42

Capítulo 3: Tipos de *bullies* 49
    O *bully* presunçoso 49
    O *bully* social 50
    O *bully* insensível 51
    O *bully* hiperativo 52
    O *bully* vítima de *bullies* 52
    O grupo de *bullies* 53
    A gangue de *bullies* 54

Capítulo 4: O *bully* 57
    Características do *bully* 57
    Por que algumas crianças se tornam *bullies*? 60

O papel do *bully* na tríade 63
O estereótipo do *bully* 64
Locais em que o *bullying* geralmente ocorre 64
O *bully* iniciante 65
O *bully* experiente 66
O *bully* convicto 67

Capítulo 5: A vítima dos *bullies* 69
Características das vítimas 69
O papel da vítima na tríade 71
Como o processo de *bullying* se inicia: M-E-D-O 72
Por que justo eu? 74
Por que as vítimas não denunciam os *bullies* 76
Quando a vítima também se transforma em *bully* 77

Capítulo 6: A testemunha 79
Características típicas da testemunha 79
O papel da testemunha na tríade 80
A consciência da testemunha 80
Por que as testemunhas não denunciam 82
Por que as testemunhas não são inocentes 83
Como as testemunhas podem impedir o *bully* de agir 84

Capítulo 7: Fatores que levam ao comportamento *bully* 87
Violência familiar 87
Falta de um exemplo positivo para seguir 92
Violência na televisão 92
Videogames violentos 94
O *bully* também já foi vítima 97
Problemas na escola 97
Rejeição por parte dos colegas 98
O ambiente escolar 98

Capítulo 8: Mitos sobre os *bullies* 101
Mito 1: O *bullying* é algo normal entre crianças 101
Mito 2: Crianças precisam aprender desde cedo a se defender 103
Mito 3: Crianças vítimas de *bullying* sempre acabam contando aos pais 104
Mito 4: *Bullies* já nascem *bullies* 107
Mito 5: Não há *bullies* na escola do meu filho 107
Mito 6: *Bullies* são sempre crianças que se isolam e não têm contato social 108
Mito 7: Cabe à escola resolver o problema 109

Capítulo 9: Sinais típicos de que seu filho está sendo vítima de *bullies* 111
Sinais físicos 111
Sinais psicológicos 113
Problemas na escola 114
Alvos mais comuns 115
O que fazer (e não fazer) em relação ao *bullying* 115
Atitudes a tomar caso seu filho esteja sendo vítima de *bullies* 117

Capítulo 10: As consequências do *bullying* 121
Consequências físicas 121
Consequências emocionais 123
Consequências na vida escolar 124
Efeitos do *bullying* sobre a criança em curto prazo 125
Efeitos do *bullying* sobre a criança em longo prazo 126
Como os pais podem ajudar 127

Capítulo 11: Meninos *bullies* 129
O mito de que todo menino tem que ser Super-Homem 129
O perigo dos estereótipos 132
Agressão física 133
Meninos que maltratam meninas 135
Por que os meninos maltratam outros meninos 136
Como os pais podem ajudar 136

Capítulo 12: Meninas *bullies* 137
Bullying verbal 137
Meninas violentas 140
Bullying em grupo 142
Por que meninas maltratam outras meninas 143
O estereótipo da garota boazinha 144
Como os pais podem ajudar 144
O Projeto Ophelia 146

Capítulo 13: Como evitar que seu filho seja uma vítima 149
Ensine a ele as regras sociais 149
Como aumentar a autoestima da criança 150
Ensine seu filho a ser um bom amigo 159
Incentive-o a ter boas amizades 162

Incentive-o a ter um grupo de amigos...163
Matricule-o em um curso de defesa pessoal..163
Ensine a ele técnicas básicas de prevenção...164

Capítulo 14: Regras sociais e desenvolvimento da autoafirmação 165

Por que a criança precisa conhecer as regras sociais..............................165
Regras sociais básicas para crianças 166
Linguagem corporal 168
A qualidade da voz...170
Habilidade de conversar..171
Habilidade de fazer amigos...172
Desenvolvimento da autoafirmação 174

Capítulo 15: A responsabilidade e o envolvimento dos pais é uma grande ajuda 177

Medo de tornar a situação pior..177
A vergonha de ter um filho vítima de *bullies*..178
Vítimas que imploram aos pais que não comentem sobre o problema............179
O medo de ser pais superprotetores..180
Pais que querem que o filho se defenda sozinho 180
Razões para se denunciar sempre a prática de *bullying*.......................180
Estratégias para a prevenção da prática do *bullying*............................181

Capítulo 16: *Cyber bullying* – O *bullying* pela Internet.........189

Tipos de *cyber bullying*..189
Por que o *cyber bullying* se tornou um problema..................................195
Você não me vê, mas eu estou vendo você..196
As consequências do *cyber bullying* 197
Indícios de que seu filho seja vítima de *cyber bullying*........................198
Como proteger seu filho..199
O que fazer em casos de *cyber bullying* 200
Como evitar que seu filho se torne um *cyber bully*..............................202

Capítulo 17: Meu filho é um *bully*? 205

Sinais de que seu filho possa ser um *bully*...205
Mantenha a mente aberta 207
Como agir..207
Transmita a seu filho conceitos sobre amizade e regras de relacionamento 212
Crie mais oportunidades para seu filho desenvolver autoestima..........213

Incentive seu filho a desenvolver atividades construtivas, supervisionadas
e a praticar esportes 214
Limite a exposição de seu filho a formas de mídia violenta...................215

Capítulo 18: *Bullying* entre crianças portadoras de necessidades especiais 217
Será que a escola protege o suficiente seus filhos?..............................217
Seu filho está vulnerável?...218
Um novo tipo de ameaça: submeter os colegas a substâncias alérgicas..........220
O *bullying* praticado contra crianças com necessidades especiais....................223
O que fazer..223
Quais medidas tomar..224
É necessário apelar para medidas judiciais?..225

Capítulo 19: Quando o *bullying* se torna crime 227
Você conhece as leis relacionadas ao *bullying*?..................................227
Leis *antibullying*...229
Definição de violência física e de ameaça de violência física................230
O que fazer quando a diretoria da escola decide não cooperar 231
Registre uma queixa formal...232
O melhor a fazer é chegar a um acordo...234
Programas de prevenção..234

Capítulo 20: Por que os programas de tolerância zero não funcionam 237
O que é uma política de tolerância zero?...237
Por que os programas de tolerância zero fazem com que haja menor
número de denúncias 239
A política de exclusão de alunos 241
Bullies precisam de supervisão e de modelos positivos para seguir 241
Outros tipos de prática que não funcionam 242
Quais métodos devem ser utilizados?..243

Capítulo 21: Como os alunos, os pais, a escola e a comunidade podem se unir para combater o *bullying*........245
É preciso identificar a extensão do problema......................................246
Campanhas de conscientização..246
Programas de conscientização..247
Grupo de apoio...249
Regras em sala de aula..250
Atividades de aprendizado cooperativo...251

Supervisão redobrada das áreas de risco 252
Uma política integrada..252

Apêndice A: Glossário **255**

Apêndice B: Referências **267**

Índice remissivo..**273**

Introdução

UM DOS PRIMEIROS indícios de que algo está errado é quando uma criança que frequenta o jardim de infância diz aos pais:

— Odeio a escola. Não quero mais ir.

Ou quando aquele garoto que era um excelente aluno começa a ter misteriosas dores de barriga toda manhã. E uma marca roxa no braço de um garoto que adora esportes pode estar relacionada ao seu desejo súbito de parar de jogar no time de futebol da escola.

Mas, independentemente do modo como se descobre que uma criança está sendo vítima de *bullies*, a notícia gera emoções conflitantes e muitas vezes descontroladas. No primeiro momento, os pais podem ficar furiosos e querer fazer o *bully* experimentar um pouco do próprio veneno. Também podem ficar chocados ao saber que o filho é maltratado pelos colegas; ou frustrados, ao perceber que ele não é capaz de se defender. Porém, o pior sentimento é o de não saber o que fazer.

É natural querer defender um filho. Mas a grande verdade é que a maioria dos pais não sabe como agir nesses casos. Deixar a criança lidar com o problema? Reclamar à diretoria da escola? Entrar em contato com os pais do *bully*? O maior medo é o de fazer algo que acabe aumentando ainda mais o problema.

Quem passou por isso na infância sabe exatamente o que se sente todos os dias ao tomar o ônibus para a escola ou ao ser abordado por *bullies* no *playground* do prédio ou na rua. A simples ideia de que seu filho possa estar passando pela mesma dor e humilhação é terrível.

Um dos motivos pelos quais o *bullying* existe há tanto tempo é o fato de ele passar despercebido pela maioria dos pais e dos funcionários das escolas. E, quando descoberto, muitas vezes é ignorado ou até considerado bom para ensinar garotos a se transformar em homens. São atitudes perigosas, que deixam as crianças à mercê dos *bullies*. Mas seu filho não está só: ele tem você.

O *bullying* pode ser evitado. E este livro irá ensiná-lo a fazer isso. Quanto mais se aprende sobre o problema, mais bem preparado se está para combatê-lo. É importante saber por quais motivos ele acontece, porque algumas crianças são vítimas mais comuns, conhecer as diferenças do *bullying* entre meninos e meninas, o porquê de o chamado *cyber bullying* estar se disseminando cada vez mais e como agir caso se suspeite que a criança esteja sendo maltratada (ou maltratando as outras). É necessário entender por que essa prática continua todos os dias nos *playgrounds*, nos refeitórios, nas residências e nas ruas, apesar de a sociedade já estar mais consciente de sua existência e de seus trágicos efeitos para as crianças e para a comunidade em geral.

A boa notícia é que alguns pesquisadores e sociólogos já começam a ver o *bullying* como ele realmente é: a mais pura expressão de desrespeito e agressão. Quando as brincadeiras e provocações normais começam a se transformar em ameaças, tortura emocional ou agressão física é preciso tomar providências. Não se pode permitir o desrespeito entre crianças, seja ele do tipo que for.

Seja o seu filho uma vítima, um agressor ou uma simples testemunha do que ocorre entre seus colegas, este livro pode ajudar, oferecendo sugestões e técnicas para que o *bullying* se torne uma página virada na história da humanidade.

Capítulo 1
Afinal, o que é *bullying*?

NESTE CAPÍTULO:
- Definição de *bullying*
- A história do *bullying*
- Fatos e estatísticas
- Sinais de que o *bullying* está ocorrendo
- Diferença entre o *bullying* e os conflitos comuns
- Por que a maioria das pessoas subestima os problemas causados pelo *bullying*?
- A tríade: o *bully*, a vítima e a testemunha

SEGUNDO O *NATIONAL Youth Violence Prevention Center* (Centro de Prevenção Nacional à Violência contra os Jovens), "estima-se que cerca de 30% dos jovens nos Estados Unidos (o que corresponde a mais de 5,7 milhões de pessoas) estejam envolvidos na prática de *bullying*, seja como agressores, como vítimas ou ambos". Isso significa que o problema existe em praticamente todas as salas de aula das escolas norte-americanas. É uma realidade na vida de todas as crianças, sejam elas agressoras, vítimas ou testemunhas.

Definição de *bullying*

Bullying é o comportamento agressivo intencional que pode se expressar de diversas maneiras (verbal, física, social e emocionalmente; em relacionamentos, pela Internet, ou numa combinação de vários desses fatores). É gerado pelo desequilíbrio de poder e ocorre repetidas vezes, durante um período de tempo. Surge espontaneamente, não como reação a provocações, e possui modalidades diversas (uma criança passa a maltratar outras, um grupo de crianças se une para atacar uma terceira ou um grupo ataca outro).

As características mais comuns do *bullying* são a discriminação, a chacota, apelidos pejorativos, boatos, ameaças verbais, provocações, intimidação, isolamento ou exclusão e agressão física. Pode ocorrer em qualquer lugar, porém é mais comum em locais onde há poucos adultos para supervisionar, como ônibus, pontos de ônibus e banheiros, corredores, lanchonetes e pátios de escolas. Também pode ocorrer quando crianças se reúnem para brincar em uma casa ou quintal e permanecem durante muitas horas sem a supervisão de adultos.

Não tenha receio de falar sobre o assunto com seu filho. Não irá assustá-lo. Estudos mostram que, no jardim da infância, a maioria das crianças já consegue identificar os colegas que são *bullies* e descrever o que eles fazem para intimidar ou agredir os outros. Uma boa maneira de imunizar seu filho aos ataques deles é conversar abertamente (desde cedo e com frequência) sobre o assunto, ler e explicar a ele o material publicado em artigos e livros, e até mesmo ensaiar situações que ele pode vir a enfrentar e mostrar como ele deve reagir.

> **ALERTA!** Segundo um estudo realizado, em 2001, pela *Kaiser Family Foundation & Children Now* (Fundação Família Kaiser & As Crianças de Hoje), "crianças entrevistadas relatam que o ataque de *bullies* é o item mais frequente na lista de razões que ameaçam sua segurança física e seu bem-estar emocional". Portanto, esse é o aspecto mais importante a ser observado por pais e educadores.

A história do *bullying*

O *bullying* não é algo novo, mas só recentemente as pessoas começaram a ter mais consciência de seu impacto negativo sobre as crianças. No passado, atitudes agressivas eram tidas como normais e inevitáveis no desenvolvimento da criança. Zombaria, exclusão, rejeição, mexericos, empurrões e até mesmo derrubar a vítima eram considerados parte das brincadeiras e do comportamento infantil. Aqueles que reclamavam ouviam dos pais e educadores que não se deixassem abalar pelas brincadeiras, que deixassem de ser tão sensíveis e passassem a reagir, ou que aquilo os ajudaria a se tornar mais fortes e a ter mais caráter.

O problema desse tipo de atitude é que nem todas as crianças têm autoestima suficiente para impedir o *bullying* quando ele ocorre. Esperar que todas as vítimas de agressão lidem com a situação de maneira equilibrada é insensatez. Da mesma maneira, não faz sentido dizer a alguém que sofre maus-tratos ou violência doméstica para ser forte ou não se deixar afetar pelo que lhe acontece.

Literatura sobre *bullies*

A literatura nos mostra que muitas crianças são excluídas e sofrem maus-tratos desde o início dos tempos. *"Oliver Twist"* é um dos maiores exemplos. Escrito por Charles Dickens e publicado em 1838, foi um dos primeiros romances ingleses a ter como personagem principal uma vítima de *bullying* e de maus-tratos.

O Deus das Moscas, de William Golding, publicado em 1954, é outra grande obra sobre o assunto (e deveria ser literatura obrigatória em escolas). O romance conta a história de um grupo de crianças que vai parar em uma ilha deserta. Sozinhos, sem a presença de adultos, eles passam de seres civilizados a bárbaros implacáveis.

O livro de S.E. Hinton, *The Outsiders*,* escrito em 1967, mostra a eterna saga de um garoto de quatorze anos que sofre maus-tratos de colegas de escola. *Blubber*, de Judy Blume, escrito em 1974, descreve o sofrimento de uma menina que tem problemas de obesidade e é vítima de agressões dos colegas.

Embora essas obras mostrem exemplos explícitos de *bullying*, a relação *bully*/vítima, criminoso/vítima, predador/presa se encontra profundamente enraizada na subcultura de nossa sociedade. Contudo, quando passou a ser normal ou aceitável o fato de uma das personagens ser *bully* em quase todos os livros, filmes e programas de televisão a que assistimos?

A derrota dos *bullies*

O *bully* costuma ser, nos filmes, o desafio a ser vencido pela criança que é sua vítima. E o desenrolar da história depende inteiramente de como ela irá reagir. Normalmente, há três possibilidades:

---

* Que deu origem ao filme *Vidas sem Rumo*. (Nota da Tradutora)

1. A vítima enfrenta o *bully*, como no filme em que Michael J. Fox viaja de volta no tempo e ajuda o pai de Marty McFly a encarar o vilão da classe, em *De Volta para o Futuro*;
2. A criança vítima "age como homem", como no filme *Conta Comigo*, em que os garotos mais velhos batem nos mais novos, que reagem como podem;
3. A vítima precisa derrotar o *bully* ou os *bullies* que a importunam, como em *Karate Kid*, quando Daniel aprende a lutar caratê para se livrar dos garotos que o perseguem.

Em cada um desses exemplos, as vítimas são encorajadas a lutar e vencer, e, no fim, tudo fica em paz. Infelizmente, na vida real, as situações dificilmente se resolvem como nos filmes de Hollywood. A maioria das crianças maltratadas não sabe como se defender. Precisam de ajuda, de apoio e, principalmente, de alguém que interceda por elas. Toda criança tem o direito de viver em paz, mas, na maioria das vezes, as vítimas têm de se defender por conta própria.

O primeiro estudo oficial sobre *bullies*

Antes da década de 1970, o *bullying* não era considerado um grande problema social. Somente quando o pesquisador sueco, Dan Olweus, professor de psicologia da Universidade de Bergen, na Noruega, concluiu o primeiro estudo científico em larga escala sobre *bullying* entre crianças e jovens em escolas é que o público percebeu a magnitude do problema. As descobertas de Olweus advertiram os pesquisadores e demonstraram que a relação *bully*/vítima ocorre na maioria das escolas. Na década de 1980, Olweus introduziu o primeiro estudo direto que comprovava os efeitos positivos do que chamou de um "Programa de Prevenção do *Bullying*". Desde então, vários projetos do mesmo tipo foram implementados em diversas escolas, a maioria com bons resultados.

Em 1993, Olweus escreveu o livro *Bullying at School: What We Know and What We Can Do* (O *bullying* nas escolas: O que se sabe a respeito e o que se pode fazer). Hoje, o pesquisador é considerado a maior autoridade mundial no assunto. Suas pesquisas pioneiras e programas de prevenção desempenharam, e ainda desempenham, um papel importante na conscientização de que o *bullying* é um problema social crescente e deve ser encarado com seriedade por pesquisadores, educadores, legisladores, pais, alunos e pela sociedade em geral.

Atualmente, observa-se um progresso lento, mas constante. Algumas escolas norte-americanas já adotam programas educacionais *antibullying* e vários Estados têm leis contra abusos dessa natureza. Em 2003, quinze Estados já haviam aprovado essas leis, especialmente depois dos eventos que envolveram tiroteios em escolas, entre 1997 e 2001. Em junho de 2007, o número de Estados que aprovaram leis específicas contra perseguição, maus-tratos e especificamente o *bullying*, subiu para trinta e cinco. Com leis mais definidas, as escolas serão obrigadas a adotar um padrão de conduta uniforme em relação ao assunto.

Fatos e estatísticas

Se seu filho é vítima de *bullying* (ou um *bully*), pode ter certeza de que ele não está só. Uma pesquisa recente realizada nos Estados Unidos, com alunos do Ensino Fundamental, mostra que 13% deles praticam o *bullying*, 11% já foram vítimas e 6% tanto praticaram quanto foram vítimas. O *bullying* normalmente se inicia nos primeiros anos escolares, torna-se mais intenso na metade do Ensino Fundamental e se estende até o fim do Ensino Médio.

> **FATO** Ao analisar estatísticas e resultados de pesquisas, é importante lembrar que cada uma delas utiliza diferentes formas de medida e de definições do *bullying*. Portanto, o foco de uma pesquisa pode ser um grupo de idade ou nível escolar diferente dos outros. Essa variação pode apontar resultados bastante desiguais.

Em 2001, O *The Journal of the American Medical Association* (Diário da Associação Médica Norte-Americana) revelou que mais de 160 mil alunos deixam de ir às aulas todos os dias por medo de ataques dos *bullies*. A escola deveria ser um local seguro para os alunos, porém mesmo os adultos que sofreram maus-tratos durante a infância ou adolescência não parecem perceber os danos que o *bullying* pode causar. Parece que isso ocorre em virtude da confusão que existe entre pais, professores e administradores de escolas quanto à real definição de *bullying* e atitudes que devem ser tomadas quando ele ocorre.

Os alvos mais jovens

Segundo uma pesquisa realizada nos Estados Unidos pela *Kaiser Family Foundation* e pela *Nickelodeon*, em 2001, com pais e filhos, 74% dos estudantes de idade entre oito e onze anos afirmaram que provocações e *bullying* ocorrem regularmente em suas escolas, mas apenas metade dos pais disse ver isso como um problema para seus filhos. Essa discrepância pode ocorrer porque, uma vez que o *bullying* é tão frequente, as crianças passam a acreditar que se trata de algo normal. Ou porque as vítimas têm medo de contar aos adultos o que acontece, ainda que seja a seus pais.

> **ESSENCIAL**
> "Ser maltratado pelos colegas não deve ser aceito como algo normal na infância", afirma Duane Alexander, médico e diretor do *National Institute of Child Health and Human Development* – NICHD (Instituto Nacional de Saúde da Criança e Desenvolvimento Humano), em um artigo que escreveu para o periódico do *National Institute of Health* – NIH (Instituto Nacional de Saúde). "Trata-se de um problema de saúde pública que merece atenção. Pessoas que sofrem a ação de *bullies* na infância têm mais tendência a sofrer de depressão e ter baixa autoestima, e os *bullies* têm mais tendência a desenvolver comportamento criminoso na idade adulta."

Estatísticas mostram que, em pelo menos 85% das ocasiões em que o *bullying* ocorre em pátios de escolas ou locais onde as crianças se reúnem, ninguém intervém ou tenta ajudar as vítimas. Isso mostra que o problema ocorre sem ser observado por professores ou por funcionários. E um estudo realizado pela *Kaiser Family Foundation* confirma essa informação, pois 71% dos professores entrevistados afirmaram intervir sempre ou com frequência. Apenas 23% das crianças concordaram com essa afirmação.

O *bullying* no Ensino Fundamental

Segundo o *Josephson Institute of Ethics*, o *bullying* ocorre com mais frequência em grupos de onze a doze anos de idade. Portanto, não é de surpreender que 39% dos alunos de ensino fundamental afirmem não se sentirem à vontade na escola. Segundo um estudo realizado em 1999, pela empresa Bosworth, envolvendo alunos de Ensino Fundamental, 80% dos alunos afirmaram ter sido vítimas de *bullies* nos trinta dias anteriores. Segundo eles, "o *bullying* ocorre nos instantes em que o professor está de costas para a classe, concentrado em ajudar um aluno ou escrevendo no quadro branco".

Violência no Ensino Médio

Um estudo realizado em 2001, pela *Kaiser Family Foundation*, revela que 86% das crianças de idade entre doze e quinze anos já sofreram repressão por parte de *bullies* na escola. É uma porcentagem maior que a de fumo, álcool, drogas ou sexo. Mas a maioria desses incidentes termina por ser rotulado como simples provocação ou brincadeira. É absurdo saber que tantas crianças sofrem diariamente com esse tipo de problema.

Infelizmente, as investigações sobre o tiroteio no colégio *Columbine High School* e em outras escolas nos Estados Unidos sugerem que muitos desses incidentes foram causados por *bullying*. Em 2002, um relatório emitido pelo Serviço Secreto e pelo Departamento de Educação Norte-Americano confirmou a informação. Na verdade, em 37 incidentes envolvendo 41 adolescentes que atiraram contra colegas, tudo aconteceu porque "muitos se sentiam perseguidos e eram atacados por aqueles contra quem dispararam".

O *bullying* agora é reconhecido como um grande fator de estímulo à violência juvenil, incluindo homicídio, suicídio e "bullycídio", termo hoje aplicado para definir crianças que se suicidam para escapar do ataque dos *bullies*. O termo foi criado pelos autores Neil Marr e Tim Field, em seu livro *Bullycide: Death at Playtime* (Bullycídio: Morte no recreio), que relata histórias de crianças que cometeram suicídio após terem sido exaustivamente vítimas de *bullying*.

A nova ameaça cibernética

Graças à moderna tecnologia, o *bullying* deixou de ser "apenas" um problema nas escolas. O acesso ilimitado e geralmente não supervisionado pelos pais permite a crianças e adolescentes trocar mensagens, *e-mails*, visitar salas de bate-papo e *websites* criados exclusivamente para insultar e humilhar os colegas. É quando surge o chamado *cyber bullying*. Trata-se de um fenômeno que ocorre vinte e quatro horas por dia e cresce cada vez mais. E mesmo sem as marcas físicas do *bullying* convencional (olho roxo, roupas rasgadas, dinheiro do lanche roubado), o potencial de danos psicológicos é alarmante e não menos real.

> **FATO** Segundo uma pesquisa realizada em 2004, pela empresa i-SAFE, com 1.500 alunos, 58% admitiu já ter recebido mensagens ofensivas via internet; 53% admitiu ter ofendido ou humilhado colegas e 58% omitiu dos pais já terem sido vítimas de *cyber bullying*.

Sinais de que o *bullying* está ocorrendo

Se uma criança esbarra acidentalmente na outra no pátio da escola, pede desculpas e ajuda esta a se levantar, não há intenção de *bullying*. Mas vamos supor que uma criança mais velha coloque o pé na frente de outra mais nova todos os dias, na fila, ao final do recreio, para fazê-la cair. Isso é *bullying*. É algo muito diferente das tradicionais brincadeirinhas estúpidas, provocações ou brigas. Crianças são ativas e impulsivas, e, portanto, alguns atritos são normais. Amizades que se tornam inimizade, disputas e lutas que se tornam brigas podem ocorrer a todo instante. Já o ato de colocar intencionalmente o pé no caminho de um colega para fazê-lo tropeçar (e eventualmente cair e se sentir constrangido) é diferente. Se você suspeita que seu filho está sendo vítima de *bullies*, fique atento aos três sinais mais comuns desse tipo de prática: desequilíbrio de poder, intenção de ferir ou humilhar e ameaças de que a perseguição irá continuar.

Desequilíbrio de poder

Sam e Josh estão jogando queimada na quadra. São os dois garotos mais fortes do quinto ano e, como era de se esperar, foram os únicos a permanecer no jogo. Sam joga a bola em Josh e, acidentalmente, acerta seu rosto. Josh se machuca e, zangado, avança e empurra Sam. É um gesto agressivo e inaceitável, mas não se trata de *bullying*. Os dois, normalmente, se dão bem. Esse é apenas um evento isolado. Não foi intenção de Sam atingir o rosto de Josh.

Se Sam fosse um *bully*, tentaria acertar alguém que tivesse certeza de que poderia dominar, de preferência alguém mais jovem, mais fraco, menos popular, tímido, ou menos capaz de se defender. Teria sido um golpe proposital e repetido sempre que possível. Os *bullies* têm prazer em atacar e ferir os outros e buscam alvos que possam facilmente controlar.

> **ALERTA!** Uma nova forma de *bullying* é forçar pessoas alérgicas a ter contato com as substâncias ou alimentos que lhes fazem mal. Colocar amendoins sobre a carteira ou dentro da lancheira de uma criança alérgica a esse alimento não é simplesmente uma brincadeira de mau gosto – pode tirar uma vida. É um problema muito sério, pois os casos de alergia a alimentos como amendoim, por exemplo, têm dobrado de número nos últimos anos.

Má intenção

O objetivo do *bully* é ferir emocional ou fisicamente suas vítimas e vê-las sofrer. Não se trata de acidente (como no exemplo de Sam e Josh jogando bola). O *bully* precisa sentir que tem poder, controle e domínio. Sua mensagem é "sou mais forte do que você e vou atacá-lo sempre".

Ameaça constante

A atitude de um *bully*, ao colocar o pé na frente de outra criança ou ao trancá-la em um armário, nunca é um fato isolado. Sua maior força está nas ameaças constantes e em fazer a vítima ter certeza de que poderá ser atacada a qualquer instante. E quanto mais tempo ela permanece sob o jugo do *bully*, menores são as chances de que se rebele ou venha a delatá-lo.

Diferença entre o *bullying* e os conflitos comuns

Conflitos e brigas na infância são normais e até saudáveis. Ensinam as crianças a enfrentar as dificuldades do dia a dia e as preparam para a vida. O problema começa quando os conflitos ultrapassam determinados limites e passam a ter as características de *bullying*, já mencionadas: desequilíbrio de poder, intenção de ferir ou humilhar e ameaças de que a perseguição continuará.

E tratar o problema como se fosse uma discussão ou um conflito comum não resolve. A própria palavra "conflito" sugere participação e responsabilidade de ambas as partes. Nesse caso, basta chegar a um consenso e tudo se esclarece.

Entretanto, o *bullying* não é um conflito, e sim uma forma de violência em que uma das partes é o agressor e a outra é a vítima. A vítima é 100% inocente e o agressor, 100% culpado. Forçar a vítima a ser mediadora ou a se reconciliar com o agressor não é justo, nem recomendado, nesses casos. A responsabilidade de resolver o problema é única e exclusivamente do *bully*. Alguém precisa dizer a ele: "Seu comportamento é inaceitável e não será tolerado". E à vítima: "Ninguém merece ser maltratado. Não permitiremos que isso aconteça". Fazer a vítima se sentir mais segura é prioridade.

Lembre-se: conflitos fazem parte da vida e ensinam as crianças a ser mais fortes. Já o *bullying* é exatamente o oposto: torna-as fracas e com baixa autoestima.

Por que a maioria das pessoas subestima os problemas causados pelo *bullying*?

A principal razão é muito simples: as vítimas não delatam os agressores. Apenas 25-50% das crianças maltratadas chegam a contar a alguém o que lhes acontece. É uma espécie de pacto de silêncio: elas pensam que contar aos adultos poderá deixá-las ainda mais vulneráveis aos ataques. Temem retaliação por parte dos *bullies*, que os adultos não levem a sério suas reclamações, que acabem dizendo que a culpa é delas, ou, ainda, que não saibam lidar com a situação e tornem as coisas ainda piores.

Como o *bullying* geralmente ocorre em locais onde há menos supervisão de adultos, como pátios, corredores, escadas, lanchonetes, vestiários e estacionamentos, na maioria das vezes não há testemunhas. E mesmo quando elas existem e o delatam, às vezes é difícil provar quem está falando a verdade.

Para piorar a situação, muitos adultos simplesmente não entendem o que acontece. "Um empurrão aqui, uma briguinha ali. O que há de tão grave nisso?" Somente quem já passou pela experiência de ser perseguido por *bullies* tem noção do mal que isso pode causar a uma criança. Outra preocupação é que os adultos (inclusive os pais) não saibam como lidar ou impedir o *bullying* ou que achem que se trata de uma fase normal na vida de toda criança. "Se eu convivi com os *bullies* quando criança, você também pode."

A tríade: o *bully*, a vítima e a testemunha

"O *bully*, a vítima e a testemunha são as três personagens de um drama que ocorre diariamente nos lares, nas escolas, nos parques e nas ruas", descreve a autora Barbara Coloroso, em seu livro *"The Bully, the Bullied and the Bystander"* (O *Bully*, a Vítima e a Testemunha). Para entender a dinâmica do *bullying* é preciso analisar os três "lados" da questão. Segundo Barbara Coloroso, cada um deles desempenha um importante papel no drama que se desenvolve todos os dias na vida de muitas crianças.

O *bully*

Se colocarmos de maneira bem simples, o *bully* é alguém que age de maneira agressiva e hostil com as outras pessoas. E, ao contrário do que se acredita, *bullies* não são sempre aqueles garotos grandões, burros e feios (a não ser nos desenhos do marinheiro Popeye). Não é possível identificar um *bully* apenas pela aparência, e sim pela maneira como ele age. É um choque para os pais descobrir que seu filho está sofrendo há meses nas mãos de um garoto menor e fisicamente mais fraco que ele.

> **ESSENCIAL** Se seu filho está sendo vítima de *bullies*, não espere que venha correndo lhe contar. No entanto, com certeza ele lhe dará algumas dicas, dizendo coisas do tipo: "Mãe, alguém espalhava mentiras a seu respeito quando você era criança?". Ou mesmo fazendo comentários negativos sobre si mesmo: "Não sou grande coisa". Ouça sua intuição. Se ela lhe diz que há algo errado, vale a pena investigar.

Bullies existem em todos os tipos e tamanhos. Podem ser tanto altos como baixos, atléticos quanto magros, bem ou mal relacionados, meninos ou meninas. No entanto, há algumas características em comum. Todos eles:

- ✓ importam-se apenas consigo mesmos;
- ✓ têm necessidade de chamar atenção;
- ✓ têm dificuldade em demonstrar empatia;
- ✓ gostam de exercer domínio;

- ✓ são arrogantes;
- ✓ sentem-se superiores aos outros;
- ✓ culpam suas vítimas;
- ✓ sentem grande desprezo por outras crianças.

A vítima

Assim como os *bullies*, as vítimas são dos mais variados tipos. Qualquer um pode ser atacado por *bullies*, mas algumas características são mais comuns:

- ✓ ser novo(a) na escola;
- ✓ ser o mais jovem ou menor da classe;
- ✓ ser muito sensível, tímido ou ter ansiedade em agradar a todos;
- ✓ ser fisicamente diferente (ou ter algum tipo de deficiência física ou de aprendizado);
- ✓ ser de nível social diferente (mais rico ou mais pobre que a maioria);
- ✓ ser de raça ou origem diferente.

Ou mesmo:

- ✓ estar no lugar e na hora errados.

Os *bullies* começam explorando o terreno, procurando vítimas desde os primeiros dias de aula. Uma vez escolhido, seu filho pode ou não ser perseguido, dependendo de como reagir à primeira investida. Vamos tratar desse assunto com mais detalhes no Capítulo 13.

> **FATO** Se seu filho tem algum tipo de deficiência física ou de aprendizado, ele pode ser mais visado pelos *bullies*. Um estudo realizado em 1991 pelos pesquisadores S. Ziegler e M. Rosenstein-Manner mostra que 38% dos alunos com necessidades especiais sofriam a perseguição de *bullies* contra 18% dos demais.

A testemunha

Testemunhas são as crianças que observam as ações dos *bullies* e as reações das vítimas. Presenciar esses atos de crueldade é constrangedor e pode causar na testemunha um sentimento de culpa por não intervir, mesmo não tendo a mínima ideia do que pode ser feito para ajudar.

As reações das testemunhas podem ser as mais variadas. Algumas fingem ignorar o fato e fazem de conta que nada está acontecendo, já outras riem da situação e até ajudam o *bully*. Muito poucos são os que tomam uma atitude corajosa e tentam impedir o abuso.

Mas os papéis no drama não são imutáveis. As vítimas podem eventualmente se transformar em *bullies*, os *bullies* podem se tornar vítimas e todas as crianças, cedo ou tarde, acabam testemunhando o *bullying* em sua escola ou em sua comunidade.

Capítulo 2
Tipos de *bullying*

NESTE CAPÍTULO:
- *Bullying* verbal
- *Bullying* físico
- *Bullying* social, em relacionamentos e emocional
- Extorsão
- *Bullying* direto e indireto
- *Cyber bullying* – O *bullying* pela internet

O TERMO *"BULLYING"* é definido pelo *Merriam Webster's Collegiate Dictionary* como "tratar de maneira abusiva; afetar negativamente por meio de força ou coerção; intimidar através de linguagem ou de comportamento". Observe que a definição menciona ações não violentas de coerção e linguagem intimidadora. Os adultos devem estar conscientes de que o *bullying* nem sempre é físico, visível ou ocorre em locais públicos. Tapas, chutes e agressão são apenas uma parte do problema. O *bullying* pode ser verbal, social, emocional, de relacionamento, envolver extorsão ou mesmo ocorrer pela Internet.

Bullying verbal

A frase "palavras não me afetam" pode ter seu mérito, mas nem sempre é real. Palavras podem ser usadas como armas e atingir profundamente a autoestima das pessoas. Não faz diferença se a zombaria ou os comentários têm um fundo de verdade. É sempre muito doloroso ouvir alguém falando mal de nós.

O *bullying* verbal se inicia muito cedo, tanto entre meninos quanto entre meninas.

Na pré-escola, já se ouvem provocações do tipo "você é bobo!", "não, você é que é!", "você nem consegue acertar uma bola!", "eu vi você enfiar o dedo no nariz", e assim por diante. Crianças adoram provocar e pulam de alegria ao dizer suas frases prediletas. Nessa fase, não estão sendo cruéis. Estão apenas tentando se divertir e buscar a atenção e a aprovação dos colegas. Ficam felizes quando alguém ri ou responde às suas provocações.

> **ALERTA!** O *bullying* começa na pré-escola. Há três comportamentos típicos que demonstram isso:
> - PROVOCAÇÕES VERBAIS. "Você é um bebê chorão!"
> - GESTOS E POSTURAS FÍSICAS EXAGERADOS. Usando o exemplo acima, o bully esfregaria os olhos e faria uma cômica expressão de choro, imitando o jeito do colega.
> - EXCLUSÃO SOCIAL. "Saia daqui! Bebês chorões não brincam conosco!"

A pré-escola é onde a prevenção deve se iniciar. Muitos adultos até percebem o comportamento agressivo das crianças, porém acham que é algo próprio da idade, uma brincadeira engraçada e inocente. Mas não há nada de inocente nesse tipo de comportamento. Na verdade, ele é o precursor das técnicas mais refinadas que um futuro *bully* começa a desenvolver. Hoje, ele diz a um colega "você é muito bobo". Amanhã, a agressão verbal terá requintes maiores. Qualquer comportamento pode se tornar um hábito. Por isso, mesmo sem ter o incentivo de alguns colegas que riem toda vez que ele maltrata uma vítima ou a postura permissiva dos pais diante de suas "brincadeiras", o *bully* desenvolve um ciclo vicioso de abuso e agressão. Além disso, qualquer tipo de incentivo ou a ausência de punição podem agravar o comportamento negativo.

A única diferença entre o sarcasmo de um garotinho de quatro anos e um de sete é a intenção. O ideal é que o de quatro aprenda o quanto antes que provocar e ofender outras crianças é algo inaceitável e que fere seus sentimentos. Quando esse tipo de comportamento se estende ao Ensino Fundamental, pode-se ter certeza de que não se trata de brincadeira ingênua. O *bully* age com intenção específica de torturar e humilhar os colegas. Não se trata mais de uma travessura de pré-escola (que também deveria ser repreendida para se cortar o mal pela raiz) nem de uma piada engraçadinha para fazer a classe inteira rir. É uma maneira maldosa de se sobressair à custa da humilhação de outro ser humano. E quanto mais velha a criança fica, mais sério o problema se torna. Veja algumas técnicas verbais que os *bullies* utilizam para maltratar suas vítimas:

- ✓ **Apelidos**: "bebê chorão", "idiota", "monte de banha" (obeso), "quatro-olhos" (crianças que usam óculos), nomes pejorativos relacionados à homossexualidade etc.

  Uma criança pode sofrer durante anos por causa de um apelido que lhe dão logo no primeiro ano de escola.

- ✓ **Sarcasmo**: "seu traseiro é tão grande que você precisa de duas cadeiras para se sentar! Há, há, há!"; "Ninguém aqui vai com a sua cara, nem o espelho do banheiro!"
- ✓ **Xingamentos**: "seu filho da..."
- ✓ **Maledicência**: "Cameron não toma banho. Por isso fede tanto."; "Jill dormiu com todos os rapazes do time de basquete e pegou herpes!"
- ✓ **Comentários**: "Beth odeia Lexi. Vive dizendo que ela é esnobe e arrogante"; "Ouvi dizer que Chandra passou a noite com o namorado de Emily e que ela nem imagina."
- ✓ **Bilhetes de ameaça**: "Querido amigo, desejo que você morra! Vou te pegar. Fique esperto!"
- ✓ **Cochichos maldosos**: um grupo de garotas fica olhando para uma colega e cochichando. A intenção é fazer com que ela pense que estão todos falando mal dela.
- ✓ **Falsa amizade**: uma garota faz amizade com outra apenas para descobrir seus segredos e depois espalhá-los para as outras, fazendo com que ela se sinta humilhada.
- ✓ **Rir dos erros dos outros**: crianças com dificuldade de aprendizado costumam sofrer esse tipo de perseguição.
- ✓ **Inventar histórias para colocar um colega em situação difícil**: não há limites para a criatividade de um *bully* quando sua intenção é prejudicar alguém.
- ✓ **Discurso preconceituoso**: comentários raciais pejorativos com o objetivo de humilhar a vítima.
- ✓ **Imitação sarcástica**: usada para torturar crianças que gaguejam, sofrem de tiques nervosos ou têm trejeitos diferentes.

- ✓ **Bullying sexual**: contar piadas pejorativas, inventar histórias de contexto sexual a respeito de um colega ou escrevê-las nas paredes dos banheiros.
- ✓ **Ameaças**: o *bully* intimida suas vítimas fazendo-as sentir medo e insegurança.
- ✓ **Trotes telefônicos**: não há humilhação maior para uma criança do que perceber que seus pais ouviram os apelidos e insultos que ela recebe na escola.

O *bullying* verbal pode ser mais doloroso e traumático para uma criança e abalar mais sua autoestima que o *bullying* físico. Trata-se de um ataque direto à sua personalidade, a seus atributos físicos ou à sua posição social. Abala sua autoconfiança e sua autoimagem.

> **ESSENCIAL** Filhos de mães que costumam gritar e censurar o tempo todo admitem: "Preferia que ela só me batesse e pronto." Acaba sendo menos doloroso para eles apanhar do que ser submetidos a um constante bombardeio de críticas. E vítimas de *bullying* sofrem o mesmo tipo de ataque.

Qualquer motivo serve de desculpa para os *bullies*: altura, peso, aparência, habilidades acadêmicas, físicas, sociais e até a rotina doméstica das vítimas. Nada passa despercebido. Mas é importante lembrar que a maioria dos ataques ocorre por motivos exagerados, raramente reais. Uma garota que chama a colega de gorda não está realmente preocupada se ela tem realmente problema de peso ou não. O objetivo é simplesmente provocá-la. Qualquer assunto que a irrite serve. Da mesma maneira, a maioria dos garotos que são chamados de homossexuais não o são. Mas como a brincadeira irrita, os *bullies* continuam a fazê-la.

Bullying físico

Agressão física é a forma mais conhecida de *bullying*. É o tipo de comportamento que chama a atenção dos adultos, é causa comum de suspensão de alunos e chega a ser matéria de jornais. Os *bullies* atacam suas vítimas com puxões de cabelo, beliscões, empurrões, tapas, chutes, cuspe, socos, atirando objetos nelas, colocando o pé no caminho para que tropecem e roubando, escondendo ou destruindo seus objetos. As meninas utilizam métodos de agressão mais simples, como puxões de cabelo, tapas e arranhões. Já os meninos têm tendência a socar, empurrar e atirar objetos em suas vítimas. Alguns exemplos de *bullying* físico:

- ✓ Na fila do recreio, Henk sempre empurra Matthew para fazê-lo cair sobre as meninas.
- ✓ Todos os dias, no refeitório, Carla estica o pé na frente de Ellen, fazendo-a tropeçar. Ela quase sempre cai com a bandeja, espalhando comida pelo chão.
- ✓ Toda vez que Billy vai pegar uma folha de papel sobre a mesa de material na sala de aula, João (que se senta ao lado dela) bate com a régua em sua mão.
- ✓ Toda sexta-feira Paul tranca Conner no armário. Ele tem que ficar gritando e pedindo ajuda até alguém aparecer para soltá-lo e, com isso, acaba perdendo o ônibus escolar para ir para casa.
- ✓ Sempre que os professores vão exibir filmes na sala de aula e as luzes são apagadas, os *bullies* atiram bolas de papel umedecidas com saliva no pescoço e nas costas de Shawna.
- ✓ Tony é sempre agredido por três garotos no *playground*. Eles o forçam a se abaixar e encostar a boca no chão até ficar cheia de poeira.
- ✓ Ned soca o ombro de José durante todo o caminho de casa, no ônibus escolar.
- ✓ Sophie mancha as roupas de Amanda com pincel atômico. Cada dia usa uma cor. Às segundas-feiras, usa vermelho; às terças, laranja; às quartas, roxo, e assim por diante.

O *bullying* físico pode ocorrer mesmo sem agressão física propriamente dita. Um *bully* pode fazer gestos ameaçando socar a vítima; atirar longe um livro, para impressionar, ou mesmo invadir sua privacidade. É um jogo de dissimulação para intimidar e assustar. Uma vez que se tem fama de agressivo e violento, qualquer gesto ou ameaça é suficiente para assustar ou humilhar tanto quanto uma agressão física.

Outra forma de *bullying* físico está relacionado ao assédio sexual ou a ações que intimidam. Um *bully* pode levantar a saia de uma menina, baixar as calças de um menino, empurrar os dois um em direção ao outro para que se encostem, beliscar o traseiro de alguém, agarrar os seios de uma garota, puxar seu sutiã ou tentar intimidá-la. Também pode forçar um garoto ou uma menina a ter relações ou contato íntimo com ele contra sua vontade.

Um dos maiores problemas do *bullying* físico é que não há limite. Se o *bully* começa empurrando ou derrubando alguém, o que não poderá fazer no futuro? Há sempre o perigo de que o nível de violência se torne incontrolável.

Bullying social, em relacionamentos e emocional

O *bullying* social ocorre quando uma criança é humilhada ou depreciada na presença dos amigos ou dos colegas. Isso ocorre com mais frequência entre meninas e é altamente nocivo à autoestima. A vítima pode, por exemplo, ouvir risadinhas enquanto anda pelos corredores da escola ou perceber que todos se levantam e saem quando ela se senta à mesa no refeitório. Podem parecer ações sem importância, mas magoam muito, principalmente quando se está na adolescência, período em que ser aceito e apreciado é essencial.

Algumas formas de *bullying* social que ocorre entre meninas:

- ✓ Colar uma folha de papel nas costas da vítima com dizeres do tipo "sou uma besta". Ou humilhá-la na frente de outras meninas.
- ✓ As garotas mais "populares" podem chamar uma colega não tão bem relacionada para se sentar com elas apenas para dizer a ela (em voz bem alta) que precisa fazer dieta porque está gorda.
- ✓ Passar um bilhete pela classe com a frase "Molly tem piolhos. Fique longe dela".
- ✓ Dizer a uma garota tímida que o garoto mais bonito da escola quer sair com ela (sem ser verdade).

Todas essas ações têm como único objetivo humilhar a vítima perante suas colegas ou em público. É um dos piores tipos de *bullying*, já que é presenciado por todos. E se ninguém se coloca ao seu lado ou tenta ajudá-la, ela se sente completamente abandonada. Com o tempo, passa a acreditar que realmente é estranha, gorda, feia, suja ou que não merece atenção das pessoas.

Há dois tipos de *bullying* social: o não verbal e o psicológico. O não verbal ocorre quando as crianças apontam, olham insistentemente, riem, fazem caretas ou gestos obscenos para a vítima. Ela se sente ridicularizada sem que uma palavra seja dita. O *bullying* psicológico ocorre quando as crianças propositalmente excluem, isolam, evitam, marginalizam, ignoram ou dão as costas a uma delas. Passar boa parte do dia em uma sala de aula com mais de vinte crianças sendo ignorado por todas é uma verdadeira tortura. E uma tortura silenciosa.

> **FATO** Um estudo recente da organização *Families and Work* mostra que dois terços dos jovens entrevistados tinham sido vítimas de provocações ou de comentários maldosos naquele mês. E um quarto passou pela experiência pelo menos cinco vezes no mesmo período de tempo.

Bullying em relacionamentos

O *bullying* em relacionamentos é aquele em que a vítima se sente excluída ou maltratada em virtude de sua posição social. Todas as crianças, especialmente as meninas, querem e precisam ter amigos. É aí que o *bullying* entra em ação, fazendo de tudo para evitar que consigam. Alguns exemplos:

- ✓ Dizer às crianças que deixem de ser amigos da vítima.
- ✓ Isolar a vítima e convencer os outros a fazer o mesmo.
- ✓ Espalhar mentiras sobre ela para que seja rejeitada pelos colegas ou amigos.
- ✓ Convidar todos no grupo ou na classe para uma festa, menos a vítima.
- ✓ Permitir apenas às garotas "escolhidas" ou mais populares se sentarem a uma mesa.

Vários estudos mostram que as meninas valorizam muito os relacionamentos. Ter amigas da mesma idade para dividir seus problemas e inseguranças nos difíceis anos de pré-adolescência e adolescência é vital para um desenvolvimento emocional saudável. Meninas gostam de rir, de sonhar e de ter alguém para contar tudo de fascinante que aconteceu durante o dia. Querem ter uma grande amiga com quem possam ir para a escola, estudar, dormir em sua casa de vez em quando; alguém que as entenda, que esteja passando pelas mesmas descobertas e problemas da adolescência. Em suma, meninas querem ter amigas! E quanto mais amigas, melhor.

> **ALERTA!** Em uma pesquisa da *Families and Work*, perguntou-se a um grupo de mil alunos do Ensino Fundamental norte-americano o que eles achavam que poderia ser feito para diminuir a violência a que os jovens são expostos nos dias de hoje. A maioria respondeu que a violência emocional é um problema sério para eles e que ela dá margem a tipos ainda piores de violência.

O *bully* de relacionamentos quase sempre tem sofisticadas habilidades para destruir as amizades de suas vítimas, deixando-as totalmente isoladas. Consegue convencer (de todas as maneiras possíveis) os colegas a excluir ou ignorar aquelas a quem pretende atacar. O efeito é devastador, pois atinge as meninas justamente na fase de suas vidas em que se desenvolvem, estabelecem e solidificam importantes relacionamentos e habilidades sociais.

Mas é difícil identificar esse tipo de *bullying*, menos evidente do que os outros. Ocorre de maneira tão sutil e sofisticada que adultos raramente conseguem captar. E a vítima não tem como provar que está sendo perseguida. O *bully* (normalmente uma garota bem relacionada e de alto padrão social) pode simplesmente se fingir de inocente e dizer algo do tipo: "Ela deve ter entendido tudo errado. Eu jamais faria uma coisa dessas!" Se uma garota *bully* consegue disfarçar bem seu comportamento, é muito difícil para pais e professores acreditar que uma garota tão meiga pode fazer coisas tão terríveis.

O *bullying* emocional

O *bully* emocional usa manipulação para conseguir o que deseja. Veja como:

✓ "Só serei seu amigo se você deixar de ser amigo dele/dela".
✓ "Se quer ser minha amiga, convide a mim para dormir em sua casa, não ela".
✓ "Se você fosse minha amiga de verdade, faria isso por mim".
✓ "Vou contar a todo mundo seus segredos se você deixar de ser minha amiga".

O *bully* emocional exige exclusividade e isola sua vítima de todo o grupo. Fica com inveja quando ela dá atenção a mais alguém e usa chantagem emocional para controlá-la.

Extorsão

Se seu filho volta faminto para casa todos os dias ou sem uma jaqueta, boné, tênis ou o celular, desconfie. Ele pode estar sendo vítima de extorsão. *Bullies* oportunistas utilizam força ou ameaças para extorquir dinheiro, comida ou objetos pessoais de alunos mais jovens, menores ou mais fracos. Seu filho pode se sentir impotente diante de alguém maior e mais forte que comece a exigir dele dinheiro ou objetos.

Um *bully* que pratica extorsão pode desejar algo que o colega tem, como um boné bonito, um brinquedo; ou um aparelho caro, como um MP4 ou um iPod. Ou simplesmente destruir os objetos por puro prazer. Pode fazer coisas como pegar um avião-modelo que um colega tenha trazido para mostrar e o atirar no chão. Ou pisar sobre seu celular até que esteja totalmente destruído. Pode também forçar o colega a tirar os tênis e arremessá-los pela janela do ônibus.

Esse tipo de *bully* ataca a vítima de duas formas. Primeiro, rouba seus objetos. Então, a criança tem que enfrentar os pais (ou professores) para explicar o motivo de não os ter mais. Se seu filho não é do tipo que esquece ou perde as coisas, mas de repente elas começaram a "sumir", preste atenção. Ele pode estar sendo vítima de *bullies*.

Esse tipo de *bully* também pode fazer a vítima pegar dinheiro ou objetos para ele, seja roubando diretamente ou pegando escondido em mochilas e armários. Isso a torna cada vez mais vulnerável à sua chantagem. Basta ameaçar delatá-la e ela se torna, mesmo contra sua vontade, um cúmplice que cumpre ordens para evitar problemas.

Bullying direto e indireto

Existe *bullying* direto e indireto. O direto é aquele em que o *bully* confronta a vítima pessoalmente. São ataques abertos, como socos, empurrões, tapas, humilhação verbal, ofensas em público, exclusão (impedir que a vítima se sente próximo no ônibus, por exemplo) ou ameaças no banheiro.

O *bullying* indireto, por sua vez, ocorre quando o *bully* destrói a reputação da vítima, espalhando boatos negativos e maliciosos a seu respeito. É o tipo mais difícil de identificar, pois dificilmente se pode provar quem iniciou os boatos. Meninas têm mais tendência a usar o *bullying* indireto, enquanto meninos preferem um ataque direto.

> **ESSENCIAL** Jamais censure seu filho se ele estiver sendo atacado por *bullies*. E nem o critique, dizendo que é sensível demais ou que está fazendo drama. Críticas desse tipo só irão fazê-lo se sentir mais culpado pelo que está acontecendo. Ninguém merece ser maltratado, por mais emotivo ou sensível que seja.

Estudos sugerem que há uma tendência de o *bullying* direto se tornar indireto à medida que as crianças vão ficando mais velhas. Meninos têm sempre tendência a praticar o *bullying* físico, mas o nível de frequência do *bullying* indireto parece aumentar e se tornar predominante com o passar do tempo. E por ser mais difícil de detectar, as escolas tendem a subestimar a seriedade do problema. Mas seja o *bullying* direto ou o indireto, é importante lembrar, mais uma vez, os três critérios que ajudam a identificá-lo: desequilíbrio de poder, má intenção e ameaças.

Cyber bullying – O *bullying* pela Internet

A Internet se revelou um mundo fascinante e divertido de comunicação para crianças e adolescentes. *E-mail*, mensagens de texto, *blogs* e informativos *online* permitem acesso ilimitado a redes sociais. Eles podem continuar as conversas que se iniciaram durante as aulas, fazer juntos a lição de casa, fazer confidências, contar sobre quem estão apaixonados, falar sobre a família e os amigos e fazer planos para o fim de semana. Podem falar sobre tudo ou sobre nada. E também podem fazer fofoca.

Muita fofoca. O problema é quando a informação cai em mãos erradas. É tudo que os *bullies* precisam.

> **ALERTA!** Segundo o *Pew Internet and American Life Project*, cerca de um terço dos adolescentes usuários de Internet já teve problemas do tipo: receber mensagens de ameaça, ter sua caixa de *e-mails* invadida, boatos espalhados a seu respeito ou fotografias comprometedoras divulgadas na Internet sem seu consentimento.

Quando os filhos acessam a Internet, os pais se preocupam com vários perigos: pornografia, assédio sexual e falsificadores de identidade. É muito importante conversar com eles a respeito de *websites* indevidos, predadores sexuais disfarçados de adolescentes etc. Mas não se pode esquecer que um dos maiores perigos é o *bullying* praticado pelas próprias crianças e adolescentes que utilizam a Internet.

É fato conhecido que os *bullies* atacam em locais onde há pouca ou nenhuma supervisão de adultos. Por isso, a Internet é o ambiente ideal. Navegando anônimos e seguros, sentem-se à vontade para espalhar insultos e boatos. Escondem-se atrás da tecnologia e a utilizam como arma para humilhar e intimidar.

Antigamente, uma criança atacada por *bullies* podia correr para casa e fechar a porta. O lar era um refúgio seguro. Hoje, não se pode escapar. O *bully* pode continuar a atormentar seu filho pelo celular e pelo computador. Algumas das armas mais utilizadas:

Salas de bate-papo

Crianças e adolescentes adoram se reunir em salas de bate-papo *online*. Uma forma de *bullying* bastante comum é atrair a vítima para uma conversa, fazendo-se de amigo, extrair informações pessoais e depois colocá-las em um *blog* visível a todos ou enviá-las a todos em forma de mensagem.

E-mail

O *bully* envia a um colega *e-mails* de conteúdo ofensivo ou contendo ameaças que não ousaria fazer pessoalmente. Por exemplo:

✓ "Você não tem amigos de verdade. Todos te odeiam! Você é feio(a) e idiota".

✓ "Todo mundo quer te ver pelas costas".

✓ "Se eu fosse você não iria para a escola amanhã! Vou te dar uma surra".

✓ "Eu sei onde você mora. Mesmo que fuja, vou te encontrar e te matar!"

Tente imaginar não uma, mas várias mensagens desse tipo na tela do computador de seu filho. Se a simples ideia o assusta, imagine o que ele pode sentir. Como hoje mais de 90% dos adolescentes têm acesso à Internet ou a *e-mails*, quase todos os pais têm motivos para se preocupar.

E o problema pode ser ainda maior. O *bully* pode entrar (usando técnicas de *hackers*) na conta de *e-mail* de seu filho e enviar mensagens aos amigos e colegas de sua lista de contatos sem que ele saiba, o que pode gerar muito ressentimento. Ele irá acabar sofrendo hostilidade de todos os que receberam essas mensagens.

Websites

Alguns estudantes costumam ter um espaço em *blogs* ou *sites* para que todos os seus amigos possam postar seus sentimentos e opiniões. Em alguns casos, isso é feito com má intenção, pois o conteúdo é de crítica e discriminação. A intenção do *bully* é que suas vítimas vejam as mensagens e se sintam humilhadas. O *website* também pode conter fotografias comprometedoras ou não autorizadas pela vítima e que podem ser usadas contra ela.

> **FATO**
> O MySpace é uma das maiores redes sociais *online* em que qualquer pessoa com idade mínima de quatorze anos pode criar uma conta gratuitamente. Seu filho pode criar uma página descrevendo seus passatempos e assuntos prediletos, colocar fotografias, criar um *blog*, reencontrar antigos amigos e fazer novas amizades. Um conselho: supervisione as atividades dele neste site.

Exclusão *online*

Impedir que alguém participe de um grupo é uma maneira deliberada de exclusão. Redes sociais da Internet, como o *Facebook* e o *MySpace*, possuem mecanismos que permitem a quem cria uma página selecionar e restringir o acesso das pessoas que podem acessá-la. É aí que pode se iniciar o *bullying* social. Seu filho pode ser ignorado e excluído tanto no mundo real quanto no virtual. Mas tudo pode se iniciar no âmbito virtual. Tudo acontece muito rápido e, sem perceber, crianças e adolescentes que não estão preparados para lidar com o *bullying* acabam sendo isolados de humilhados de todas as maneiras.

Celular

Se seu filho tem um telefone celular, está sujeito a receber ameaças e a ser maltratado através de telefonemas. No passado, os trotes eram feitos pelo telefone fixo e, na maioria das vezes, apenas os adultos atendiam ligações. Hoje, um *bully* pode telefonar o tempo todo para seu filho e transformar sua vida em um inferno. Pode divulgar o número dele na Internet com uma mensagem do tipo "se quiser se divertir, ligue para esse idiota no número...", ou coisa pior. Invasões de privacidade como esta podem colocar em risco até mesmo a integridade física de alguém. Muitas vítimas de *bullying* são obrigadas a trocar o número de seu telefone celular várias vezes.

Mensagens de texto

Um *bully* pode enviar facilmente mensagens de ameaça ou de provocação a cada cinco minutos para seu filho, tanto pela Internet quanto pelo celular. Basta descobrir o número dele.

Fotos digitais

A proliferação dos telefones celulares que têm câmeras fotográficas tornou as crianças mais vulneráveis do que nunca. Os *bullies* podem se esconder com eles nos banheiros e tirar fotos constrangedoras de suas vítimas. E em poucos minutos a foto pode ser enviada por celular, *e-mail* e colocada em *blogs* na Internet. Como se já não fosse bastante humilhante ter sua cabeça enfiada dentro do vaso sanitário por um *bully*, por exemplo, imagine a fotografia desta cena sendo divulgada pela Internet.

E as fotos nem precisam ser reais. O *bully* pode fotografar seu filho em uma situação normal e inserir a foto em uma imagem pornográfica ou fazer parecer que ele está cometendo uma infração ou um ato ilegal. Resultado: humilhação e exclusão na certa.

Atentado filmado

Em Lakeland, na Flórida, um grupo de seis adolescentes filmou o espancamento de uma colega de dezesseis anos. Planejavam disponibilizar o vídeo de meia hora de duração nos *sites* MySpace e YouTube. Quando o crime foi delatado, o vídeo foi entregue à polícia e as garotas foram presas, acusadas de vários crimes, de felonia a sequestro. Obviamente, trata-se de um caso extremo. Mas não são raros os episódios em que um *bully* grava ou filma o ataque e utiliza a gravação para torturar a vítima seguidas vezes. Na verdade, a ideia não é nova. Isso acontece há muitos anos. Mesmo antes da criação do MySpace e do YouTube os adolescentes já encontravam maneiras de divulgar imagens desses ataques e espancamentos premeditados.

> **ALERTA!** Não se surpreenda se seu filho estiver escondendo de você que está sendo vítima do chamado *cyber bullying*. O medo de que você a impeça de usar o celular ou a Internet faz com que se cale. As crianças de hoje estão tão vinculadas à tecnologia que não conseguem se imaginar vivendo sem ela.

Mantenha-se atento

A tecnologia tem grandes vantagens, como o acesso às mais recentes notícias, informações, pesquisas e, principalmente, a possibilidade de comunicação em tempo real com pessoas de quem se gosta, a qualquer momento e em qualquer parte do planeta onde se esteja. Mas também oferece perigo. Os métodos utilizados pelos *bullies* para torturar e perseguir se tornaram ilimitados. Todos os dias se ouve falar de novas e alarmantes formas de crueldade entre crianças pela Internet. O crescente avanço da tecnologia beneficia mas também assusta.

O primeiro impulso dos pais é desligar o computador e proibir a criança de utilizá-lo. Em tese, cancelar o acesso à Internet e tirar o celular de uma criança deveria ajudar a protegê-la. Mas na prática não é bem assim. Ela ainda continuará a ser vítima de *cyber bullying*, pois os colegas irão simplesmente contar o que leram a seu respeito ou imprimir o material para lhe mostrar.

Algumas escolas nos Estados Unidos já têm regras de segurança mais rígidas que dificultam o envio de mensagens de ameaça ou de provocação em seus computadores internos. O *bully* que tentar pode ser pego em flagrante. O objetivo é diminuir o *cyber bullying* na escola, mas em casa não há muito que se possa fazer. A maioria dos pais não tem disponibilidade de tempo para supervisionar todas as atividades dos filhos na Internet. Sua única opção é confiar neles. Porém, a segurança do anonimato dá aos *bullies* coragem de expressar ideias e ter atitudes com níveis de crueldade que jamais ousariam de outra maneira (muitas delas, de natureza criminosa). E estão sempre um passo à frente dos pais, da escola e da lei. Infelizmente, o problema se agrava a cada dia, e ninguém sabe o que o futuro pode revelar.

A melhor maneira de ajudar seu filho a utilizar com segurança a Internet é orientá-lo sobre o perigo em potencial: identificar ladrões, predadores, conteúdo inapropriado, ameaças e *bullying*. Com planejamento adequado e seguindo algumas regras básicas, você pode proteger seu pequeno internauta, por mais aficionado por tecnologia que ele seja. O Capítulo 16 explica cada uma delas.

Capítulo 3
Tipos de *bullies*

NESTE CAPÍTULO:
- O *bully* presunçoso
- O *bully* social
- O *bully* insensível
- O *bully* hiperativo
- O *bully* vítima de *bullies*
- O grupo de *bullies*
- A gangue de *bullies*

NEM TODOS OS *BULLIES* são iguais. Alguns exemplos de *bullies* famosos: Brutus (o *bully* que atormenta Popeye, o Marinheiro) usa de força física para obter o que deseja. Corpulento, forte e determinado, se impõe pela violência.

Já em "O Batutinha", Butch invade a privacidade e o espaço de várias personagens. E na série norte-americana "Os Anjinhos" (*Rugrats*), Angelica Pickles é uma garota maldosa e vingativa que tortura e mantém as colegas sob rígida ditadura sem que os adultos sequer desconfiem. São personagens diferentes, mas são todas *bullies*.* Vejamos as características de cada tipo:

O *bully* presunçoso

Confiante e agressivo, sente-se superior a todos. Age como se fosse o dono da escola. Os amigos que têm não são seus amigos

---

* Bem conhecido no Brasil, o filme *Nunca Fui Beijada* e também a série brasileira *Malhação* são repletos de exemplos de *bullies*. (N.T.)

por afinidade, mas porque preferem estar ao seu lado do que contra ele. Esse tipo de *bully* tem um grande ego. Sente-se no direito de maltratar e humilhar qualquer pessoa que deseje. Pode ser aquele garoto mais alto da classe, o capitão do time de futebol ou o líder de classe. Vangloria-se do poder físico que tem sobre suas vítimas e o utiliza a seu bel-prazer.

Kyle é um tipo atlético, tem muitos amigos e tira sempre boas notas. Parece ter tudo que um garoto de sua idade deseja. Por que então está sempre empurrando e agredindo seus colegas? E chegou a escrever "idiota" na testa de um deles com um marcador de quadro branco. Faz tudo isso para ter a sensação de controle sobre os outros. Sua meta é ser o macho dominante na classe. Quer que todos sintam que ele é perigoso e que pode se tornar violento se tiver que tomar uma atitude para manter seu posto de cão dominante na matilha.

> **FATO**
> O livro *"Bully – A True Story of High School Revenge"* (*Bully*: Um Caso Verídico de Vingança em um Colégio), de Jim Schutze, publicado em 1998, e o filme Bully, lançado em 2001, são baseados na arrepiante história verídica do assassinato de Bobby Kent. Sete adolescentes de uma escola na Flórida se uniram para se vingar de Bobby, um *bully* que os perseguia e ameaçava sem parar. Um aviso: o filme é forte e tem cenas bastante violentas.

O *bully* social

Esse tipo é representado por meninas de índole maldosa e socialmente perigosa que mantêm seu poder utilizando mexericos e exclusão. Seu principal passatempo é isolar suas vítimas de todos, seja por inveja, por se julgarem socialmente superiores ou simplesmente para se divertir. Fazem qualquer coisa para manter seu *status* de garotas populares e para estar no topo da escala social. São o tipo falso e manipulador que se disfarça sob um halo de doçura e age pelas costas para não perder a boa reputação.

Samantha é um *bully* social. Tem um "caderno de exclusão" que circula entre as garotas mais populares da classe. Faz questão de ficar com as amigas cochichando e apontando para algumas colegas, deixando claro que seus nomes estão no famoso caderno. As vítimas nunca chegam a vê-lo, mas Samantha faz questão de que todos na classe saibam quem está nele. O caderno contém listas das garotas mais feias, das menos inteligentes e das mais gordas. Ninguém quer ter seu nome escrito ali. A diversão predileta de Samantha é levar o caderno até suas vítimas, fingir que vai deixá-las ver e fechar antes que possam olhar. Para elas, é torturante saber que ele contém detalhes a seu respeito. Na capa do caderno está escrito "Diário particular de Samantha". Nenhum adulto imaginaria o que ele contém.

> **ESSENCIAL**
> Para ter uma ideia de como funcionam as regras sociais femininas, assista ao filme *Heathers*, uma comédia de 1989 com a atriz Winona Ryder, sobre um grupo de garotas populares e maldosas do Ensino Médio que pagam um alto preço por seu comportamento. Outro que trata do assunto é *Mean Girls* (Meninas Malvadas), de 2004, com Lindsay Lohan, baseado no livro de Rosalind Wiseman *Queen Bees and Wannabes* (Abelhas Rainhas e Imitadoras), escrito a partir de fatos reais.

O *bully* insensível

É o tipo de *bully* que não sente nenhuma culpa ou remorso por seu comportamento. Frio e sem sentimentos, seus atos não são fruto de mágoas anteriores, de necessidade de manter sua posição na escala social ou de ter o respeito e a adoração de seus colegas. É simplesmente um indivíduo perverso por natureza. Maltrata a todos que pode e jamais desiste. Está sempre procurando um momento em que ninguém esteja vendo para atacar suas vítimas (característica oposta à da maioria dos *bullies*). Mesmo que não consiga concretizar seus planos, está sempre tentando humilhar ou subjugar alguém. Na maioria dos casos, trata-se de indivíduos com problemas psicológicos que precisam de ajuda profissional.

Nate odeia a vida. Odeia a escola e seus colegas. Ataca todos que o incomodam, o atrapalham ou que cruzam seu caminho quando está de mau humor. Mas não escolhe vítimas específicas. Elas surgem por acaso. Pode ser qualquer colega em sua classe, menino ou menina, mais novo ou mais velho e fisicamente menor ou maior do que ele. Mas, uma vez sob seu jugo, a pobre criança sofre durante o ano todo. Todos o evitam e temem sua raiva e sua perversidade.

> **ALERTA!** Uma vez que o *bullying* é descoberto, os pais e a escola normalmente passam a fazer um jogo de acusações. Os pais da vítima culpam a escola por não proteger seu filho e a escola os culpa por não o educarem adequadamente. É o tipo de reação que não resolve o problema.

O *bully* hiperativo

Esse tipo de *bully* é como um fogo de artifício, pronto para explodir a qualquer momento. Costuma ter dificuldades de atenção e de aprendizado, ou mesmo para controlar seus impulsos, e por isso tem que lutar o tempo todo para sobreviver acadêmica e socialmente. Não tem muitos amigos e reage de maneira agressiva a qualquer aproximação hostil dos colegas, seja ela por qual motivo for.

Carl é muito tenso, imprevisível e difícil de controlar. Na maioria do tempo se comporta como qualquer criança, mas há dias em que parece um vulcão prestes a entrar em erupção. Os colegas tentam evitá-lo nesses momentos, porém, como o ritmo das aulas nem sempre permite a distância, basta alguém fazer algo que o incomode e ele explode. Ofende, empurra e chega a bater nos colegas. Seu comportamento intimida a todos, pois suas reações são drásticas e imprevisíveis. Carl não é um *bully* intencional, mas seu excesso de energia, a dificuldade de controlar seus impulsos e a frustração diante das dificuldades de aprendizado tornam tudo muito difícil para ele.

> **FATO** Um estudo realizado por Holmerg e Hjern, durante o ano de 2007, com 577 alunos do Ensino Fundamental, mostrou que as crianças que sofrem de transtorno de déficit de atenção e hiperatividade têm quatro vezes mais probabilidade de se tornar *bullies*. E também dez vezes mais probabilidade de terem sido vítimas de *bullying* antes de apresentar os primeiros sintomas.

O *bully* vítima de *bullies*

É aquele que já passou pela experiência de ser maltratado. Já foi vítima várias vezes. Segundo um estudo das universidades de Washington e Indiana, nos Estados Unidos, o *bullying* doméstico é mais comum do que se imagina. Na verdade, 97% das crianças avaliadas que praticam *bullying* já foram vítimas de maus-tratos, o que não é novidade, já que presenciar violência em casa torna a criança mais inclinada a ter comportamento agressivo.

> **ALERTA!** Segundo o *Southern California Center of Excellence on Youth Violence Prevention* (Centro de Excelência de Prevenção da Violência entre Jovens), crianças com perfil *bully* aos oito anos de idade apresentam tendência seis vezes maior de cometer crimes por volta dos vinte e quatro anos. E há grandes chances de ter uma ficha criminal bastante complicada por volta dos trinta.

Susan é o grande terror de sua classe. É maldosa, insensível e tem o vocabulário de um motorista de caminhão. Todos os dias é levada à sala do diretor por insultar, maltratar ou atacar os colegas. Quando volta à sala de aula, se mostra introvertida e deprimida. No fundo, quer que as outras crianças gostem dela, mas não consegue se comportar como elas. Aprendeu que a única forma de conseguir as coisas é através da força. Por isso, tenta forçar os colegas a brincar, a lhe dar as coisas e a serem seus amigos. Mas quando a persuasão não funciona, explode e ataca. Fazer com que seus colegas sintam o ódio e a impotência que ela mesma sente ao ser vítima de *bullying* lhe traz certo alívio e conforto, pelo menos durante algum tempo.

O grupo de *bullies*

O *bullie* que age em grupo é o tipo de criança que diz ou faz coisas que normalmente não diria ou faria se estivesse a sós com a vítima. Mas quando está junto com outras, que têm as mesmas tendências, acaba seguindo sua influência. É um tipo perigoso de *bullying*, porque agir em grupo reduz inibições, níveis de responsabilidade pessoal e a habilidade de discernir entre certo e errado.

Jesse, *bully* conhecida na escola, vê Hanna voltando para casa, reúne as amigas e começa a segui-la. No momento em que ela para em um cruzamento para atravessar, o grupo se aproxima, Jesse agarra sua mochila, abre e despeja todos os livros e papéis na calçada. No momento em que se abaixa para pegá-los, chuta um deles para o meio da rua e diz "opa, desculpe. Foi mal". Começa então a chutar o restante e encoraja as amigas a fazer o mesmo. Em poucos minutos, o material se espalha pela rua. As garotas riem e fazem piadas sobre como "Hanna Perfeitinha" irá entregar sua lição de casa no caderno todo amassado e sujo.

Muitas das garotas daquele grupo jamais teriam participado de uma barbárie desse tipo não fosse pela pressão e influência das outras. A possibilidade de dizer "mas todos estavam fazendo a mesma coisa" dá às crianças a oportunidade de considerar atos maldosos como algo racional e desculpável. Nesse exemplo, algumas meninas do grupo podem até ter se sentido mal ao chutar os livros da colega, mas era mais fácil seguir o que as outras estavam fazendo do que ir contra elas. Já outras podem ter se divertido fazendo aquilo, mas jamais teriam feito algo assim se estivessem sozinhas. O problema desse tipo de *bullying* é que as coisas fogem facilmente ao controle. Se Jesse tivesse chutado Hanna em vez dos livros, o grupo poderia ter causado ferimentos sérios à garota.

A gangue de *bullies*

Quando crianças ou adolescentes se reúnem com o propósito explícito de dominar e mostrar poder, formam-se as gangues. É diferente dos grupos, nos quais os integrantes seguem o líder. No caso das gangues, todos querem se equiparar e mostrar força, o que pode levar a níveis incontroláveis de violência.

Por sorte, esse tipo de *bullying* é raro (a não ser que a escola que seu filho frequenta tenha problemas com gangues). Se a crueldade de um único *bully* já pode ser um problema, imagine a de vários deles reunidos.

> **PERGUNTA**
> VOCÊ JÁ OUVIU FALAR EM "ATAQUE CONJUNTO"?
> Trata-se de uma onda que surgiu em vários países. Um jovem ataca uma pessoa enquanto seu cúmplice filma tudo. A cena é, então, disponibilizada na Internet, para que todos vejam. Os ataques são violentos, e várias pessoas já foram mortas.

É importante mencionar que os *bullies* citados são os tipos mais comuns. Nem todos os *bullies* se encaixam nessas categorias, e mesmo aqueles que têm um perfil semelhante aos traçados neste livro podem não apresentar todas as características mencionadas. Porém, o simples fato de ter conhecimento dos tipos mais comuns pode ajudar seu filho a desenvolver estratégias de defesa e a lidar melhor com a situação.

Capítulo 4
O *bully*

NESTE CAPÍTULO:
- Características do *bully*
- Por que algumas crianças se tornam *bullies*?
- O papel do *bully* na tríade
- O estereótipo do *bully*
- Locais em que o *bullying* geralmente ocorre
- O *bully* iniciante
- O *bully* experiente
- O *bully* convicto

O QUE LEVA UMA CRIANÇA a se tornar *bully*? É uma pergunta que os pesquisadores tentam responder há anos. Há algum gene que faça com que uma pessoa nasça *bully*? Ou será uma característica que se desenvolve em virtude do ambiente e das condições sociais? Pode ser culpa dos pais? Exposição excessiva a programas de TV e *videogames* violentos? As respostas ainda não são claras, mas já se sabe que há grandes chances de a origem desse problema estar na primeira infância e em uma combinação de fatores sociais e ambientais.

Características do *bully*

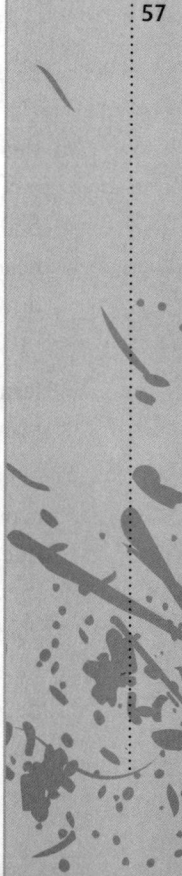

Vamos começar esclarecendo um dos grandes mitos sobre *bullies*: o de que eles agem de maneira cruel para compensar carência ou baixa autoestima. Pesquisas mostram que os *bullies* têm, na verdade, níveis normais ou até mais altos de autoestima que as outras crianças. Já se provou que a teoria popular de que são apenas pobres criaturas que sofrem é totalmente falsa. Claro, nem todas as crianças *bully* se encaixam nesse padrão, mas a maioria não tem qualquer problema de autoestima. Veja algumas das características mais comuns dos *bullies*:

- ✓ Têm necessidade de se sentir poderoso e de dominar.
- ✓ Têm necessidade de atenção.
- ✓ Têm necessidade de se sentir superior.
- ✓ Não sentem remorso.
- ✓ Não sentem empatia.
- ✓ Tornam-se agressivos com facilidade.
- ✓ Gostam de maltratar e de fazer outras pessoas sofrerem.

Surpreendentemente, a maioria dos *bullies* se considera bondosa. Isso está diretamente ligado ao fato de não terem consciência do que os outros pensam a seu respeito. Ninguém tem coragem de lhes dizer a verdade por medo de retaliação. Assim, sua autoestima se mantém alta, pois eles não sabem qual é sua verdadeira reputação no meio em que vivem.

Lembra-se da madrasta de Branca de Neve da história "Branca de Neve e os Sete Anões", dos Irmãos Grimm? Toda manhã ela se olhava no espelho e perguntava: "espelho, espelho meu, há neste mundo alguém mais bela que eu?" E toda manhã o espelho respondia: "Não, tu és a mais bela de todas". Até que um dia a resposta foi diferente: "Tu és bela, sem dúvida, mas Branca de Neve é ainda mais".

A madrasta reage com ódio e inveja e ordena que Branca de Neve seja levada para a floresta, que seja morta e que lhe tragam seu coração como prova. Uma história nada infantil, se pararmos para pensar.

Agora, imagine como o típico *bully* se sente ao se ver nos olhos de seus colegas (seu espelho mágico). Para ele, todos o aprovam (aqueles que riem ou que se juntam a ele para maltratar as vítimas) ou simplesmente não julgam seus atos (aqueles que o ignoram). Quando alguns colegas o ajudam, o *bully* se sente como a madrasta da história. O gesto de aprovação e cumplicidade (ainda que falso) só faz aumentar seu desejo de ser "o mais belo do mundo". Os colegas sabem, intuitivamente, que ameaçar a imagem do *bully* pode fazer com que ele se volte contra eles, exatamente como a madrasta faz com Branca de Neve. Por isso, continuam a apoiá-lo em silêncio. São como o espelho que diz "tu és a mais bela". Mas as crianças não são as únicas a refletir a imagem que o *bully* deseja ver. A maioria dos adultos não tem coragem de enfrentar um chefe tirano. Afinal, quem se arrisca a perder o emprego por dizer ao chefe o que ele realmente é? Esposas que são espancadas dificilmente denunciam os maridos por medo de serem ainda mais maltratadas. E mesmo estudantes mais velhos, em universidades, raramente denunciam os colegas que os ameaçam ou perseguem. Com isso, os *bullies*, sejam eles crianças ou adultos, têm sempre uma visão imperfeita e distorcida da opinião dos outros a seu respeito.

> **ALERTA!** Muitos pais admitem preferir ter um filho *bully* a ter um filho vítima de *bullies*. E a razão é muito simples: a sociedade recompensa os fortes e poderosos e despreza qualquer um que demonstre fraqueza (ou qualquer tipo de fragilidade física, emocional ou mental).

Um dos principais objetivos dos programas de prevenção e combate à prática de *bullying* é ensinar às crianças como mostrar aos *bullies* que eles estão errados. Elas (e também os adultos) devem aprender a deixar muito claro que não toleram desrespeito. Quando os *bullies* deixarem de ter aprovação tácita de seus atos e de ser recompensados por maltratar as pessoas, poderão ter uma imagem mais real de quem realmente são. A intenção dos programas de prevenção é mostrar que, ao humilhar e agredir seus colegas, o *bully* perde contato com seu círculo social e deixa de ter relacionamentos verdadeiros.

Estudos mostram que crianças *bullies* sofrem grande risco de depressão e isolamento social e que podem ter uma vida adulta repleta de agressão e de problemas com a lei. O *bullying* pode acabar sendo tão prejudicial ao *bully* quanto às suas vítimas. Algumas características que podem revelar na criança uma tendência a se tornar *bully*:

✓ Baixa tolerância à frustração.
✓ Dificuldade de se adaptar e seguir regras.
✓ Pouco ou nenhum respeito por autoridades.

✓ Impulsividade.

✓ Comportamento antissocial (vandalismo, roubo, faltar às aulas, uso de entorpecentes).

✓ Crueldade com animais.

Por que algumas crianças se tornam *bullies*?

Há muitas razões para isso. Uma delas, a mais aceita, é o condicionamento social, que é a adaptação da criança ao seu ambiente cultural. De maneira simples, a criança aprende a se comportar seguindo o padrão das pessoas ao seu redor. Por exemplo, se o pai é um *bully* que grita, humilha, ameaça ou agride verbal ou fisicamente a mãe, ela aprende que não há problema em humilhar e demonstrar agressividade para conseguir o que deseja. Isso explica, em parte, por que os *bullies* precisam de tanta assistência e tratamento quanto suas vítimas, e quanto mais cedo melhor. É muito mais fácil modificar os padrões de comportamento de uma criança do que de um adulto.

Normalmente, a criança passa por um processo interno de grande frustração e agressão até a idade de dois anos. Isso ocorre porque sua linguagem e habilidade de comunicação são extremamente restritas e não lhe permitem expressar suas crescentes necessidades. Ela sabe o que quer, mas não tem como demonstrar. É aí que surgem as primeiras crises de mau humor e as tentativas de tiranizar os pais.

Funciona mais ou menos assim:

A mãe está no parque com a filha de dois anos, que brinca alegremente na areia. Algum tempo depois, a mãe avisa que está na hora de ir embora. Ela ignora o aviso e continua a brincar. Quando a paciência da mãe se esgota e ela tenta tirar a pá de sua mão e levantá-la, a menina se debate (acertando o rosto da mãe) e começa a gritar. Recusa-se a sair dali e joga areia no rosto da mãe. Quanto mais a mãe tenta, mais ela chora e luta. Tem certeza de que, se continuar a relutar, a mãe irá acabar desistindo e a deixando ficar no parque.

Uma mãe experiente sabe que desistir não é a melhor tática. O melhor é deixar a filha se acalmar um pouco e só então pegá-la e ir embora. A segunda opção é pegá-la (se conseguir), levá-la para perto do carro e só colocá-la no banco quando estiver mais calma. Ceder à chantagem da filha é um grande erro. Servirá apenas para ensiná-la que táticas de *bullying* são a maneira mais eficaz de conseguir tudo que quer tanto dos pais quanto das outras pessoas.

A maioria dos pais passa muito tempo com seus filhos tentando ensiná-los a controlar seus impulsos agressivos e a esperar para receber o que desejam. É extremamente importante para a criança aprender essa habilidade. Se os pais deixam de ensinar seus filhos de até dois ou três anos de idade a controlar a raiva e a agressão e a se comportar dentro de determinados padrões sociais, estão abrindo caminho para que eles desenvolvam um comportamento *bully* mais tarde. Se você acha difícil ensinar uma criança de um ou dois anos a controlar seus impulsos, imagine uma de oito ou dez, que já fez do *bullying* um hábito. Pesquisadores identificaram dois estilos de educação que podem ser negativos para o desenvolvimento da criança e estimular nela um perfil de agressão social típico dos *bullies*: o estilo permissivo e o estilo autoritário.

Estilo permissivo de educação

Pais permissivos são aqueles que permitem à criança ter crises de raiva e fazer todo escândalo que desejar sem intervir. O máximo que fazem é tentar negociar com ela ou chantageá-la para que se acalme. O problema é que, quando se deixa uma criança ter crises assim, ela fica cada vez mais fora de controle. E chantageá-la ou tentar negociar faz com que ela aprenda que pode conseguir tudo que quer, basta se comportar mal. Aos dez anos, essa criança terá certeza de que pode fazer tudo que quiser. Saberá exatamente quais limites ultrapassar e como se comportar para que todos os seus desejos sejam satisfeitos. E não irá ceder até receber algo em troca. Para ela, ameaças e força resolvem tudo.

Pais extremamente permissivos ou distantes evitam a todo custo conflitos e qualquer coisa que lhes dê trabalho. Os limites e regras de disciplina são poucos, ou mesmo inexistentes. Os filhos fazem o que querem, e, quando surgem problemas de comportamento, esses pais costumam acusar as outras crianças ou simplesmente ignorar a situação na esperança de que tudo irá se resolver. Mas crianças necessitam de limites e de orientação. Precisam de disciplina que as ensine a se comportar em diferentes situações sociais. Precisam de pais responsáveis e presentes. Se eles se isentam das responsabilidades, os filhos crescem sem orientação e sem noção de família. Não têm um porto seguro ou alguém que indique quais são seus limites e possibilidades. Ter que se educar sozinhos os coloca em séria desvantagem social e lhes dá a sensação de que ninguém os ama, valoriza ou se importa com eles de verdade.

Estilo autoritário de educação

Outro estilo potencialmente negativo é o chamado "autoritário", ou seja, aquele em que os pais comandam a criança com mãos de ferro. Pais muito rígidos se preocupam tanto em manter o controle e a disciplina de seus filhos que o relacionamento acaba deixando a desejar em termos de amor, afeto e atenção. Isso não significa que não amem suas crianças, mas que o amor está condicionado à capacidade delas de obedecer.

Filhos de pais autoritários recebem castigos sérios mesmo por faltas não tão graves. E, nesta forma de educação, surras são a principal forma de impor disciplina. Mas quando isso não funciona (o que ocorre na maioria das vezes), a punição se torna mais séria e pode atingir proporções abusivas tanto em termos físicos quanto emocionais. O perigo desse tipo de educação é que a criança se torna perita em obedecer, mas não desenvolve disciplina interior. Então, sem essa disciplina e com a noção de que "força é poder", passa a acreditar que o *bullying* é um meio justificável para obter aquilo que deseja.

> **ALERTA!** Alguns *bullies* não deixam de se comportar mal quando crescem. Tornam-se apenas *bullies* adultos. Estão em todo lugar e em todas as áreas de nossa vida: em universidades, namoros, no local de trabalho, nos casamentos, no serviço militar e na política. É a prova cabal de que muitos pais deixam de educar seus filhos em um momento vital, ou seja, em seus primeiros anos de vida.

Pais autoritários tendem a bater na criança, desde que esta seja bem pequena, para controlar seus acessos de raiva. O problema é que, ao receber punição muito rígida por sua agressividade, ela aprende a ser ainda mais agressiva. Aos dez anos de idade, seus ataques de raiva são incontroláveis, e ela tende a destruir objetos e a descontar sua fúria em inocentes vítimas ao seu redor.

Alguns *bullies* vêm de famílias relativamente normais e se comportam mal apenas para chamar a atenção. Outros acham que maltratar os colegas pode ajudá-los a se tornar mais populares na turma ou a conseguir o que desejam. E outros são *bullies* ocasionais, que agem apenas porque veem outras crianças fazendo o mesmo. Alguns têm realmente a intenção de machucar ou magoar outras crianças, sem ter noção da extensão dos problemas que causam. Muitos escolhem um tipo específico de criança para perseguir e maltratar; outros agem aleatoriamente.

Os motivos pelos quais o *bullying* ocorre podem ser diferentes. Uma menina pode perseguir ou maltratar outra porque tem inveja dela. Pode se sentir insegura e acreditar que esse tipo de poder é capaz de ajudá-la a se tornar popular e a dominar socialmente, mesmo correndo o risco de não ser realmente apreciada pelas amigas. E que agressão é a melhor forma de defesa. Em suma, maltrata e exclui para evitar ser maltratada e excluída. No fundo, pode ter dificuldade de se adaptar ao estereótipo físico exigido pela sociedade ou por seu grupo social e decidir seguir o padrão de comportamento dos *bullies* masculinos. Ou pode simplesmente maltratar os outros por esporte, divertindo-se ao ver as colegas sofrendo e se sentindo humilhadas.

> **FATO** Segundo o pesquisador sueco Dan Olweus, muitos *bullies* são criados em ambientes em que a punição física é rotineira, a agressão física é uma forma comum de resolver problemas e os pais são emocionalmente distantes.

O papel do *bully* na tríade

Como mencionamos no Capítulo 1, para entender a dinâmica do *bullying* é preciso considerar as três personagens do enredo: o *bully*, a vítima e a testemunha – é a chamada tríade de *bullying*. E, segundo Barbara Coloroso, os três têm um papel importante no drama que se desenvolve todos os dias na vida das crianças. O *bully* é quem "dá o primeiro passo". Ele é quem decide quando, onde e como tudo irá acontecer... E, para desespero dos pais, também é ele que decide quem será o ator principal do *show*: a vítima.

O estereótipo do *bully*

A personagem "Brutus" tem a típica descrição de um *bully*: truculento e sem muita inteligência. Vive maltratando Popeye, menor e mais fraco, mas somente até o momento em que ele se cansa, decide comer espinafre e se torna forte suficiente para derrotá-lo. Se isso fosse verdade na vida real, seria mais fácil para as crianças reconhecer um *bully* e ficar longe dele. Ou então comer salada, ficar mais forte e revidar toda a agressão. Mas não é tão fácil. Na verdade, a maioria dos *bullies* não se parece fisicamente com Brutus. Têm aparência de uma criança normal. E não existe verdura mágica que possa dar às suas vítimas força ou coragem suficiente para enfrentá-los.

> **ALERTA!** Crianças de temperamento agressivo e explosivo têm mais chances de se tornar adolescentes agressivos do que aquelas de personalidade calma. Por sorte, é possível ensinar seus filhos a se controlar.

Hoje, graças a muitos estudos, pesquisas e livros publicados sobre agressão feminina, o estereótipo do *bully* foi oficialmente desmistificado. O mundo já sabe que os *bullies* existem em todos os tamanhos, formas e gêneros, e que meninas podem ser tão más e violentas quanto os meninos, muitas vezes até piores. Os detalhes sobre as características genéticas dos *bullies* serão discutidos nos capítulos seguintes.

Locais em que o *bullying* geralmente ocorre

Como já dissemos, o *bullying* geralmente acontece em locais onde não há supervisão de adultos. Isso não significa, necessariamente, que eles não estejam presentes. Um bom exemplo é o que ocorre dentro da sala de aula, na presença do professor. Mas seria impossível para ele controlar e observar cada aluno o tempo todo. E as crianças sabem exatamente o momento de agir.

Obviamente, o lugar mais comum para a prática de *bullying* é a escola. É o local onde as crianças passam a maior parte do tempo. E onde estão expostas a centenas de outras, mais velhas, mais jovens ou da mesma idade. O *bullying* também ocorre fora da escola, em atividades extracurriculares, em eventos esportivos, na vizinhança ou mesmo no jardim de casa. Pode acontecer em qualquer lugar, a qualquer momento e com qualquer pessoa. Pais e professores acreditavam que a maioria dos eventos ocorresse no ônibus escolar ou no caminho de casa. Isso pode realmente acontecer no caso de crianças que vão e voltam sozinhas ou em grupos. Mas, hoje, quase tudo acontece durante o período escolar. E, para completar, um número cada vez maior de crianças se torna vítima de *cyber bullying* dentro de suas casas.

O *bully* iniciante

Mesmo o mais jovem dos *bullies* pode ser muito cruel. Apesar de não ter uma longa carreira de maldade, ele adora a sensação de fazer alguém sofrer. E se sente muito bem quando outras crianças riem de seus feitos e o tornam o centro das atenções. Isso só o incentiva a se tornar pior. Pode-se encontrar esse tipo de *bully* já na pré-escola. Ele faz questão de excluir alguns colegas, de impedir que entrem para brincar no *playground* ou de ter acesso a alguns jogos ou brinquedos. Pode xingar, usando expressões quase ingênuas como "bobão" ou "idiota", mas se outras crianças riem, suas técnicas vão se aperfeiçoando.

Tony é um *bully* do jardim de infância. O recreio é sua hora predileta do dia. Adora se divertir à custa de Marc. Outro dia, o chamou de "anãozinho" em frente aos meninos e meninas da classe e fez todos rirem. Sentiu-se poderoso e importante! Marc ficou furioso e começou a chorar. Jogou areia em Tony. A professora viu e o colocou de castigo, sentado no banco fora da sala de aula. Para Tony, isso foi o máximo. E, claro, ameaçou Marc para que ele não o delatasse.

Tony é um *bully*? Com toda certeza. Apesar da idade e da relativa imaturidade, as três características principais do comportamento *bully* estão presentes em sua personalidade: desequilíbrio de poder, intenção de prejudicar e ameaças de atacar no futuro. Os pais devem levar a sério esse pequeno incidente? Sem a menor sombra de dúvida. Se nada for feito em relação aos dois garotos, a situação irá continuar e se tornará cada vez pior com o passar do tempo. Ao final do ano, Tony será visto pelos colegas como *bully* e Marc como vítima. Tony passará a acreditar que precisa maltratar o colega para que todos gostem dele e o aceitem e Marc terá sofrido um golpe em sua autoestima que pode torná-lo mais suscetível a *bullies* no futuro.

> **ESSENCIAL**
> Pode ser muito doloroso descobrir que seu filho é um *bully*, mas não há motivo para pânico. Ainda bem que você descobriu. Intervir o quanto antes é a melhor solução para ajudá-lo e impedir que ele continue a agir de maneira errada.

Algumas estratégias podem evitar que crianças como as do exemplo anterior absorvam a experiência e passem a agir sempre como *bully* e vítima. Mas, para isso, é preciso que alguém denuncie o *bully* à professora ou ela mesma presencie suas ações e as classifique como algo irregular (o que é muito difícil, considerando os mitos que ainda prevalecem em nossa sociedade, como o de que brincadeiras agressivas são toleráveis) e tome atitudes cabíveis (envolvendo a escola e os pais).

O *bully* experiente

Vamos tomar como exemplo uma *bully* que já tem anos de experiência e os músculos bem exercitados. Sabe como agir sem ser pega. Tem níveis mais requintados de crueldade. Escolhe cuidadosamente suas vítimas. São sempre colegas mais frágeis que não irão reagir nem delatá-la, pois ela não quer perder seu *status* de líder.

Molly é a rainha do colégio. Decide o que todos devem fazer e usar. Sua vítima predileta é uma colega chamada Gretchen. Um dia, enquanto a professora estava fora da sala, levantou a saia de Gretchen e gritou: "Que horror! As pernas dela têm mais pelos que um macaco!" Depois daquilo, o apelido da menina na escola passou a ser "pernas de macaco". Mesmo mantendo as pernas depiladas, não teve mais paz. E Molly descobriu que é muito fácil criar apelidos que humilham e incomodam. Passou a fazer isso com todas as colegas de quem não gostava. E quando alguma delas a denuncia, faz cara de inocente e diz: "Eu jamais faria um coisa dessas! Coitada. Vou ver o que posso fazer para ajudá-la". As garotas na escola morrem de medo de receber um apelido e por isso tratam Molly muito bem. Ela gosta e faz questão de manter as coisas como estão.

Bullies estão presentes em praticamente todas as escolas, mas as crianças não sabem que as coisas não precisam ser assim. Adolescentes gostam de ter segredos e de manter sua vida pessoal longe da interferência dos pais. Uma das tarefas do ser humano nessa fase da vida é aprender a ser independente. Mas quando isso se traduz em uma enorme necessidade de se ajustar às regras sociais do grupo e concordar com tudo que se faz é que surgem os problemas. Infelizmente, esse estágio de desenvolvimento coincide com a fase mais crítica do *bullying*, que vai dos onze aos doze anos de idade. Isso significa que indivíduos como Molly passam a agir sem limites, pois ninguém está disposto a denunciá-los e correr o risco de ser excluído do grupo. Assim, ninguém a ameaça, ela continua a agir livremente e, infelizmente, também não terá chance de receber tratamento ou ajuda profissional.

O *bully* convicto

Versado na arte do *bullying*, esse tipo é praticamente irrefreável. A crueldade já se tornou parte integrante de sua personalidade. Ele não tem a menor intenção de modificar seu comportamento agressivo e dominador.

Chad é o terror da escola. Já perseguiu e humilhou praticamente todos os colegas do time de futebol e vários outros. Enxerga a si mesmo como um rapaz extremamente forte e viril, que sabe o que quer, e nada o detém. O que ele não sabe é que é tarde demais para mudar. Maltrata as pessoas há tanto tempo que nem percebe mais. Não tem consciência do que seu comportamento acarreta para suas vítimas ou para si mesmo. Vai para a faculdade no próximo ano e pretende ser o melhor do *campus*. Muito provavelmente não será o melhor aluno, mas com certeza será o maior dos *bullies*. Quando começar a trabalhar será um chefe *bully*, depois um marido *bully* e um pai *bully*. O ciclo irá se expandir interminavelmente, pois seus filhos aprenderão desde pequenos a ser *bullies* como o pai. Deprimente, não? Mas é o que acontece quando a corrente da violência não é interrompida em tempo.

Capítulo 5
A vítima dos *bullies*

NESTE CAPÍTULO:
- Características das vítimas
- O papel da vítima na tríade
- Como o processo de *bullying* se inicia: M-E-D-O
- Por que justo eu?
- Por que as vítimas não denunciam os *bullies*
- Quando a vítima também se transforma em *bully*

ALGUMAS CRIANÇAS PARECEM ter um alvo no meio da testa ou um cartaz nas costas com os dizeres "sou a vítima perfeita. Aproveite". Passam o dia com medo, esperando o próximo ataque dos *bullies*. Para elas, a escola é um lugar perigoso e hostil. Costumam evitar atividades em grupo, esportes e situações sociais. E muitas querem parar de estudar.

Características das vítimas

Não existe uma característica ou um grupo de características específicas que possam determinar quais crianças são escolhidas pelos *bullies*. Não há como enfileirar todas no primeiro dia do jardim de infância e selecionar aquelas que serão maltratadas. Porém, com o passar dos anos, os cientistas conseguiram identificar alguns traços de personalidade que podem aumentar sua vulnerabilidade.

> **FATO** Segundo o *National Mental Health Information Center* (Centro Norte-Americano de Informações Sobre Saúde Mental), de 40 a 75% do *bullying* ocorre durante o recreio em locais como corredores, banheiros e também no intervalo, entre aulas. Locais onde a supervisão de adultos não existe ou é irregular são os prediletos.

Segundo o pesquisador sueco Dan Olweus, especializado no estudo de casos de *bullying*, crianças que são vítimas de *bullies* costumam ter algumas características em comum como ansiedade, insegurança, cautela em excesso, baixa autoestima, dificuldade de se defender ou de reagir ao serem atacadas e geralmente são mais jovens que seus perseguidores. Também costumam ter poucos amigos e pouca destreza no convívio social. Não estabelecem um círculo de amizades que possa protegê-las dos ataques, o que as torna alvos fáceis. Além disso, Olweus salienta que a maioria das vítimas tem relacionamento muito estreito com os pais, ou seja, são crianças superprotegidas. E, por não serem independentes como as outras, costumam duvidar das próprias habilidades e demonstrar insegurança. Surpreendentemente, características físicas como peso, altura, aparência, vestimenta, usar óculos ou aparelho ortodôntico não parecem estar relacionadas à escolha das vítimas. Mas, se uma criança é fisicamente mais fraca do que seus colegas, as chances são maiores.

> **ALERTA!** Se seu filho começar a apresentar mudanças, como alterações de humor sem explicação, crises de choro, raiva sem motivo aparente, isolamento social e se recusar a conversar com você, ele pode estar sendo vítima de *bullies*. Não adianta ignorar o problema imaginando que se trata de algo sem importância. Muito provavelmente não é.

A vítima passiva e a vítima que provoca

Vítimas passivas são as crianças com traços como os mencionados acima: não agressivas, ansiosas, fisicamente menores ou mais fracas e sem amigos que as protejam dos *bullies* ou que lhes deem apoio emocional quando são atacadas. Já as vítimas que provocam são tanto ansiosas quanto agressivas. Têm pouca destreza no convívio social e pouco controle sobre seus impulsos, o que pode irritar e indispor seus colegas. Um *bully* pode se aproveitar disso, provocando sua vítima até que ela exploda. Sua diversão é ver o professor chamar sua atenção ou colocá-la para fora da sala por ter atrapalhado a aula.

O tipo passivo é quieto, tímido e introvertido. Brinca sozinho no *playground* e tem dificuldade de encarar as outras crianças olhando diretamente para os olhos delas. Costuma ser vítima verbal e de relacionamentos. Quando atacado, cede facilmente e aceita os maus-tratos. É o tipo de reação que estimula o ciclo de *bullying* e torna a vítima cada vez mais introspectiva e isolada.

Já o tipo que provoca é normalmente ativo e inquieto. Comporta-se de maneira socialmente inaceitável, irrita os colegas e, com o tempo, acaba isolado. Uma vez relegado à condição de indivíduo à parte, os colegas passam a acreditar que ele merece mesmo ser maltratado e que escolheu seu destino de vítima. Claro, isso não é verdade, mas é a maneira como as crianças enxergam a situação e reagem.

O Capítulo 13 mostra como se pode ajudar a criança a ter mais autoestima, segurança e capacidade de fazer e manter amizades. São técnicas simples que ajudam a mantê-la a salvo dos *bullies*.

O papel da vítima na tríade

Para entender a dinâmica do *bullying*, é preciso lembrar as três personagens envolvidas: o *bully*, a vítima e a testemunha. Todos são importantes. O *bully* é a "estrela" do show. A vítima e a maneira como ela reage são o foco da ação. As testemunhas são todos os que assistem ao que acontece.

> **ESSENCIAL**
> Se você suspeita que seu filho esteja sendo vítima de *bullies*, faça perguntas diretas a ele: Qual foi a melhor coisa que lhe aconteceu hoje? E a pior? Qual foi a mais engraçada? E a mais maluca? Qual foi mais dolorosa? E a mais gratificante?

Como o processo de *bullying* se inicia: M-E-D-O

A primeira reação de seu filho aos maus-tratos infligidos pelo *bully* irá determinar se ele será atacado novamente e como. O *bully* não deseja ser confrontado. Ataca e estuda a reação da vítima. Se ela o ignora, ri ou o enfrenta, provavelmente não irá persegui-la mais. Mas, se a reação é de medo, ele se sente estimulado a continuar.

> **FATO**
> Pergunte a qualquer aluno do Ensino Fundamental ou Médio quem está sendo perseguido na escola e por quem. Ele irá lhe fornecer uma lista completa. Os professores, os funcionários e os diretores podem não ter a mínima ideia, mas os alunos sabem muito bem.

Shaina tem nove anos, é uma boa aluna, mas é um tanto tímida. No segundo dia de aula, estava guardando o material em seu armário quando uma menina chamada Teesha se aproximou e disse: "Este armário agora vai ser meu!" Pegou os objetos de Shaina e os atirou no chão. "E se contar para a professora vai se arrepender!", completou, empurrando a colega. Shaina se apavorou e saiu correndo sem sequer pegar o material. Teesha a perseguiu e maltratou durante o ano inteiro.

Além disso, tinha que carregar todos os seus livros e cadernos (não pediu à professora outro armário). Se tivesse agido de maneira diferente na primeira vez em que foi abordada por Teesha, não teria problemas. Alguns pesquisadores identificaram as táticas do *bully*:

- ✓ Ele observa o *playground* (ou a sala de aula, o refeitório ou o ônibus escolar) procurando crianças que andem sempre sozinhas e tenham o olhar e a postura corporal de "não precisa me notar. Faça de conta que não estou aqui".
- ✓ Quando identifica alguém com essas características, olha ao redor, para se certificar de que ninguém está vendo, principalmente os professores.
- ✓ Se perceber que não há perigo, se aproxima da vítima e a agride, se chocando "acidentalmente contra ela", empurrando-a ou arrancando qualquer objeto que ela tenha nas mãos.

✓ Se a criança se encolhe e a olha com medo, sem demonstrar raiva ou indignação, o *bully* sabe que encontrou uma vítima em potencial.

✓ Nos dias seguintes, continua com o comportamento "acidental", porém de maneira cada vez mais agressiva, sempre avaliando as reações da pessoa escolhida como alvo (e a dos colegas ao redor). Quer ter certeza de que a vítima não tem amigos que possam ajudá-la.

Quando percebe que está seguro, começa a atacar com total violência, e aí se inicia o ciclo do *bullying*.

> **ALERTA!** Em seu livro, *The Bully, the Bullied and the Bystander* (O Bully, a Vítima e a Testemunha), Barbara Coloroso mostra que, à medida que o *bullying* se torna mais frequente e violento, a vítima passa a viver em estado de pânico. E, quando isso acontece, o *bully* se sente ainda mais livre para agir sem medo de retaliação ou de denúncias.

Muitas vítimas de *bullies* começam a apresentar dificuldade de aprendizado porque ficam tão ansiosas e estressadas se preocupando em evitar os ataques que não conseguem se concentrar nas aulas. E se os ataques se intensificam, sua mente passa a se ocupar exclusivamente de estratégias para se livrar deles. Podem começar a "perder" o ônibus escolar, fingir estar doentes para não ir à aula de educação física ou simplesmente para ficar em casa.

Nos Estados Unidos, muitos pais estão dando preferência à educação domiciliar para evitar que os filhos se tornem vítimas de *bullies* ao frequentar escolas. Segundo o *National Center for Education Statistics* (Centro Nacional de Estatística Educacional), em 2003, aproximadamente 1,1 milhão de crianças passou a estudar em casa. E estatísticas mostram que o *bullying* e a violência escolar são os motivos principais pelos quais pais e filhos escolhem o sistema de educação domiciliar. O mito de que as crianças precisam aprender a conviver com os *bullies* já não é tão aceito. E tanto psicólogos quanto pesquisadores concordam que se defender dos colegas agressivos e aprender a "ser mais forte" não ajuda as crianças a encarar mais facilmente a vida adulta, como se pensava há algum tempo. Na verdade, o efeito é oposto. Vítimas de *bullies* na infância correm mais risco de ter depressão e baixa autoestima na fase adulta.

> **ESSENCIAL** Uma das melhores maneiras de acompanhar o que acontece com seu filho na escola é fazer trabalho voluntário. Sendo um voluntário na escola, você estabelece um relacionamento mais próximo com funcionários e professores, o que beneficia a todos e facilita a solução de problemas.

A criança que se torna vítima crônica de um *bully* passa a ser vista como um alvo fácil, e outros *bullies* podem começar a maltratá-la também. Com o passar do tempo, sua autoestima se torna tão baixa que ela começa a achar que é culpada pelo *bullying*, ou seja, que merece ser vítima. Claro, é algo absurdo. Mas o processo cognitivo ainda imaturo de uma criança faz com que a situação pareça um pesadelo interminável. Em casos extremos, a vítima se torna depressiva e tem tendência ao suicídio. Ou tende a extravasar toda a raiva e a frustração, e as consequências podem ser trágicas.

Algumas crianças se tornam vítimas de *bullying* em razão de um único evento, normalmente uma situação embaraçosa que ocorre diante de seus colegas. Uma crise de choro, molhar as calças, vomitar ou mesmo um tombo podem gerar gargalhadas, provocações constantes e até ameaças que, com o tempo, se transformam em *bullying*. Um motivo qualquer pode colocá-las em uma situação muito complicada. Mas se é algo que ocorre apenas uma vez não se pode considerar o ataque como sendo *bullying*. Para que se possa denominá-lo assim é preciso que haja os três elementos-chave: desequilíbrio de poder entre o *bully* e a vítima, intenção de ferir ou prejudicar e ameaças de ataques futuros. Um evento esporádico, ainda que traumático, não deve ser encarado como perseguição.

Por que justo eu?

O psicólogo infantil David Schwartz fez uma pesquisa com crianças de onze escolas diferentes. Nenhuma delas se conhecia antes de ser escolhida.

O pesquisador as separou em trinta grupos, sendo cada um constituído de uma criança popular, uma que normalmente era ignorada, duas que tinham relacionamento social normal e duas socialmente rejeitadas. Durante cinco dias, as crianças eram convidadas a brincar juntas e eram filmadas. Segundo Schwartz, os garotos socialmente rejeitados já se comportavam de maneira submissa desde o primeiro instante, mesmo antes de se desenvolver qualquer comportamento dominante por parte dos outros. As "vítimas" não iniciavam diálogos, não faziam sugestões, pedidos ou qualquer demonstração de vontade quanto ao que desejassem fazer. Brincavam passivamente fora do grupo, em vez de tentar participar. Deixavam claro que não possuíam qualquer habilidade social para interagir com as outras.

> **ALERTA!** Muitas crianças que sofreram *bullying* durante a infância têm uma vida adulta normal e produtiva. Mel Gibson, Kate Winslet, Tom Cruise, Kevin Costner e Tyra Banks são apenas algumas das celebridades do cinema que admitem abertamente terem sido vítimas de *bullies* na infância. Portanto, o *bullying* nem sempre tem efeitos negativos permanentes.

Mas o que os pais devem fazer quando o filho chega da escola chorando e perguntando "por que justo eu? Por que me perseguem tanto?" Pode ser difícil olhar para ele e explicar que isso ocorre porque ele é uma criança vulnerável e algumas crianças acham normal e aceitável maltratar e humilhar colegas mais fracos ou mais sensíveis. Mas se já é difícil para um adulto entender, imagine para uma criança. Porém, existem antídotos para o *bullying*; práticas que os pais e as crianças podem adotar para desenvolver a força individual e sistemas de apoio dentro da escola. Não é uma tarefa fácil, mas pode ter bons resultados. Os Capítulos 13 e 14 abordam essas técnicas com mais detalhes, para ajudar você e seus filhos a impedir que o ciclo do *bullying* se inicie ou continue.

> **ESSENCIAL** Converse sempre que possível com seu filho sobre a rotina na escola e preste atenção ao que ele diz. Faça perguntas específicas sobre as atividades e sobre seus amigos. Explique a ele sobre o *bullying* e dê exemplos claros. Encoraje-o a lhe contar sempre que houver atos desse tipo na escola.

Por que as vítimas não denunciam os *bullies*

As vítimas não contam aos pais que estão sendo maltratadas por uma série de razões. O *bullying* assusta, humilha e deixa as vítimas confusas. Elas normalmente não sabem como lidar com a situação, especialmente na primeira vez que o ataque ocorre. Outras razões bastante comuns:

- ✓ Vergonha de ser vítima.
- ✓ Medo de retaliação por parte do *bully*.
- ✓ Acreditar que deve ficar em silêncio para não ser isolado do grupo ou da comunidade.
- ✓ Acreditar que fez algo de errado para merecer a humilhação.
- ✓ Medo de que ninguém acredite, se contar.
- ✓ Medo de que os colegas o chamem de fofoqueiro.
- ✓ Acreditar que você prefere que ele seja forte e enfrente o agressor.

Mas, ainda que seu filho não lhe diga diretamente "estou sendo vítima de um *bully*", ele pode tentar mostrar de outras maneiras:

- ✓ Recusando-se a ir para a escola.
- ✓ "Perdendo" o ônibus escolar com frequência.
- ✓ Reclamando de dores no corpo ou no estômago de manhã.
- ✓ Seu rendimento escolar começa a cair sem explicação.
- ✓ "Perdendo" objetos ou chegando com eles quebrados em casa.
- ✓ Pedindo cada vez mais dinheiro para o lanche.
- ✓ Tendo pesadelos e se tornando cada vez mais introvertido.
- ✓ Chegando em casa com machucados e cortes "misteriosos".
- ✓ Recusando-se a participar de atividades depois das aulas ou de esportes.
- ✓ Faltando às aulas.
- ✓ Falando em suicídio ou tentando, de fato, se suicidar.

> **ALERTA!** Se você suspeitar que seu filho está sendo vítima de *bullies*, pergunte imediatamente: "Há *bullies* em sua sala de aula? O que eles dizem ou fazem? Maltratam os colegas? Você fica com medo do que eles fazem? Eles já provocaram ou mexeram com você?"

Se seu filho confessar que está sendo maltratado, elogie sua coragem por ter lhe contado. Isso valoriza e amplia a comunicação entre vocês. Acredite nele e demonstre gratidão por ter dividido o problema com você. Acalme-o e diga que, juntos, vocês irão encontrar uma solução. Não demonstre raiva ou tensão excessiva. Se a criança sentir pânico ou falta de controle de sua parte, ficará ainda mais assustada. Diga que fará tudo que estiver ao seu alcance para ajudar. Leia rapidamente os Capítulos 13 e 14. Eles contêm os primeiros passos para ajudar seu filho.

Quando a vítima também se transforma em *bully*

Muitas crianças que sofrem perseguição ou ataques de *bullies* tendem a internalizar sua dor e se tornam mais quietas e deprimidas. Já outras agem de maneira diferente. Tornam-se agressivas e passam a maltratar os colegas também. Já ouviu falar em "a hora da vingança"? Pois é o que essas crianças querem: se sentir vingadas fazendo com que suas vítimas sintam a mesma dor e humilhação que elas sentem. Se são filhos de mães ou pais que os ofendem e maltratam verbalmente, irão ofender e humilhar com palavras. Se são surrados, podem descontar sua dor surrando um irmão mais novo. Se são vítimas de boatos e fofocas na escola, irão se vingar fazendo a mesma coisa. Mas nem todas as crianças que são maltratadas reagem dessa maneira. A maioria das vítimas é contra a violência. São crianças passivas que absorvem e internalizam todos os abusos que sofrem.

Capítulo 6
A testemunha

NESTE CAPÍTULO:
- Características típicas da testemunha
- O papel da testemunha na tríade
- A consciência da testemunha
- Por que as testemunhas não denunciam
- Por que as testemunhas não são inocentes
- Como as testemunhas podem impedir o *bully* de agir

OS DICIONÁRIOS DEFINEM O termo "testemunha" como "pessoa que presencia um evento ou situação, porém sem participar dela; espectador". A definição sugere que a testemunha é passiva e que não se envolve, o que realmente ocorre na maioria dos casos. Mas às vezes ela tem um papel importante e destrutivo na relação entre o *bully* e a vítima. Testemunhas são a plateia que o *bully* precisa para exibir suas proezas.

Características típicas da testemunha

A maioria das crianças não gosta de ver um *bully* em ação. Quando entrevistadas a respeito, dizem que ver coisas assim as deixa nervosas e lhes faz mal. Estudos mostram que 70% dos alunos assistem ao *bullying* em suas escolas, e, na maioria das vezes, são várias testemunhas. O termo "testemunhas" sugere que se trata de pessoas neutras e sem envolvimento emocional com o evento. Mas, quando se trata de colegas de classe, as coisas são um pouco diferentes. As testemunhas são profundamente afetadas pelo drama que presenciam. Assistir a cenas de assédio ou violência as deixa confusas, agitadas e com medo.

O papel da testemunha na tríade

A testemunha é a última das personagens na dinâmica do *bullying*. Mas pode ser a mais importante. O *bully* é quem comanda, mas, como se diz no mundo artístico, "sem plateia não existe show". Se não há outras crianças ao redor para assistir, para quem o *bully* irá se exibir? Quem presenciará sua demonstração de poder, domínio e superioridade? Ninguém. O *bullying* seria muito menos frequente não fosse a presença de testemunhas, ou seja, de colegas que apreciam assistir a demonstrações de força.

A consciência da testemunha

Toda criança que assiste ao *bullying* é obrigada a tomar uma difícil decisão. Luta internamente com sua consciência e tem que tomar coragem e escolher entre participar do *bullying* para não ser a próxima vítima, ou recuar, sem participar ativamente, mas encorajando o *bully*, assistindo à agressão e rindo. Se a cena a incomoda muito, ela pode olhar para o lado e fingir que nada está acontecendo. Ou ouvir sua consciência e ordenar ao *bully* que pare.

O assistente

Os *bullies* costumam ter um ou mais aliados que servem de cúmplices. Acham prudente ter alguém ao seu lado caso as vítimas decidam reagir. Esses assistentes adoram ajudar, pois podem participar do processo sem ter tanta responsabilidade. Podem sempre se defender, dizendo: "Não fui eu quem começou". Julgam ter a vantagem de exercer sua maldade através do *bully*, porém deixando para ele a parte mais cruel. Podemos chamá-los de *bullies-light*.

> **FATO**
> Quem assistiu ao seriado *Os Batutinhas* provavelmente se lembra da personagem Woim, assistente do *bully* Butch, que sempre maltratava Alfafa. Ele nunca iniciava o *bullying*, mas gostava de participar.

Ben é um *bully* conhecido em seu bairro. À noite, costuma vagar pelas ruas com seus cinco companheiros. De vez em quando, encontra alguns garotos jogando bola e adora maltratá-los. Pega a bola nas mãos, aponta para um dos garotos e ordena a seus "capangas" que o cerquem, para que não possa escapar. Então, bate nele com a bola até que esteja caído no chão, chorando.

Os companheiros de Ben são *bullies* ou testemunhas? Ambos. Não iniciam a ação, mas participam. E se já é horrível ser vítima de um *bully*, imagine se ele tem assistentes para ajudar.

O instigador

Muitas crianças se enquadram nessa categoria. Não participam do *bullying* como os assistentes, mas não deixam de incentivar. Assistem a tudo e estão cientes do que se passa. Podem achar que o *bullying* é algo engraçado ou simplesmente rir do que acontece, por saber que é isso que o *bully* espera. Os instigadores sabem que ele precisa de uma plateia e, por isso, estão sempre presentes. Um dos motivos é a pressão dos colegas, tão forte que até os "bons" meninos e meninas participam e se comportam mal em algumas circunstâncias.

Uma menina chamada Kayla tornou-se vítima de uma colega. A *bully*, chamada Emma, adorava torturá-la. Um dia, durante o intervalo para o lanche, derrubou um copo de leite no colo de Kayla. Quando ela se levantou, apontou em sua direção e gritou: "Vejam, ela molhou as calças!" Todas as crianças ao redor riram. Kayla ficou arrasada. O fato de Emma ter derrubado leite em seu colo foi menos humilhante do que todas as crianças rindo e pensando que ela tinha mesmo urinado nas calças.

O esquivo

Esse é o mais afetado pelo *bullying* que presencia. Sente-se mal pela vítima e revolta-se ao ver o que o *bully* faz, mas não consegue reagir. Quer fazer algo para ajudar mas se sente impotente. Tem medo de se tornar vítima, de que os colegas riam dele se tentar ajudar e, na maioria das vezes, duvida da própria capacidade. Os sentimentos de culpa e impotência têm efeito negativo sobre sua autoestima.

Henry é o valentão do ônibus escolar. Empurra as outras crianças, bate suas cabeças umas contra as outras e esguicha *ketchup* nelas, dizendo:

"Bam! Você está morto!" Faz isso todos os dias, na ida e na volta da escola. Tevon, um dos garotos, tem muita vontade de enfrentá-lo e fazê-lo parar, mas não tem coragem. Todos os dias, ensaia o que gostaria de dizer, de fazer, e fica imaginando qual seria o resultado. E todos os dias o vê maltratar os colegas no ônibus, não consegue reagir e se sente péssimo. Mas por que ninguém denuncia o que acontece ao motorista do ônibus, aos professores ou aos pais? Henry é apenas um garoto. Pode ser *bully*, mas não passa de um garoto. São quase setenta alunos no ônibus. Por que ninguém reage? É difícil entender como apenas uma criança consegue causar tantos problemas sem que ninguém tome uma atitude. Mas é o que acontece em ônibus escolares e em salas de aula. E vai continuar a acontecer até que alguém decida ensinar as outras crianças a reagir e a ajudar as mais fracas.

O herói

É o tipo de testemunha que tem coragem de se levantar e enfrentar o *bully*. Não consegue ignorar o fato de que um colega está sofrendo e que precisa de ajuda. Normalmente, é o tipo de criança que tem um alto nível de autoconfiança e autoestima. Tem um bom relacionamento social e não teme que ele seja afetado somente porque decidiu enfrentar um *bully*. Estudos mostram que, em 50% dos casos de *bullying*, se uma única testemunha reagisse, o *bully* pararia. Ou seja, se uma única criança se dispuser a intervir pela vítima, na metade das vezes irá funcionar. É uma estatística impressionante (e muito provavelmente real). Pense: o *bully* não admite ter sua autoridade questionada. Portanto, se alguém reage, ele tem duas opções: parar ou continuar.

Por que as testemunhas não denunciam

Porque não querem se tornar vítimas também. Mas não é só por isso. Algumas não acham que denunciar ajudaria. Temem que o professor não acredite ou que não queira se envolver com o problema. Também não contam aos pais por medo que ignorem ou respondam algo como: "Isso é normal, acontece mesmo, faz parte do crescimento, logo vai passar". A maioria das testemunhas admite, no fundo, sentir certo alívio por não estar no lugar da vítima. Por isso, se cala e deixa as coisas acontecerem.

> **ALERTA!** Pergunte às crianças porque é tão difícil defender alguém que esteja sendo maltratado e ouvirá respostas do tipo: "Gostaria mesmo é de ser amigo(a) do *bully*", "Ser amigo(a) dele me faz sentir mais forte", "É divertido fazer parte da coisa", "Denunciar não ajudaria" ou "Eu não quero ser vítima!"

Por que as testemunhas não são inocentes

O silêncio é um incentivo ao *bullying*. Ficar em silêncio é o mesmo que concordar com o que acontece. Mas as crianças não entendem que, com isso, estão dando ainda mais poderes ao *bully* e agindo da pior maneira possível.

Testemunhas que se calam são a parte mais grave do problema. E a única maneira de quebrar a corrente do silêncio é dar segurança às crianças e apoio quando decidirem defender os colegas e contar o que acontece. Se as testemunhas se unissem contra os *bullies*, eles seriam obrigados a parar.

Mara é sempre perseguida por Leah. Fica encolhida em um canto enquanto a colega a insulta sem parar. Um grupo de garotas se aproxima e uma delas diz: "Hei. Pare com isso. Deixe Mara em paz!" Leah para por um instante, mas começa novamente a xingar a colega. Então, todas as garotas do grupo gritam ao mesmo tempo: "Saia daqui! Qual é o seu problema? Não vê o que está fazendo com ela?" Ao perceber que não tem apoio das testemunhas, Leah se afasta.

> **FATO** Segundo o *Merriam Webster's Collegiate Dictionary*, "inocente" significa "livre de culpa ou pecado, especialmente por não ter conhecimento do mal". Se levarmos em conta essa definição, a testemunha de um *bullying* jamais é inocente.

Se todas as crianças ajudassem os colegas que são vítimas (como o grupo do exemplo de Mara), o mundo seria um lugar muito melhor. *Bullies* não sairiam incólumes e logo perceberiam que seu comportamento não é divertido ou engraçado, e sim degradante. Está mais do que na hora de evitarmos que esse tipo de prática continue acontecendo.

Como as testemunhas podem impedir o *bully* de agir

As testemunhas têm o poder de intervir. Mas, infelizmente, a maioria delas é composta por crianças, e elas normalmente não têm ideia de seu poder. Quando o *bullying* ocorre, é comum haver várias testemunhas presentes. Os programas *antibullying* ensinam as crianças que a união faz a força e que basta uma pequena reação delas para que o *bully* deixe de agir. A maioria dos *bullies* necessita de plateia para demonstrar sua agressividade. Mas, se sente que não tem apoio, acaba desistindo. As crianças precisam aprender que todos se sentem da mesma maneira ao serem maltratados. E os pais podem incentivar os filhos a fazer parte da solução ao invés de agravar o problema. Se você quer que seu filho tome uma atitude ao presenciar o *bullying*, veja alguns itens que devem ser discutidos.

Empatia e compaixão

Converse com seu filho sobre o que as vítimas sentem. Pergunte a ele como se sentiria se acontecesse com ele. Gostaria que os colegas o ajudassem? Portanto, se ele conhece uma vítima, pode ajudar se propondo a ir junto com ela denunciar, convidando-a a participar de atividades em grupo ou simplesmente dizendo que não acha justo o que está acontecendo. O simples fato de conversar com a vítima já ajuda. Dê exemplos a seu filho para que ele entenda bem o que é o *bullying*, e, se necessário, entre em contato com os pais das crianças que têm dificuldade de se ajustar ao grupo.

Ofereça apoio

Diga a seu filho que você estará ao lado dele sempre que quiser conversar sobre o assunto. Ouça o que ele diz e respeite suas preocupações. Se perceber que ele não se sente seguro para intervir e defender as vítimas, não o force. Encoraje-o a conversar com outras testemunhas e descobrir se elas não gostariam de se unir e impedir que o *bullying* continue. Enfatize sempre que, se todos se unirem, os *bullies* terão que parar.

Deixe claro que é preciso denunciar

Incentive seu filho a denunciar o *bullying* a um adulto. A maioria das crianças tem medo de ser considerada fofoqueira. Explique que há uma grande diferença entre espalhar boatos para prejudicar alguém e informar um adulto que uma criança está sendo maltratada ou humilhada. Se a vítima se recusa a pedir ajuda por medo, você e seu filho podem ajudá-la.

Encontre uma solução alternativa

Tente encontrar soluções concretas para que seu filho possa evitar o *bullying*. Denunciar ou criar grupos de apoio ajuda.

Ensine-a em que momento ela deve pedir ajuda

Deixe claro para seu filho que, em determinadas circunstâncias, ele não deve intervir para não correr riscos. Se o *bully* é mentalmente instável, se há armas envolvidas, um grupo de *bullies* ou um *bully* violento, instrua seu filho a pedir ajuda de adultos imediatamente.

> **FATO** Um protesto realizado em 1964, em razão do assassinato de Kitty Genovese (em que diversas testemunhas ouviram o ataque, mas nenhuma ajudou a mulher ou chamou a polícia), deu origem ao estudo de um fenômeno psicológico que passou a ser chamado Síndrome Genovese ou Efeito-Testemunha. Segundo os pesquisadores, quanto maior o número de testemunhas de um crime ou delito, menores as chances de alguém intervir ou ajudar. Todos pensam que alguém irá fazer alguma coisa e ninguém age. Foi o que aconteceu no caso de Kitty Genovese.

Há muita discussão sobre como se pode evitar que crianças se tornem *bullies*, ajudar a desenvolver a autoestima e a segurança das vítimas em potencial e ensinar às testemunhas sobre seu poder. Mas a melhor maneira de evitar que crianças continuem a maltratar crianças é estabelecer um ambiente social em que comportamentos agressivos e abusivos não sejam mais tolerados.

Capítulo 7

Fatores que levam ao comportamento *bully*

NESTE CAPÍTULO:
- Violência familiar
- Falta de um exemplo positivo para seguir
- Violência na televisão
- *Videogames* violentos
- O *bully* também já foi vítima
- Problemas na escola
- Rejeição por parte dos colegas
- O ambiente escolar

OS *BULLIES* NASCEM *BULLIES* ou se transformam em *bullies* com o passar do tempo? Trata-se de uma pergunta muito popular entre os pesquisadores e estudiosos. De um lado estão os que acreditam que fatores como hereditariedade e níveis de hormônios no corpo humano podem causar um aumento de agressividade no ser humano. De outro, os que pregam a teoria de que a criança vem ao mundo como um quadro branco. Todo o seu conhecimento e reações vêm de experiências e observações – à medida que se desenvolve. Muitos pesquisadores acreditam que, enquanto a biologia pode levar a certas predisposições, o ambiente desempenha um papel importante no desenvolvimento do comportamento agressivo.

Violência familiar

Os pais são o primeiro e mais importante modelo de comportamento para as crianças. Desde a mais tenra idade, estas começam a imitar tudo que eles dizem e fazem. A menina quer escovar os cabelos exatamente como faz a mãe. Imita seus trejeitos e tom de voz ao falar em seu telefone de brinquedo, reproduz seu comportamento ao brincar com a filha (sua boneca) e imita o mesmo tipo de prato que ela faz com seus alimentos de brinquedo. Já o menino imita o pai. Quer se barbear, ajudar a consertar o carro e a aparar a grama. A maioria dos pais considera esse comportamento normal e interessante. Incentiva os filhos, dizendo "você cuida muito bem de sua boneca. Vai ser uma ótima mãe!" e "você é um garoto grande e forte. Vai ser um grande pai". Mas, o que acontece quando a menina vê a mãe gritando com o atendente no banco, insultando o padeiro e falando mal das outras mães no *playground*? E o garoto que vê o pai censurar a mãe, reclamar do jantar que ela preparou e atirar longe o garfo, gritando que a comida dela é intragável e que ela não sabe sequer cozinhar? Algumas presenciam cenas de violência ainda maiores. Será surpresa, então, quando a menina se tornar o terror do *playground*, empurrando e batendo nas outras crianças quando elas se recusarem a obedecê-la? Ou quando o menino criticar o desenho de um colega, rasgá-lo e jogá-lo para o alto, dizendo "isto aqui é tão ruim que só serve como confete"? Essas crianças aprendem, observando o comportamento dos pais, que violência é algo normal e aceitável e que não há problema em utilizá-la com todos, inclusive com seus colegas. Um dos primeiros estudos desenvolvidos com o propósito de pesquisar as consequências da violência doméstica foi realizado nas Universidades de Washington e de Indiana. Os pesquisadores descobriram que crianças expostas à violência em casa se envolvem mais em *bullying* físico do que aquelas que têm uma relação pacífica na família.

A teoria do aprendizado social

Uma explicação possível para a relação entre testemunhar e repetir determinados comportamentos é a chamada teoria do aprendizado social, criada por Albert Bandura, renomado pesquisador e especialista em comportamento humano. Bandura realizou centenas de estudos, mas um deles se destacou: a experiência do João Bobo (um boneco inflável, oval e com base recheada e mais pesada. Pode ser empurrado ou socado e sempre volta à posição normal). Bandura mostrou a um grupo de crianças de jardim de infância um vídeo de uma mulher socando e batendo no João Bobo com um machado de plástico. Depois, colocou um João Bobo no *playground* onde eles costumavam brincar e ficou observando de longe. As crianças se aproximaram do boneco e começaram a chutá-lo, socá-lo e a bater nele com machados de brinquedo. E gritavam "isso é muito bom!", a mesma frase que a mulher do vídeo gritava. Estavam imitando tudo o que ela fazia.

> **ESSENCIAL** Em um segundo estudo, Bandura descobriu que, ao mostrar às crianças um vídeo em que a mulher do filme era punida por ter batido no boneco, elas passavam a ser menos agressivas em relação a ele. E também que não houve diferença entre o comportamento de crianças que assistiram a outros vídeos (por exemplo, um em que a mulher era recompensada pelos atos agressivos) e crianças que assistiram apenas aos outros dois.

Essa experiência foi realizada com variações, mas obteve sempre o mesmo resultado. Bandura chamou o fenômeno de *aprendizado* ou *modelo empírico*, e a teoria, de *aprendizado social*. O conceito é o de que as pessoas adquirem novas informações e comportamentos observando outras pessoas. A menina que está com a mãe no carro e a ouve falar mal da vizinha aprende que é correto espalhar boatos sobre as amigas. E o garoto que vê o pai agredir a mãe acredita que não há mal em bater no colega chato que vem com ele todos os dias no ônibus da escola. Ou seja, reproduzem a conduta aprendida.

Violência doméstica

Violência doméstica é todo assédio físico, sexual, psicológico ou financeiro que ocorre entre adultos e envolve um relacionamento íntimo, normalmente caracterizado por padrões de longo período de comportamento abusivo e de controle. A cada ano, milhões de crianças testemunham cenas de violência entre os pais, o que deixa nelas profundas cicatrizes emocionais e psicológicas. Essas crianças podem vir a apresentar:

✓ depressão;
✓ ansiedade;
✓ comportamento agressivo;

- ✓ problemas de comportamento;
- ✓ dificuldade de concentração e baixo desempenho escolar;
- ✓ indisposição física (dores de cabeça, de estômago e distúrbios de sono);
- ✓ transtorno de estresse pós-traumático.

Especialistas em crimes contra crianças tentam há bastante tempo incluir a exposição à violência doméstica na lista de itens que constituem maus-tratos – em virtude de seus efeitos negativos no desenvolvimento emocional, social e cognitivo delas. Além da violência a que assistem, estatísticas mostram que aproximadamente 50% dos homens que espancam suas esposas também agridem fisicamente seus filhos.

> **ALERTA!** Segundo um estudo realizado nos Estados Unidos em 2000, estima-se que entre 3,3 e 10 milhões de crianças presenciam violência doméstica anualmente. É o crime mais denunciado no país e ocorre entre famílias de todos os níveis sociais, culturais, econômicos e educacionais e de várias origens religiosas.

Maus-tratos a crianças

A cada ano são denunciados três milhões de casos de maus-tratos a crianças nos Estados Unidos e centenas delas morrem como resultado direto da violência a que são submetidas. Muitos pais maltratam filhos por diversas razões. As mais comuns são:

- ✓ **terem sido vítimas de violência na infância**: se os pais também foram vítimas, há grandes chances de não terem habilidade para criar os filhos de maneira não violenta.
- ✓ **expectativas irreais**: se os pais não têm conhecimento ou experiência suficiente em relação ao comportamento infantil, podem esperar atitudes e estabelecer metas muito acima da capacidade delas.
- ✓ **uso de álcool ou de drogas**: o uso dessas substâncias pode levar a um comportamento violento, inclusive contra os filhos.

✓ **dificuldades financeiras**: viver em condições de pobreza crônica ou sofrer perda súbita da estabilidade financeira pode afetar a estrutura da família, levando, em muitos casos, à violência domestica.

Os maus-tratos impedem a criança de estabelecer um relacionamento saudável e de confiança com os membros da família. A função básica da instituição familiar é oferecer à criança um ambiente de apoio emocional, desenvolvimento, amor e segurança. Os pais são responsáveis por proteger os filhos e transmitir a eles um comportamento social apropriado e um código moral que os prepare para a vida. Mas, infelizmente, muitos usam de violência física e moral para com as crianças. Dessa maneira, elas aprendem que devem utilizar – em sociedade – os mesmos métodos para obter o que desejam. "Se essa é a maneira que meu pai ou minha mãe faz, eu também devo fazer". Lembra-se da descrição de crianças *bully*? Entre aquelas que foram entrevistadas, 97% admitiram ter sido vítimas de maus-tratos. É uma estatística alarmante, mas também é importante lembrar que nem todas as crianças que sofrem maus-tratos se transformam em *bullies*.

> **FATO** Maus-tratos e negligência incluem agressão física, tortura mental, abuso sexual ou indiferença com indivíduos de idade inferior a dezoito anos por parte de adultos responsáveis por sua segurança e seu bem-estar, ameaçando ou comprometendo sua integridade e segurança.

Em famílias normais, é comum haver conflitos, desentendimentos, discussões e mágoas. Faz parte da vida. Aprender a lidar com esse tipo de conflito ajuda a desenvolver a autoestima e a competência social. Porém, quando uma criança presencia maus-tratos e crueldade, ou quando ela mesma é vítima, passa a ver o mundo como um lugar cruel, injusto e perigoso. Sente-se impotente, sozinha e pode vir a canalizar sua raiva e agressividade em outras pessoas. Quando uma criança vítima de maus-tratos maltrata outras (*bully*), ela tem uma aparente sensação de segurança que não tem em casa. Sua intenção é fazer a vítima sentir a mesma dor que ela sente. Que se sinta diminuída, não amada e sem valor. Assim, o ciclo de violência se perpetua.

Portanto, se alguém na escola derruba o seu filho no chão ou o maltrata para parecer importante, lembre-se de que, apesar de todo o sofrimento que isso causa a ele e a você, o *bully* pode não ser simplesmente um monstro sem sentimentos ou noção de humanidade. Talvez ele seja uma vítima também. Isso não significa que seu comportamento é aceitável. Não é. Mas pode ser que ele esteja apenas seguindo a conduta que impera em sua casa.

Falta de um exemplo positivo para seguir

Como as crianças aprendem através de observação e experiência, precisam de modelos positivos em sua vida. Os exemplos das pessoas ao seu redor podem ensiná-las a ter atitudes corretas, integridade, autodisciplina, coragem, compaixão e respeito em relação aos outros. Podem aprender a ajudar a família, a escola e a comunidade. Porém, o mesmo processo pode torná-las vulneráveis a padrões negativos. Podem aprender a ser violentas e a desprezar as pessoas.

> **PERGUNTA**
> **SEU FILHO TEM PADRÕES POSITIVOS EM SUA VIDA?**
> Ele precisa conviver com adultos que lhe transmitam conceitos positivos e responsáveis, assim como carinho e atenção. Por exemplo: se você quer que seu filho aprenda a administrar conflitos de maneira saudável e civilizada, ele precisa estar em contato com adultos que façam isso.

Mas em quem as crianças devem se espelhar? Bem, com certeza não em astros do esporte, muitas vezes envolvidos em crimes e escândalos. Em astros do cinema, então? Celebridades da televisão? Ícones da música? Nem todos têm os requisitos necessários para ser um modelo ideal ou referência. Ou seja, os pais e a família, os professores e pessoas que as educam ainda são a melhor opção.

Violência na televisão

Será que assistir sempre a programas violentos na televisão incita mesmo as crianças a agir de maneira agressiva?

Alguns estudos apontam uma relação entre a violência na TV e o comportamento agressivo nas crianças. Por exemplo: um relatório da

Kaiser Foundation mostra que oito em cada dez pais já viram os filhos pequenos imitarem tanto o comportamento positivo (compartilhar e ajudar) quanto o negativo (agredir e maltratar) que veem na TV. E, quando as crianças do estudo atingiram os seis anos de idade, quase metade dos pais confirmou que os filhos imitam o que veem nos programas de televisão. Isso não é surpresa, já que crianças realmente aprendem através de observação (como no caso do boneco João Bobo) e a partir de modelos. Reproduzem tudo aquilo a que assistem. É um modelo de aprendizado que seria bastante positivo, não fossem alguns programas de má qualidade exibidos em todos os canais.

> **ALERTA!** O *National Institute of Mental Health* (Instituto Nacional de Saúde Mental) aponta três efeitos negativos da violência na televisão sobre as crianças. Elas podem se tornar:
> • Insensíveis à dor e ao sofrimento alheios;
> • Medrosas e inseguras em relação às pessoas e ao mundo ao redor;
> • Agressivas.

A maioria das crianças assiste à televisão de duas a quatro horas por dia, em média. Se somarmos também o tempo que passam jogando *videogames*, teremos uma média de trinta e cinco horas por semana. Adquirem esse hábito cada vez mais cedo e acabam tendo pouca interação social, apenas contato com a família. Um conselho criado nos Estados Unidos chamado *The Parents Television Council* (Conselho de Pais para Observação da Programação da Televisão) mostrou, em um estudo realizado em 2007, que as "crianças assistem, em média, a mais de mil assassinatos, estupros e cenas de agressão pela televisão a cada ano".

> **ESSENCIAL** Se você tem filhos pequenos, preste atenção ao tipo de programas a que eles assistem. Mesmo filmes infantis (como os da Disney, por exemplo) podem ter momentos de tensão e cenas relativamente violentas que não são adequadas para uma criança ainda em fase pré-escolar. Alguns *sites* norte-americanos que contêm uma descrição do conteúdo dessas cenas são www.kids-in-mind.com e www.screenit.com.

A televisão não é negativa de todo. E nem toda criança que assiste a seus programas exibe comportamento negativo. Há outros fatores a se considerar, como genética e ambiente familiar. Muitos pesquisadores criticam as pesquisas que associam a violência na televisão à violência na vida real. Segundo eles, há falta de evidência científica que prove sua influência sobre as crianças a ponto de torná-las mais propensas à violência. Uma teoria é a de que crianças mais dispostas geneticamente a desenvolver comportamento agressivo preferem programas violentos. Outra é a de que as crianças que gostam de programas violentos são muitas vezes vítimas de negligência ou de maus-tratos em casa. Temos, então, a velha questão: quem veio primeiro, o ovo ou a galinha? Será que algumas crianças são realmente agressivas por natureza e essa tendência inata pode causar o comportamento violento? Ou será a exposição à violência na TV que desencadeia a agressividade? Até o momento, não há evidências.

> **FATO** Pesquisas sobre os efeitos da violência exibida na televisão e o comportamento agressivo ou violento não são tão consistentes quanto as organizações antimídia sugerem. Uma pesquisa realizada por Freedman, em 2002, identificou cerca de 200 estudos sobre televisão e violência e mostrou que a categoria se divide entre aqueles que registram apenas um pequeno efeito e aqueles que não identificam qualquer efeito, negativo ou positivo, da violência na televisão sobre o comportamento humano.

Você já deve ter tido oportunidade de observar que a televisão afeta seu filho no caso de notícias trágicas ou de filmes de terror, fazendo com que ele tenha pesadelos à noite. A televisão tem realmente influência sobre ele, mas seu papel como pai ou mãe é minimizar os efeitos negativos dessa exposição da melhor maneira possível. É importante observar a classificação de cada programa e permitir que ele assista apenas a programas adequados para sua idade. No caso de TV a cabo, é possível utilizar o chip ou cartão para bloquear conteúdo inapropriado. A televisão é como um convidado em sua casa. Receba-a de maneira prazerosa, mas sem deixar que altere ou perturbe o ambiente.

Videogames violentos

O massacre de doze alunos, ocorrido no colégio *Columbine High School*, nos Estados Unidos, gerou grande controvérsia entre pesquisadores e cientistas sobre a questão dos *videogames* contribuírem ou não para o comportamento violento em adolescentes. Esse tipo de tragédia gera raiva, confusão e revolta nas pessoas. É natural que a sociedade queira identificar o motivo para um ato tão cruel. Os garotos Eric Harris e Dylan Klebold poderiam ter sido de alguma maneira afetados pelos *videogames* que jogavam? Poderiam estar tão insensíveis à violência a ponto de entrar tranquilamente na escola e matar os colegas? Foi um fator externo que os motivou ou um componente genético ou mesmo social? Se a violência for causada realmente por *videogames*, a solução para termos um mundo mais pacífico seria eliminá-los. Obviamente, trata-se de uma solução muito simplista. Violência e agressão são causadas pela inter-relação de diversas variáveis.

> **FATO** *Virginia Tech Review Panel*, um órgão nomeado pelo Estado americano de Virginia para investigar o massacre ocorrido na escola Virginia Tech no dia 16 e abril de 2007, em que o aluno Seung Hui Cho atirou e matou trinta e duas pessoas e em seguida se suicidou, concluiu que Cho não costumava jogar *videogames* e não praticava esportes violentos.

A sociedade sempre buscou respostas simples e rápidas para os problemas do mundo. Muitos livros e músicas foram censurados e vários filmes, considerados afrontas morais. Adolescentes de todas as gerações encontram desculpas para erguer bandeiras de rebelião, de comportamento violento e degradação moral. Não há dúvida de que muitos *videogames* do mercado são violentos. A maioria dos pais acredita que, por terem sido criados para crianças e adolescentes, esses jogos são apropriados para eles. Mas não é bem assim. Os *videogames* têm um sistema de classificação similar ao dos programas de televisão. Aqueles que têm conteúdo questionável e excessivamente violento são classificados como "M" (para a palavra "mature", maduro em inglês, ou seja, o jogador deve ter um nível mínimo de maturidade para lidar com o conteúdo) ou "A"("adult"; adultos). Crianças e adolescentes que são impressionáveis não devem assistir ou jogar *videogames* de classificação "M" ou "A".

> **ALERTA!** *Bully* é o nome de um *videogame* cuja história se passa em um colégio. Segundo os críticos, embora o jogo não envolva armas ou sangue, é violento e deveria estar na categoria "M" e não na categoria "T" ("teen"; adolescente). A personagem principal usa um estilingue, fogos de artifício e bombinhas de odor contra os *bullies*. Os fãs do jogo afirmam que ele espelha as escolhas morais que toda criança tem que fazer na vida real contra os *bullies*.

Lawrence Kutner e Cheryl K. Olson, cofundadores e diretores do Centro de Saúde Mental e de Mídia do Hospital Geral do Estado norte-americano de Massachusetts (Massachusetts General Hospital's Center for Mental Health and the Media), escreveram um livro chamado *"Grand Theft Childhood: The Surprising Truth about Video Games and What Parents Can Do"* (O Grande Jogo: a Verdade sobre os VideoGames e o que os Pais Podem Fazer a Respeito). O livro mostra as descobertas de pesquisas realizadas pelos autores, no Harvard Medical School, entre 2004 e 2006, que envolveram 1,5 milhões de dólares (financiado pelo departamento de justiça norte-americano) sobre violência juvenil e jogos. Foram entrevistados mais de 1200 alunos de Ensino Fundamental e mais de 500 pais. O estudo revelou que a maioria dos meninos jogava *videogames* de classificação "M" com regularidade. Mas não identificou qualquer relação significativa entre a frequência com que os adolescentes jogavam e um aumento de comportamento violento. Kutner e Olsen descobriram, também, que a motivação para jogar *videogames* não é, na maioria dos adolescentes, resultado de tendências de reclusão ou antissociais. Os jogos são utilizados apenas como diversão e como forma de amenizar o tédio e o estresse. Os pesquisadores também observaram que as crianças do estudo eram capazes de reconhecer e separar a violência do mundo real daquela dos *videogames*. Mas advertem quanto ao interesse excessivo ou obsessivo por jogos de classificação "M", que podem indicar um sintoma de problemas psicológicos. Além disso, os pais devem estar sempre atentos à dependência que os jogos podem causar. Apesar dos resultados (não conclusivos) e dos argumentos dos pesquisadores em relação à contribuição ou não contribuição dos *videogames* para um aumento do comportamento violento, é importante para os pais observarem as seguintes recomendações:

✓ Monitore e observe os *videogames* que seu filho joga;
✓ Limite o tempo que ele passa jogando;
✓ Observe o sistema de classificação e siga as recomendações.

Se seu filho tem tendências agressivas, considere a possibilidade de reduzir seu acesso a jogos violentos. Se observar que há relação entre os jogos e o comportamento agressivo, não hesite em proibi-lo de jogar. Você é o pai ou a mãe; portanto, é seu dever monitorar e avaliar os riscos para seu filho.

O *bully* também já foi vítima

Como quase tudo na vida, o aprendizado só ocorre com a experiência. E, infelizmente, uma das coisas mais destrutivas que uma criança pode aprender é que a violência é uma maneira de vencer na vida, que pode lhe dar tudo o que deseja e que a agressão é a única maneira de chegar ao poder. O aspecto mais interessante sobre o *bully* que já foi vítima de maus-tratos é que ele tende a causar nas pessoas o mesmo tipo de sofrimento a que foi submetido. Sabe exatamente como é ser humilhado e ainda assim sente prazer em humilhar. É como se aderisse a uma escola de pensamento que prega que "fazer sofrer é a melhor maneira de aliviar o próprio sofrimento". Quem cresce em um lar agressivo e violento aprende a ser agressivo e violento. Se não são tratados em tempo, muitos *bullies* crescem, têm filhos e os maltratam também. Seus filhos, por conseguinte, irão fazer o mesmo, e assim por diante. Mas é importante frisar que nem todas as crianças que são vítimas de maus-tratos se tornam *bullies*. Suportam o sofrimento enquanto podem ou até encontrar maneiras de evitá-lo. Por sua vez, aqueles que aderem à violência e começam a praticá-la estão simplesmente perpetuando um ciclo.

Problemas na escola

Muitos *bullies* têm de se esforçar muito para frequentar e permanecer na escola. Como grande parte deles sofre maus-tratos em casa, a escola, para eles, não é prioridade. Problemas de concentração, falta de interesse e relacionamentos conturbados com os colegas são alguns dos efeitos colaterais da violência doméstica. Se isso ocorre de maneira intensa, a criança tende a se retrair e a ter dificuldade em desenvolver as habilidades básicas para uma vida acadêmica. Acaba repetindo anos escolares e se torna o aluno mais velho e crescido da classe. Vítimas também têm seu rendimento escolar prejudicado. Podem se tornar tão retraídas, ansiosas e medrosas que não conseguem mais se concentrar nos estudos. Sua preocupação com a presença dos *bullies*, com o próximo ataque e em como se livrar dele as deixa paralisadas e com medo até de ir para as aulas. Sua motivação desaparece, suas notas caem e elas se tornam duas vezes vítimas.

Rejeição por parte dos colegas

Fazer e manter amigos é uma habilidade social vital que as crianças começam a desenvolver a partir do primeiro ano escolar. Aquelas que têm mais amigos correm menos riscos de se tornar vítimas de *bullies*. Aquelas com quem a maior parte dos colegas gosta de brincar e estudar são as chamadas "crianças populares". Apresentam interação social competente, positiva e boa habilidade de comunicação. As de "popularidade média" são aquelas de quem alguns colegas gostam e outros não. Apresentam habilidade social, mas não tanto quanto as mais populares. Podem ser consideradas os palhaços ou os mais bagunceiros da turma. Já as crianças "não populares" são aquelas de quem a maioria da classe não gosta. Têm dificuldade em lidar com regras básicas sociais e são frequentemente imaturas. Tendem a ser egoístas. E há também as crianças que são simplesmente ignoradas. Podem ser tímidas, ter baixa autoestima ou simplesmente desprovidas de habilidade social. As outras crianças não gostam delas nem deixam de gostar. Elas sequer chamam atenção em sala de aula. Na verdade, *bullies* e vítimas podem pertencer a qualquer categoria. Mas saber como seu filho se relaciona com os colegas pode ajudá-lo a avaliar se ele corre risco de se tornar um *bully* ou uma vítima.

O ambiente escolar

Um dos principais motivos pelos quais a maioria dos *bullies* passa despercebida pelos radares de supervisão nas escolas é o ambiente extremamente tolerante que reina nelas. O fato de muitos diretores, supervisores, professores e funcionários ignorarem o *bullying* afeta a qualidade de aprendizado e ameaça a segurança de todos os alunos, não apenas dos que estão diretamente envolvidos. Quando o *bully* percebe que suas atitudes são ignoradas e que não há punição, sente-se livre para agir. E as vítimas também acabam percebendo, por experiência própria, que ninguém se importa com o que lhes acontece. Em um ambiente em que os adultos deveriam proteger e cuidar das crianças, esse tipo de comportamento é inaceitável. Todos que fingem que o problema não existe estão contribuindo para um péssimo ambiente escolar. Mudar o quadro de extrema tolerância para o de uma supervisão consistente exige união de administradores, professores, funcionários, pais e alunos. Todos devem ser instruídos sobre o que é o *bullying*, como ele ocorre, quais são os tipos de *bullies*, como agem as testemunhas e como esse tipo de violência afeta a todos e ao ambiente escolar. O Capítulo 21 explica com detalhes como a escola, os pais e os alunos podem agir em conjunto para efetuar essas mudanças de maneira eficaz.

Capítulo 8
Mitos sobre os *bullies*

NESTE CAPÍTULO:
- Mito 1: O *bullying* é algo normal entre crianças
- Mito 2: Crianças precisam aprender desde cedo a se defender
- Mito 3: Crianças vítimas de *bullying* sempre acabam contando aos pais
- Mito 4: *Bullies* já nascem *bullies*
- Mito 5: Não há *bullies* na escola do meu filho
- Mito 6: *Bullies* são sempre crianças que se isolam e não têm contato social
- Mito 7: Cabe à escola resolver o problema

UM MITO É NORMALMENTE descrito como algo imaginário, infundado ou equívoco. Em suma, algo que não é verdade. Mas pergunte a qualquer um sobre o *bullying* e a resposta será algo do tipo "uma fase normal do crescimento", "bom porque ajuda as crianças a se tornarem mais fortes" ou "não há esse tipo de problema na escola onde meu filho estuda". Infelizmente, apesar de décadas de pesquisas para provar que todos esses conceitos estão errados, o mito persiste. Bem, está na hora de revelar a verdade.

Mito 1: O *bullying* é algo normal entre crianças

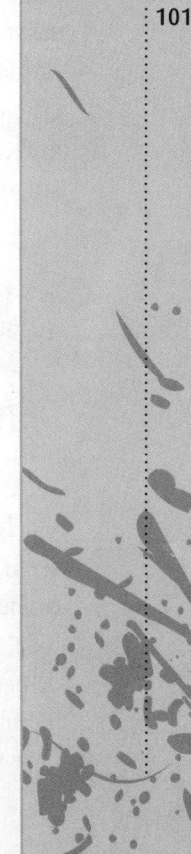

O que você diria de um garoto que chuta o traseiro do outro, de dez anos de idade, arremessando-o pela sala? Normal? E que tal uma menina de doze anos que chega sorrateiramente por trás da melhor amiga e corta seu rabo de cavalo? Divertido? E se um garoto portador de necessidades especiais é o tempo todo ridicularizado por um grupo de colegas? Você chamaria isso tudo de comportamento normal das crianças? Infelizmente é o que acontece todos os dias nas escolas. E como aproximadamente 30% das crianças hoje é *bully* ou vítima de *bullies*, seu filho pode estar entre elas. O *bullying* é um problema sério que afeta boa parte dos alunos. As vítimas podem apresentar, com o tempo, muita ansiedade, depressão, baixa autoestima e dificuldades de aprendizado. Em longo prazo, os *bullies* também podem entrar em depressão, apresentar sérias dificuldades de relacionamento e, eventualmente, desenvolver comportamento criminoso na idade adulta. E as testemunhas também sofrem por assistir a atos de crueldade sem saber como intervir, sentindo-se culpadas. Imagine que seu filho chegou da escola com um olho roxo e o lábio machucado. Sua reação é dizer a ele "tudo bem, todo mundo passa por isso na escola um dia" ou telefonar imediatamente para o colégio para falar com o diretor? Após décadas de pesquisas muitos dos mitos sobre os *bullies* foram sendo derrubados. Mas grande parte da população continua a ignorar a seriedade do problema. Mil desculpas são criadas: "é apenas uma briguinha", "crianças fazem assim mesmo" etc., mas a realidade é que nem sempre ficamos sabendo de tudo que acontece com nossos filhos na escola. E o fato de ser violência entre crianças não torna a situação menos séria. Na verdade, é algo grave, pois ocorre em um momento em que elas estão desenvolvendo sua autoimagem.

> Dan Olweus afirma que as atitudes dos professores e a rotina da escola influenciam o comportamento *bully*. Quando um professor deixa de ajudar uma vítima, está indiretamente estimulando a prática e reforçando nesta criança o conceito de impotência por causa dos maus-tratos que recebe.

Tudo isso ocorre em um ambiente em que seu filho deveria se sentir seguro, entre os sagrados muros de uma escola, local para se obter conhecimentos e desenvolver habilidades sociais preciosas para a vida toda. Um aluno não deveria passar o tempo todo preocupado em fugir de perseguições, com medo de ir ao toalete e ser espancado ou de ser humilhado diante dos colegas.

Mito 2: Crianças precisam aprender desde cedo a se defender

Como foi mencionado no Capítulo 1, são três os critérios para se estabelecer a ocorrência de *bullying*: desequilíbrio de poder, intenção de ferir ou humilhar e ameaça de ataques futuros. Portanto, não faz sentido dizer que "o *bullying* deixa as crianças mais fortes" ou "transforma meninos em homens". O *bullying* é um tipo de ameaça diferente, pois a vítima, normalmente, não tem como reagir. Os *bullies* escolhem propositalmente vítimas com um perfil específico: mais quietas, passivas, que não têm amigos ou que sejam física ou psicologicamente mais fracas que eles. E eles mesmos normalmente são tipos agressivos, com autoestima muito alta e pouca ou nenhuma empatia pelos outros. Como uma criança mais quieta e fraca pode enfrentar alguém mais forte e agressivo? Sozinha? Parece justo? Outra maneira de jogar a responsabilidade sobre a vítima é acreditar que ela fez algo para merecer o que lhe acontece. Usar roupas não convencionais, não ter hábitos de higiene, ter um *hobby* diferente ou ser obcecado por ele, agir de maneira não aceitável socialmente ou ser excessivamente emotivo são fatores que podem transformar uma criança em vítima de *bullies*.

> **ALERTA!** Mau-hálito crônico, cabelos sempre despenteados, odor corporal ou roupas sujas podem se tornar motivo de chacota. E quanto mais velhas as crianças ficam, mas cruéis e preconceituosas se tornam. Encoraje seu filho a se manter limpo e arrumado e desenvolva nele o gosto pela própria aparência.

Ter um *hobby* estranho ou diferente pode tornar uma criança mais vulnerável aos *bullies*. Por exemplo, uma criança que adora insetos e sabe de cor centenas de nomes e tipos deles não tem muita chance de ser admirada pelos colegas. Pode acabar sendo chamada de louca, de esquisita e muito provavelmente seu apelido será um nome de inseto. Já um *hobby* popular pode atrair a atenção e a admiração de todos. Uma garota que saiba os nomes de todos os jogadores famosos da história de seu time predileto pode ser admirada por sua boa memória. Ninguém irá acusá-la de ter problemas de personalidade. E crianças que têm hábitos estranhos também se tornam vítimas com facilidade. Aquelas que gaguejam, não gostam de falar ou são mais frágeis emocionalmente são as prediletas. Toda vez que um *bully* quer se mostrar aos colegas escolhe uma vítima mais emotiva. Fazer alguém chorar é sua atividade predileta. Dá a ele uma sensação de poder e de estar no controle das emoções dos outros.

> **ESSENCIAL** Preste atenção à necessidade que seu filho tem de se encaixar no grupo a que pertence e de ter uma aparência semelhante à dos colegas. Se ele ou ela lhe diz "todos estão usando tênis desse tipo" ou "todas as meninas usam o cabelo assim" provavelmente está dizendo a verdade. Tente dar a ele (dentro de seu orçamento, naturalmente) o que lhe pede.

Um estudo publicado na revista *School Psychology International* mostra que seis em cada dez crianças consideram que "são as vítimas que atraem os *bullies*". É uma estatística alarmante, pois o *bullying* jamais deve ser considerado algo normal. A aparência física ou as habilidades de relacionamento de uma criança jamais devem ser usadas contra ela. Culpar a vítima é inaceitável. Esse é um problema que carece de atenção.

Mito 3: Crianças vítimas de *bullying* sempre acabam contando aos pais

A maioria das crianças não conta aos adultos que está sendo vítima de *bullies*. A maior parte das pesquisas mostra que apenas 25 a 50% das crianças fazem isso. É algo que faz os pais coçarem a cabeça e se perguntarem: "Mas por quê? De que eles têm medo?" Não é uma resposta simples, mas veja o que os pesquisadores descobriram.

As vítimas têm medo de retaliação

Lauren encontra, com frequência, bilhetes de ameaças em seu armário na escola. "Você se acha o máximo, mas não é coisa alguma!", "as meninas são boazinhas na sua presença, mas falam mal de você pelas costas", "você é uma ....!" Detestamos você!", Lauren fica arrasada. Não faz ideia de quem possa odiá-la tanto assim a ponto de escrever esses bilhetes. Mas eles começam a se tornar mais agressivos e ela decide mostrá-los à mãe e à professora. A mãe procura o diretor, e a professora tem uma conversa com a classe. Os bilhetes param e ela fica aliviada. Mas uma semana depois encontra uma centena deles de uma só vez.

Crianças têm medo de serem rejeitadas

Todd nasceu com uma deformidade na perna. Foi submetido a diversas cirurgias e, como resultado, manca um pouco. Rogan, o *bully* de sua classe, o empurra e o faz tropeçar todos os dias na aula de educação física. Todd contou ao professor algumas vezes, mas ele simplesmente lhe dizia para ignorar o colega e manter a calma. Acabou percebendo que ele não estava disposto a ajudá-lo. Quando sentem que os adultos que deveriam protegê-las não querem cooperar, as crianças se sentem impotentes, sozinhas e perdidas.

> Um grupo que desenvolveu um projeto nos Estados Unidos chamado *Maine Project Against Bullying* (Projeto do Estado do Maine contra o *Bullying*) entrevistou alunos do terceiro ano do Ensino Fundamental em 165 escolas. Segundo eles, 71% dos incidentes de *bullying* são ignorados pelos professores e funcionários. Isso significa que três de cada quatro alunos que precisam de ajuda não a recebem.

Crianças têm medo de serem responsabilizadas ou repreendidas

Charlie senta-se sempre no fundo da classe e pouco participa das aulas. Cameron senta-se ao lado dele e o perturba o tempo todo. Sua diversão predileta é colar goma de mascar nos trabalhos de escola do colega. Charlie tenta evitar, esconde os trabalhos e só os tira da pasta na hora de entregar. Mas Cameron sempre dá um jeito de sujá-los. Resultado: suas notas começam a cair por causa da má apresentação de seus trabalhos. Um dia, Charlie reúne forças e coragem e decide pedir à professora que o mude de lugar. Ela pergunta qual o motivo e ele conta a verdade. Cameron gruda goma de mascar em seus trabalhos. Ela diz, em voz alta, que goma de mascar é proibida na escola e pergunta a Cameron se ele está fazendo isso. Ele responde que não e ela pede a Charlie que vá se sentar. Ao final da prova, naquele dia, ele se levanta para entregar a folha (imaculadamente limpa, pela primeira vez em meses) à professora e, de repente, sua carteira tomba. Cameron a derrubou. A professora olha para

Charlie, irritada, e o manda para fora da sala. Mais tarde, vai falar com ele sobre seu mau comportamento. "Não adianta derrubar a carteira porque não vou mudar você de lugar. E se continuar a se comportar assim terei de conversar com sua mãe". O que Charlie aprendeu com isso? Que não vai conseguir a cooperação da professora. E o pior é que falar com ela só faz complicar a situação. Ele mesmo vai ser acusado de ser encrenqueiro!

Crianças têm medo de serem chamadas de fofoqueiras

Um grupo de meninas do quarto ano começou a atormentar Lili. Ficavam o tempo todo dizendo: "só meninas bonitas podem usar enfeites". E arrancavam suas pulseiras e correntes. Se usava um prendedor de cabelos, diziam "meninas feias nem precisam prender os cabelos". E o arrancavam. No dia em que tiraram sua tiara predileta, Lili resolveu contar à professora, que interrogou as meninas, procurou e encontrou no armário de uma delas a tiara e lhe devolveu. Mas a perseguição não parou por aí. Ficou ainda pior. As garotas disseram a todos na classe que Lili era fofoqueira e que não se podia confiar nela. Chamavam-na de delatora nos corredores, e, toda vez que alguém falava ou fazia alguma coisa errada, diziam: "Cuidado. Se Lili souber, vai denunciar você!" Lili fez bem ao contar à professora, mas se arrependeu amargamente.

Crianças têm medo de a situação se agravar

Tyler vivia sendo importunado por dois garotos mais velhos. Eles roubavam seu dinheiro para o lanche e o forçavam a carregar suas mochilas. Tyler odiava aquela situação. Apesar de se sentir humilhado, por admitir que estava sendo vítima, e de estar com medo de uma retaliação por parte dos garotos, contou tudo aos pais, esperando que o problema se resolvesse. Sua mãe telefonou imediatamente para os pais dos garotos e informou o que estava acontecendo. Eles se colocaram em posição defensiva e não quiseram acreditar ou se desculpar. No dia seguinte, ao chegar à escola, os garotos espancaram Tyler no banheiro com suas mochilas. E ameaçaram matá-lo se ele contasse a alguém. Seu medo foi tão grande que ele se recusou a ir para a escola novamente.

Nenhuma dessas situações teria persistido se houvesse um sistema de apoio e de intervenção adequados por parte dos adultos.

Mito 4: *Bullies* já nascem *bullies*

O *bullying* é um comportamento que se aprende. Lembrando o que foi apresentado no Capítulo 7, as crianças aprendem através de modelos e de experiências sociais. Mas existe também um componente biológico que precisa ser levado em conta. Por exemplo: todos os seres humanos têm tendências agressivas, e as crianças vêm ao mundo com diferentes níveis de agressividade inata. Se não são ensinadas a lidar de maneira construtiva com essa tendência, darão a ela vazão indiscriminada. Claro, é preciso um esforço maior para treinar uma criança com impulsos agressivos mais fortes a controlá-los, mas é necessário. Porém, mesmo que possua algum nível inato de agressividade, uma criança não se torna *bully* sem aprendizado específico. Aprende a jogar bola assistindo à televisão e praticando com os pais e amigos, a recitar o alfabeto na escola e a agredir verbal e fisicamente as pessoas observando o relacionamento dos pais. Reproduzem aquilo que absorvem das pessoas que têm significado especial em sua vida. Se seu comportamento é negativo e agressivo, a criança irá aprender a ser *bully*.

> **ALERTA!** Existem três condições para que o comportamento *bully* seja transmitido a uma criança. A primeira é que o modelo seja alguém a quem ela esteja emocionalmente apegada. A segunda é que seu comportamento negativo seja bem-sucedido (a violência lhe dê poder e influência). E a terceira, que seja aceito pelas pessoas ao seu redor.

Mito 5: Não há *bullies* na escola do meu filho

Quando se pergunta sobre *bullies* em uma escola, normalmente a resposta dos professores e funcionários é algo do tipo: "não temos esse tipo de problema aqui", "crianças podem se desentender ocasionalmente, mas não temos problemas tão graves como *bullying*" ou "quando os conflitos surgem, nossos professores tratam caso a caso, individualmente". Mas o que queremos mesmo ouvir é: "sabemos que o *bullying* é um problema nacional. Treinamos nossos professores para reconhecer e intervir. Temos um programa *antibullying* e políticas administrativas para lidar com as situações que surgem. Oferecemos assistência aos pais e fazemos tudo o que está ao nosso alcance para oferecer um ambiente seguro e tranquilo aos alunos em nossa escola".

Se você acha que o *bullying* não ocorre na escola de seu filho, pergunte a ele: "você já viu algum colega sendo maltratado ou humilhado?" Prepare-se, pois com certeza irá ouvir várias histórias. São episódios que incomodam a qualquer criança, como ver um colega despejar refrigerante dentro da mochila do outro, assistir a outro ser agredido dentro do ônibus escolar ou mesmo ser a própria vítima, apedrejado e chamado de "retardado" no *playground* ou na quadra. As respostas de seu filho podem surpreendê-lo.

> **FATO** Durante mais de vinte anos o serviço secreto norte-americano e o departamento de educação registraram 37 incidentes de ataques violentos em escolas cometidos por 41 indivíduos. Tiros em escolas são raros, mas, quando ocorrem, o efeito sobre alunos, pais, educadores e a nação é devastador.

Mito 6: *Bullies* são sempre crianças que se isolam e não têm contato social

Esse é um mito muito comum que tem origem no fato de que é socialmente fácil aceitar a figura do perdedor. É a desculpa perfeita para o *bully* ser o que é, agindo de maneira agressiva por ser rejeitado, tentando forçar as outras crianças a serem seus amigos. Quem assistiu ao filme *Uma História de Natal* deve se lembrar de Skut Farkus, o clássico perdedor de olhos frios, expressão de vilão e uma risada de arrepiar. Humilhava e maltratava Ralphie e seus amigos. Não era de se surpreender que ele mesmo tivesse apenas um amigo. Mas os *bullies* do tipo perdedor são muito raros. O pesquisador Dan Olweus mostra, em seus estudos, que os *bullies* têm muita autoestima e podem ser tão populares quanto qualquer outra criança ou adolescente. Isso ocorre porque seu comportamento agressivo e hostil é apreciado por alguns colegas, dando-lhe a sensação de controle e de poder. Some-se a isso toda a exaltação à violência na televisão, nos *videogames*, no cinema e na música, que reforçam o comportamento *bully*. Alguns vilões famosos eram bastante populares, como Johnny Lawrence em *Karate*

Kid (1984); Andrew Clark, o "atleta" do filme *Clube dos Cinco* (1985), que atormentava e agredia um aluno mais fraco e Regina George, do filme *Meninas Malvadas* (2004), que era maldosa, mas todas as outras queriam ser como ela ou ser suas amigas.

Mito 7: Cabe à escola resolver o problema

O *bullying* não é apenas um problema escolar, e sim social. É algo que atinge direta ou indiretamente cada indivíduo. Está em toda parte: nas escolas, nas faculdades, nos relacionamentos, nas Forças Armadas, na política e até nos programas de atendimento aos idosos. É um problema mundial, sistêmico e epidêmico. *Bullies* que não recebem tratamento apropriado na infância crescem e acabam por se tornar *bullies* adultos. Quem já não teve amigos *bullies*, chefes ou colegas *bullies* e até foi atendido por vendedores ou atendentes de telemarketing *bullies*? E também são comuns as notícias sobre esportistas, policiais e militares que agridem e abusam de sua fama ou poder. A violência parece ser inerente à nossa cultura.

> **ESSENCIAL** Milhões de adultos são vítimas de *bullies*. Uma pesquisa do *Workplace Bullying Institute* (Instituto de Pesquisas sobre o *Bullying* no Ambiente de Trabalho) revelou que 37% da força de trabalho norte-americana, ou seja, 54 milhões de funcionários, já foi vítima de algum tipo de *bullying*.

É um problema que parece não ter fim. Mas se pequenas mudanças forem feitas no princípio da cadeia, ensinando às crianças que a violência é algo inaceitável, a mudança social irá acontecer em poucas décadas. O processo tem que se iniciar na família. Em muitos casos, a criança que começa a frequentar a escola já foi exposta a anos de violência e agressão em seu lar. É absurdo esperar que os professores, ou ambiente escolar, possam reverter um tempo tão longo de condicionamento negativo. Mas é possível ensinar que o comportamento agressivo não é tolerado nem admitido dentro de uma escola.

Capítulo 9
Sinais típicos de que seu filho está sendo vítima de *bullies*

NESTE CAPÍTULO:
- Sinais físicos
- Sinais psicológicos
- Problemas na escola
- Alvos mais comuns
- O que fazer (e não fazer) em relação ao *bullying*
- Atitudes a tomar caso seu filho esteja sendo vítima de *bullies*

HÁ DIVERSOS INDÍCIOS FÍSICOS, psicológicos e intelectuais, sutis ou evidentes, que mostram que uma criança pode ter se tornado vítima de *bullies*. A maioria tem grande dificuldade de pedir ajuda e acaba não contando aos pais o que está acontecendo por diversas razões (vergonha, sentimento de impotência, medo) que discutiremos mais adiante. Por isso é sua responsabilidade, como pai ou mãe, observar e identificar esses sinais.

Sinais físicos

As crianças se desenvolvem física, social, emocional e academicamente tão rápido que é difícil para os pais acompanhar todas as mudanças, especialmente porque podem ser tanto positivas quanto negativas. Crianças em idade pré-escolar podem ser emocionalmente instáveis, explosivas e vulneráveis a enfermidades. Já as do Ensino Fundamental são mais impulsivas e fisicamente inseguras em virtude de todas as mudanças em seu corpo. Pré-adolescentes podem ser mal-humorados, retraídos e até agressivos em determinados momentos. E adolescentes costumam ser emocionalmente instáveis, reservados, cheios de segredos e agir de maneira antagônica. Tudo isso é perfeitamente normal. Por esse motivo é difícil identificar a diferença entre as dificuldades e oscilações comuns do crescimento e problemas mais sérios. O mais importante é observar mudanças de comportamento radicais. Se sua filha sempre foi alegre e cordial e de repente começa a se recusar a ir para as festas da escola, na casa dos colegas ou para as atividades extracurriculares da escola, está na hora de se sentar com ela e ter uma conversa séria. Se seu filho sempre gostou de jogar bola, mas tem voltado dos jogos irritado sem motivo aparente e se recusa a falar a respeito, alguma coisa pode estar acontecendo. E atitudes mais radicais, como dizer que não quer mais jogar, ou mesmo ter um ataque de raiva e jogar fora o uniforme do time indicam que algo mais sério está acontecendo. É preciso perguntar a ele o que o fez desistir de um esporte de que gostava tanto. O *bullying* coloca os pais em uma situação difícil, especialmente com adolescentes. É mais fácil fazer uma pergunta direta a uma criança mais nova, como "algum de seus colegas o trata mal na escola?" Com adolescentes é mais complicado. Eles preferem resolver seus problemas sozinhos, podem ficar com vergonha de contar o que acontece ou mesmo com medo de sua reação. A primeira coisa que costumam fazer para se defender é disfarçar e negar que estejam com problemas. Mas estudos mostram que o melhor momento para intervir é logo que o *bullying* se inicia. Muitas crianças podem se livrar da tirania dos colegas se recebem apoio e aconselhamento em tempo. Infelizmente, quanto mais tempo passa mais difícil a situação se torna. Por isso, o primeiro passo é observar se há indícios físicos de *bullying*. Os sintomas mais comuns são:

- ✓ perda ou aumento súbito de apetite;
- ✓ dificuldade para dormir, pesadelos constantes, ou começar, de repente, a urinar na cama;
- ✓ medo de usar o toalete na escola, o que faz com que a criança corra desesperada para o banheiro ao chegar em casa;
- ✓ ir direto para o quarto trocar de roupa ao chegar da escola para esconder roupas rasgadas ou sujas demais ou mesmo marcas e ferimentos no corpo;
- ✓ pedir, implorar ou mesmo roubar dinheiro a mais para o lanche;

- ✓ dizer que tem dores de cabeça, de estômago ou se recusar abertamente a ir para a escola;
- ✓ tentar levar canivetes, facas ou objetos pontiagudos para se defender;
- ✓ comportamento típico das vítimas e sinais físicos, como evitar olhar nos olhos das pessoas, andar cabisbaixo, em atitude derrotista, ou falar mais baixo que o normal;
- ✓ chegar em casa com livros, *notebook* ou objetos pessoais danificados;
- ✓ preferir a companhia de adultos;
- ✓ desenvolver sintomas físicos de ansiedade e nervosismo, como roer as unhas, apresentar tiques nervosos ou gagueira etc.

> **FATO**
> Segundo a *National Education Association* (Associação Nacional de Educação), nos Estados Unidos cerca de 160 mil crianças fingem estar doentes ou inventam desculpas diariamente para faltar às aulas somente para fugir dos maus-tratos causados pelos *bullies*. Porém, é importante lembrar que o estresse também pode causar problemas reais de saúde nas vítimas.

Sinais psicológicos

Além dos claros sinais físicos de que uma criança está sendo vítima de *bullies* há outros, nem sempre são tão perceptíveis, muitas vezes confundidos com as alterações de humor e de comportamento tão características da pré-adolescência e da adolescência em si. Mas, se seu filho apresenta alterações exageradas, é bom verificar se não há algo errado acontecendo. Observe se ele:

- ✓ está sempre de mau humor ou se afasta do convívio familiar;
- ✓ vive deprimido, angustiado, demasiadamente emotivo, ansioso, triste, tem explosões de raiva, está sempre irritado ou agindo de maneira estranha;
- ✓ se autorrecrimina, dizendo coisas do tipo "sou um burro mesmo", "ninguém quer saber de mim", "não consigo fazer as coisas direito" ou "queria sumir";

- ✓ parece feliz durante os finais de semana, mas triste ou ansioso nas noites de domingo, nas segundas-feiras de manhã ou nos finais de feriado;
- ✓ se mostra irritado ou chateado depois de receber ligações, *e-mail* ou mensagens pelo celular;
- ✓ vive preocupado com sua segurança e integridade física;
- ✓ demonstra menos respeito pelos pais e pelos adultos em geral.

Problemas na escola

Os problemas na escola normalmente são os mais difíceis de identificar. Pode demorar meses até que os pais percebam que as notas de seu filho estão caindo ou que seu comportamento durante as aulas se modificou. Se seu filho apresenta sinais físicos ou psicológicos de *bullying*, é bom ter uma conversa com os professores para verificar como anda seu desempenho escolar. Alguns dos sinais que eles podem observar:

- ✓ perda de interesse pelos estudos, recusa em participar das atividades em aula e notas caindo sem motivo aparente;
- ✓ atrasos crônicos;
- ✓ falta de motivação;
- ✓ distração ou ansiedade excessiva durante as aulas;
- ✓ dar desculpas de estar se sentindo mal para faltar ou sair das aulas;
- ✓ deixar de participar de atividades das quais gostava;
- ✓ querer mais a companhia dos professores e ficar mais próximo deles que de seus colegas;
- ✓ pedir para ser levado à escola ou ir a pé em vez de usar o ônibus escolar e querer mudar o caminho para ir e voltar.

Se seu filho apresenta esses sinais, aja rápido. Descubra o que está acontecendo e tome providências. Deixar o tempo passar só faz com que a situação se agrave.

Alvos mais comuns

Qualquer criança pode se tornar vítima de *bullies*, mas pesquisas mostram que algumas características aumentam as chances de isso ocorrer. Antes se pensava que as vítimas eram somente crianças com características que as diferenciassem das outras, como excesso de peso, óculos ou QI acima da média. Embora essas crianças também sejam vítimas frequentes, verificou-se que não são a maioria. Os pesquisadores descobriram que as características que transformam uma criança em vítima em potencial são a vulnerabilidade social e emocional, não os atributos físicos. Ser cauteloso em excesso, sensível ou se isolar socialmente pode aumentar as chances de seu filho ser objeto de *bullying*. Outras características que chamam a atenção dos *bullies* em um colega são falta de noção dos limites sociais, baixa autoestima, recusa em se defender, falta de senso de humor, sentir-se pouco à vontade em grupos, comportar-se de maneira passiva e preferir ficar sozinho a estar com os outros. Como já foi dito, *bully* procura alvos fáceis e passivos. Portanto, todos os que se encaixam no perfil vulnerável são os primeiros a serem atacados.

> **ESSENCIAL**
> A boa notícia é que há várias maneiras de desenvolver a autoestima e as habilidades sociais em seu filho. São exercícios e atividades que podem ajudá-lo a ter mais confiança e autocontrole. O Capítulo 13 as descreve em detalhes e o Capítulo 14 apresenta estratégias para ensiná-lo a se relacionar com mais facilidade.

O que fazer (e não fazer) em relação ao *bullying*

Não importa se seu filho lhe contou que está sendo maltratado, ofendido ou agredido, ou se você descobriu de outras maneiras, conversando com ele e perguntando diretamente. O que importa é sua reação diante dos fatos. Suas atitudes é que terão impacto sobre a maneira de ele pensar e sentir o que está acontecendo.

O que fazer

✓ **agradeça a ele por lhe contar**. "Obrigado por confiar em mim. Vou fazer de tudo para ajudar".

- ✓ **ouça com calma o que ele tem a dizer, sem interrompê-lo.** Incentive-o a falar tudo o que pensa e sente.
- ✓ **não deixe que ele se sinta culpado.** "Você não fez coisa alguma para merecer o que está acontecendo. Não é culpa sua. Quero ajudá-lo a resolver este problema".
- ✓ **ajude-o a entender que ele tem o direito de se sentir seguro e feliz na escola.** "Você tem o direito de se sentir seguro na escola".
- ✓ **demonstre empatia.** "Imagino como você está se sentindo. Lembro-me muito bem de como era ser maltratado na escola".
- ✓ **diga a ele que o ama.** Pode parecer óbvio, mas as crianças precisam realmente ouvir os pais dizerem que as amam.
- ✓ **conte a ele sobre suas experiências com o problema.** "Quando eu tinha quinze anos, um garoto na escola sempre me maltratava..." Dizer a ele que você também foi vítima ou testemunha de *bullying* o ajuda a se sentir menos só. Conte também como conseguiu se livrar da perseguição.
- ✓ **pergunte a ele o que o faria se sentir melhor.** Esteja preparado para ouvir algo do tipo: "Quero ficar em casa com você". Se for possível fazer isso por um ou dois dias, considere a possibilidade. Seria uma oportunidade para vocês dois passarem um tempo juntos. Se não for possível, converse com ele e tente encontrar alternativas para que ele se sinta mais seguro (como levá-lo para a escola em vez de deixá-lo ir de ônibus escolar, ou falar com o professor de educação física, caso seja durante as aulas dele que o *bullying* ocorre com mais frequência, por exemplo);
- ✓ **vá até a escola.** Converse com os professores, coordenadores ou com o diretor, se for o caso. Descubra quais formas de prevenção ou de intervenção podem ser utilizadas para evitar que o problema continue e para garantir a segurança e a tranquilidade de seu filho. E acompanhe de perto os procedimentos que a escola se propuser a adotar.
- ✓ **mantenha aberto o canal de comunicação.** Sente-se e converse toda semana com seu filho para saber o que está acontecendo. Incentive-o a falar sobre suas emoções.

O que não fazer

A pior coisa que pode acontecer é descobrir que seu filho é vítima de *bullies*, mas se recusa a falar com você sobre o assunto. Seguir a lista de sugestões anteriores, sobre "o que fazer", ajuda bastante. Mas apresentamos também uma lista do que não deve ser feito para que as coisas se encaminhem de maneira positiva.

- ✓ **não ignore o problema**. Isso não faz com que as coisas se resolvam. Pode ser difícil lidar com a situação, especialmente se um dos pais já passou por algo semelhante na infância. Nesse caso, o mais indicado é marcar uma consulta com um psicólogo ou um profissional que possa ajudar a criança.
- ✓ **não aconselhe seu filho a enfrentar, ignorar ou fugir do *bully***. O problema pode se agravar. O que ele precisa nesse momento é de apoio e de intervenção e não ser colocado em uma situação que o faça se sentir ainda mais humilhado e desvalorizado.
- ✓ **não procure os pais do *bully* a menos que os conheça muito bem e tenha certeza de que eles irão reagir de maneira construtiva e equilibrada**. O melhor é deixar que a escola os chame para conversar.
- ✓ **não acuse o professor de negligência**. Ele pode não saber do problema ou mesmo não ter percebido a gravidade da situação. E pode se colocar em posição defensiva ao ver sua atitude profissional ou seu nível de supervisão serem questionados. A melhor solução não é confrontá-lo e sim trabalhar em conjunto com ele.

Atitudes a tomar caso seu filho esteja sendo vítima de *bullies*

Ao ter contato com a triste realidade de saber que seu filho se tornou vítima de *bullies*, muitos pais percebem que não sabem como lidar com a situação. Têm medo de tomar atitudes erradas e agravar o problema ou ficam paralisados e sem reação. Mas deixar de agir é a pior coisa que podem fazer. Veja a seguir um plano de ação passo a passo que pode ajudar.

Aja imediatamente

Assim que seu filho lhe contar que está sendo maltratado por um colega ou assim que você suspeitar de que isso está acontecendo, tome uma atitude. Quanto mais você esperar pior será. Converse com ele abertamente. Ouça e avalie todos os detalhes da situação. Explique a ele que irá fazer tudo que estiver ao seu alcance para ajudar.

A União faz a força

Consulte seu filho e peça sua opinião sobre todas as decisões que tomar e sobre todas as ações que forem estabelecidas. Isso não significa, no entanto, que ele tem que concordar com tudo (sua função é fazer com que ele se sinta seguro). O mais importante é que ele esteja a par do que está acontecendo.

Segurança em primeiro lugar

Se ele estiver sofrendo agressão física, é preciso intervir imediatamente. Isso significa até mesmo que ele deixe de ir à escola até que seja marcada uma reunião com o professor e/ou o diretor. Uma dica: informar à direção da escola que seu filho deixará de frequentar as aulas até que o assunto esteja resolvido pode ajudar a apressar o processo. Certifique-se de que tudo será feito para assegurar que ele não estará mais exposto ao *bullying*. E explique a ele o que tem que fazer e a quem recorrer caso se sinta ameaçado.

Você está preparado?

Alguns pais podem não se sentir seguros para agir nesses casos. Pergunte a si mesmo se não passou por experiências semelhantes durante sua infância. Tem ou já teve problemas com figuras autoritárias? Se sentir que não está preparado para lidar com o problema, peça a seu esposo/ esposa ou a um parente próximo ou a um psicólogo que o ajude.

Exija providências

Não aceite desculpas ou atitude negligente. Exija ações específicas para proteger seu filho. Cada escola tem uma conduta própria. Em casos mais simples, uma conversa do diretor com o *bully* pode ser suficiente. Mas em casos mais graves pode ser necessário mudar o *bully* (ou seu filho, se você preferir) de classe. Mantenha um registro por escrito de todos os incidentes e de quem esteve envolvido. São informações importantes caso o *bullying* se intensifique e você precise tomar ações legais.

Participe ativamente

Pergunte ao professor se você pode trabalhar como voluntário na escola e passar algum tempo com a classe de seu filho durante as aulas ou as atividades extracurriculares. Observar de perto a interação entre seu filho e os colegas pode ajudar a estabelecer um plano de ação. Ou convide alguns deles para ir à sua casa passar a tarde brincando. Isso pode ampliar a rede de relacionamentos de seu filho. Quanto mais amigos uma criança tem, menores são as chances de ela se tornar vítima de *bullies*.

Sugira um programa antibullying

Se a escola de seu filho não tem uma política *antibullying*, proponha e ajude a criar uma. Caso isso não seja possível, tente encontrar um profissional especialista no assunto que possa ir até a escola dar palestras para os alunos.

Fique atento

Uma vez que tenha sido vítima de *bullying*, a criança se torna um alvo mais fácil e pode ser maltratada novamente. Entre em contato com o professor com regularidade para fazer um acompanhamento, mesmo que o problema inicial tenha sido resolvido.

Muitos pais têm receio de reclamar junto à escola ou aos professores. Esse é um dos motivos pelos quais o *bullying* continua a existir nas escolas. Se todos os pais de vítimas exigissem providências, haveria menos problemas. Como se costuma dizer, "quem não chora não mama". Se seu filho estiver sendo maltratado, reclame! E continue reclamando até que ele receba a atenção que merece. Nenhuma criança merece ser perseguida na escola. Em alguns casos (raros), ações mais extremas são necessárias.

Alguns conselhos

Se depois de todas as tentativas sugeridas, seu filho continuar a ser perseguido, peça uma reunião com toda a diretoria e os responsáveis pela escola. Se depois de todas essas providências o problema não se resolver, faça um boletim de ocorrência e recorra a um advogado. Ameaças de ações legais e de publicidade negativa contra as escolas costumam ser suficientes. Caso contrário, mude seu filho para outra escola.

> **ALERTA!** Segundo alguns pesquisadores, uma porcentagem do suicídio de adolescentes ocorre como resultado de *bullying* e de perseguição constantes. O fenômeno já foi até mesmo classificado como "bullycídio". Mais pesquisas estão sendo realizadas para determinar o número específico de ocorrências.

O *bullying* é uma violência e você tem o direito e o dever de tomar todas as medidas necessárias para proteger seu filho. Toda forma de violência é condenável e o fato de ela ocorrer entre crianças não a torna menos grave. Pense: se seu filho sofresse ameaça ou abuso sexual, até onde você iria para protegê-lo? A resposta mais provável é "faria qualquer coisa para impedir isso". Pois o *bullying* é uma forma de abuso físico, emocional e educacional – um problema que não pode ser ignorado.

Capítulo **10**
As consequências do *bullying*

NESTE CAPÍTULO:
- Consequencias físicas
- Consequencias emocionais
- Consequencias na vida escolar
- Efeitos do *bullying* sobre a criança em curto prazo
- Efeitos do *bullying* sobre a criança em longo prazo
- Como os pais podem ajudar

AS CONSEQUÊNCIAS DO *BULLYING* são bastante amplas e afetam todos os envolvidos. Muitas vítimas apresentam problemas em curto prazo (ansiedade e medo) e em longo prazo (depressão, baixa autoestima e comprometimento do desenvolvimento e de oportunidades acadêmicas e de trabalho). Algumas também apresentam problemas mais sérios, como dificuldade de interação social (em curto prazo) ou envolvimento em atividades criminosas, problemas de relacionamento e abuso de álcool e de substâncias químicas (em longo prazo). Vamos examinar com mais detalhes o impacto do *bullying* sobre uma criança.

Consequências físicas

Qualquer acontecimento incomum ou diferente na vida de uma criança se reflete em seu estado físico. Por exemplo: uma morte em família pode lhe causar insônia, fazer com que comece a urinar na cama ou a ter pesadelos. Filhos de casais em processo de divórcio podem começar a ter dores de estômago e/ou de cabeça com frequência. O *bullying* causa grande estresse físico em uma criança. Ela fica em estado de alerta constante, o que se reflete em seu sistema nervoso e pode apresentar sintomas como:

- ✓ sentidos aguçados;
- ✓ pupilas dilatadas;
- ✓ aumento do batimento cardíaco;
- ✓ aumento da frequência respiratória;
- ✓ aumento de metabolismo (para gerar mais energia);
- ✓ redução temporária do funcionamento dos rins e do sistema digestivo;
- ✓ glândulas sudoríparas funcionando de maneira mais intensa para refrigerar o organismo sobrecarregado;
- ✓ liberação de endorfinas (substâncias naturais que aliviam a dor);
- ✓ capacidade de discernimento alterada e instinto de defesa em alerta constante.

No passado, os instintos de luta e de fuga eram necessários à sobrevivência. Quem não estivesse o tempo todo preparado para se defender morria cedo. Hoje, a ameaça não é tão constante, mas nosso corpo ainda entra em estado de alerta ao mais leve susto. Infelizmente, isso tem um preço. Estados de estresse prolongado podem comprometer o sistema imunológico de uma criança e torná-la mais vulnerável a infecção por bactérias e vírus, além de causar:

- ✓ perda ou aumento descontrolado de apetite;
- ✓ distúrbios de sono (insônia, pesadelos e urinar na cama);
- ✓ doenças psicossomáticas (dores ou doenças imaginárias);
- ✓ dores de cabeça ou de estômago;
- ✓ doenças de pele;
- ✓ hábitos ou tiques nervosos (roer as unhas, estalar as articulações dos dedos, arrancar fios de cabelo etc.);
- ✓ problemas psicológicos (ansiedade, depressão, transtorno do estresse pós-traumático).

Vítimas crônicas de *bullies* não têm a mesma aparência e comportamento das crianças normais. Pode-se observar algo diferente em seu olhar, em sua expressão facial, em seu tom de voz, em sua postura e em suas atitudes. E as marcas em seu corpo (cortes, escoriações, olhos roxos, lábios com cortes ou marcas etc.) também são relativamente fáceis de identificar.

Consequências emocionais

Os efeitos emocionais do *bullying* são os mais difíceis de identificar e também os de efeito mais devastador e prolongado. Quando uma criança é exposta ao *bullying* durante muito tempo, ou seja, a uma grande carga de estresse por períodos prolongados, passa a ter dificuldade em relaxar e acaba sofrendo de esgotamento emocional. Internaliza a raiva e a tristeza e, com o passar do tempo, se isola das pessoas e perde a destreza no contato social. E quanto mais isolada se torna, maiores são as chances de o *bullying* se intensificar. Com isso, sua angústia e insegurança aumentam a cada dia. Tente se colocar no lugar de uma dessas crianças. Imagine-se sendo obrigado a ir todos os dias a um lugar em que você é agredido, ofendido e humilhado sem poder reagir ou assumir o controle da situação, sentindo-se cada dia pior. A escola é, essencialmente, o trabalho da criança. Não há situação pior que se sentir um fracassado em seu trabalho, saber que seus colegas não gostam de sua presença e desejam que você se demita. Pois é isso que acontece com a vítima de *bullies*. Os sintomas e os efeitos sobre o organismo dela são perfeitamente compreensíveis. Ela pode se tornar:

- ✓ mal-humorada e retraída;
- ✓ deprimida e irritada;
- ✓ propensa a ter ataques súbitos de raiva;
- ✓ estranha, agindo de maneira diferente;
- ✓ excessivamente emotiva, ansiosa, triste e reservada;
- ✓ desanimada, demonstrando baixa autoestima (pode dizer frases negativas sobre si mesma como "sou idiota" ou "não sirvo para nada");
- ✓ preocupada em excesso com a própria segurança;
- ✓ suicida em potencial (falar sobre morte, dizer que gostaria de estar morta, começar a se desfazer de objetos, perder o interesse por tudo

e de repente demonstrar alegria, o que pode significar que decidiu dar cabo da própria vida e está feliz com sua decisão).

> **FATO**
> Segundo um relatório da *Science Daily* de 2007, pesquisadores da Universidade Penn State, confirmou-se que crianças expostas a *bullying* ocasional podem ter elevação nos níveis de cortisol (o hormônio do estresse) enquanto aquelas expostas ao *bullying* frequente podem apresentar hiporcortisol (níveis abaixo do normal). Níveis excessivamente baixos de cortisol podem alterar o comportamento, desenvolvendo na criança tendências suicidas ou agressivas.

O *bullying* pode afetar o desenvolvimento emocional da criança com o passar do tempo. Ela passa a ter dificuldade para estabelecer e manter relacionamentos sociais e pessoais e pode vir a ter depressão e distúrbios de ansiedade.

É muito comum ver crianças que se culpam por serem vítimas de *bullying*, o que diminui sua autoestima e segurança, levando a uma autodepreciação cada vez maior. Sentem-se indefesas e sem esperança, o que pode fazê-las ver o suicídio como única solução. Os pais precisam prestar atenção a mudanças de comportamento desse tipo, que podem ser evitadas se ela recebe carinho, apoio e proteção.

Consequências na vida escolar

O *bullying* afeta diretamente o desenvolvimento escolar de uma criança. Por ser constantemente maltratada, concentra suas forças em encontrar alternativas para escapar do sofrimento. Vive em estado de alerta e suas únicas preocupações passam a ser controlar suas emoções, evitar os *bullies* e chegar a casa em segurança. Estudar deixa de ser prioridade, não consegue se concentrar nas aulas, evita participar dos trabalhos em grupos e das atividades extracurriculares. Quando suas notas começam a cair, os pais e professores começam a pressioná-la, seus níveis de estresse se elevam ainda mais. Em muitos casos, acaba sendo reprovada e até desiste de estudar. É lamentável constatar que um *bully* tem o poder de ameaçar o futuro educacional e as oportunidades de vida de uma criança. Ao se sentir humilhada e perder a autoestima, ela pode deixar de aproveitar oportunidades que lhe dariam melhores empregos e uma carreira de sucesso.

> **ALERTA!** Se seu filho tem andado triste, deprimido, retraído ou visivelmente preocupado, tente conversar com ele e o estimule a desabafar sobre o que o incomoda. Faça perguntas diretas sobre como ele se sente, diga que o ama e que se preocupa com sua segurança. Se sentir nele tendências suicidas, não hesite em procurar ajuda profissional.

Efeitos do *bullying* sobre a criança em curto prazo

Os efeitos do *bullying* a curto prazo podem variar de uma criança para outra. Mas é comum as vítimas apresentarem:

- ✓ **raiva**: "Deixe-me em paz!"
- ✓ **frustração**: "Por que justo comigo?"; "Por que não consigo me defender?"
- ✓ **ansiedade**: "Fico com medo só de pensar no que pode acontecer hoje";
- ✓ **desânimo**: "Já vi que não consigo mesmo me defender. Nem tento mais";
- ✓ **depressão**: "Odeio a escola. Odeio a vida. Odeio a mim mesmo".

Ser vítima de *bullies* é muito estressante para as crianças. Na verdade, é estressante para qualquer pessoa. Você se lembra de ter sido maltratado por colegas na escola? Talvez lhe venham à mente imagens de crianças rindo de você ou de sentir fome e humilhação por terem lhe tirado o lanche ou o dinheiro para comprá-lo. Muitas pessoas têm lembranças ainda piores, como a de serem atacados ou de presenciarem colegas sendo empurrados, derrubados ou socados. Nunca se esquece um olho roxo ou uma hemorragia nasal causados por agressão.

E mesmo quem não passou por isso na infância pode ter sofrido nas mãos de *bullies* depois de adulto. São inúmeras as histórias de chefes, vizinhos ou esposos e esposas carrascos. A diferença entre ser vítima durante a infância e durante a fase adulta é que uma criança dificilmente consegue se livrar da situação. Um adulto pode mudar de emprego, de casa ou se divorciar. Já a criança é obrigada a ir todos os dias para a mesma escola, ano após ano. Não tem como se livrar dos *bullies* a não ser com muita ajuda e atenção. Passa a viver em função de estratégias para evitar o *bullying*, como chegar atrasado à aula, deixar de sair da sala no intervalo, para comer, para não se expor aos colegas sem a presença do professor, e deixar para usar o banheiro somente ao chegar em casa. São comportamentos de risco para sua saúde. Ela pode ficar desnutrida e ter problemas nos rins e na bexiga por reter a urina por longos períodos. Além disso, o estresse constante pode enfraquecer seu sistema imunológico. Ficará doente e faltará às aulas com mais frequência. E também pode perder o interesse pelos estudos. Começa a ter dificuldade em se concentrar e suas notas caem, adicionando ainda mais estresse à sua vida, o que pode comprometer seu sistema nervoso, tornando-a deprimida e com tendência ao suicídio. Outra tendência é a mistura da depressão com ódio e fantasias de vingança, o que pode levar a tragédias como a que ocorreu no Columbine High School.

Efeitos do *bullying* sobre a criança em longo prazo

As consequências do *bullying* em longo prazo também variam de pessoa para pessoa. A maioria das vítimas que consegue ajuda e se livra da perseguição sobrevive à experiência e retoma a vida de maneira normal e produtiva. Mas algumas não conseguem. Pesquisas mostram que não são apenas os maus-tratos físicos que causam problemas permanentes. Machucados saram; já períodos prolongados de ameaças e tortura psicológica se mantêm por muito tempo. Ouvir recriminações constantemente faz com que a pessoa acabe acreditando que não tem valor e que é incompetente. No caso de crianças, internalizar esses conceitos faz com que elas comecem a sabotar a si mesmas e deixem de lutar para mudar a situação. É um fenômeno psicológico denominado "impotência adquirida". Uma vez que a criança acredite que não pode modificar a situação em que vive (ainda que possa), desiste de tentar. E passa a conviver com ela, aceitando tudo o que ocorre, crente de ser impotente diante dos fatos. A impotência adquirida pode levar à falta de esperança, à depressão e, em alguns casos, ao suicídio. Ser excluída de um grupo social abala a autoconfiança até da criança mais segura. Isso ocorre porque boa parte de sua autoconfiança vem do apoio e do estímulo que recebe dos amigos. Se a mensagem que recebe deles é de que tem valor e que gostam de sua companhia, ela acredita e se sente bem. Portanto, se é chamada constantemente de incapaz, de covarde ou de estranha, acaba tomando isso como verdade. E o problema de autoestima acaba causando déficit em diversas áreas da vida de uma criança. O isolamento e a falta de interação podem fazer com que ela tenha problemas para estabelecer relacionamentos íntimos saudáveis na vida adulta.

> **ALERTA!** Os efeitos mais comuns do *bullying* incluem problemas crônicos de baixa autoestima, dificuldade para estabelecer relacionamentos, evitar interação social ou situações novas, dificuldade em confiar nas pessoas, redução das oportunidades de trabalho, amargura, raiva e tendência a ser sempre vítima de *bullies* durante a vida adulta.

Como os pais podem ajudar

Se seu filho é vítima de *bullies*, a primeira e mais importante providência a tomar é assegurar que ele tenha em casa todo o amor e apoio de que precisa. Estudos mostram que as crianças conseguem superar e evitar problemas com *bullying* quando recebem apoio adequado em seu lar. Isso significa que você irá precisar estar a seu lado e lhe transmitir ainda mais segurança do que faria normalmente, mas só o fato de poder ajudá-la a recuperar a saúde emocional, psicológica e física compensa o esforço. O simples fato de poder dizer "minha família me ama e me considera alguém especial" é suficiente para diminuir ou mesmo anular os efeitos de frases como "ninguém gosta de você" ou "você é imprestável". Outra maneira de ajudar é incentivar seu filho a fazer amizades. Ter amigos em quem possa confiar e dos quais possa receber apoio e conselhos diminui o impacto do *bullying*. Mesmo um único amigo pode ser de grande valia. Se o *bully* não conseguir afetar a autoestima e a segurança de seu filho, não poderá fazer mal a ele em longo prazo.

Capítulo 11

Meninos *bullies*

NESTE CAPÍTULO:
- O mito de que todo menino tem de ser Super-Homem
- O perigo dos estereótipos
- Agressão física
- Meninos que maltratam meninas
- Por que os meninos maltratam outros meninos
- Como os pais podem ajudar

"MENINOS TÊM DE ser fortes". É uma velha expressão, e muito errada também. Meninos são pessoas tanto quanto meninas. A única diferença é uma dose a mais de testosterona. Meninos são, por natureza, gentis, alegres, honestos, espertos e fortes... a não ser quando se tornam *bullies*. Então, passam a usar a força e a inteligência para humilhar e maltratar os outros.

O mito de que todo menino tem de ser Super-Homem

É muito comum vermos meninos todos sujos, brincando no quintal com o cachorro ou correndo atrás de uma bola. São comportamentos naturais, é o que se espera de um garoto. O problema é que também se espera que eles sejam fortes e durões uns com os outros. Meninos passam boa parte da infância aprendendo as regras sociais da masculinidade e tentando se adaptar a elas. Mas o ideal estabelecido pela sociedade é muitas vezes inatingível para muitos. Os meninos norte-americanos, por exemplo, tentam se espelhar em super-heróis como Batman, Super-Homem e Homem Aranha. Admiram sua força, seu poder e sua coragem. Idolatram essas personagens e crescem desejando ser como elas. Porém, se esquecem de que é fácil para os super-heróis provar a masculinidade porque não são homens. Todos se esquecem de que o Super-Homem não é humano, e sim um extraterrestre que veio do planeta Krypton e também se esquecem de que Peter Parker (um *nerd*, antes de ser Homem Aranha) foi picado por uma aranha radioativa, o que lhe deu superpoderes. Batman (Bruce Wayne) é o único super-herói que não tem superpoderes. Desenvolveu a duras penas suas habilidades, usando inteligência e perspicácia. Ainda assim, é um modelo de masculinidade que excede as expectativas.

> **ESSENCIAL** O livro *What Stories Does my Son Need? A Guide to Books and Movies that Build Character in Boys* (*De que Histórias meu Filho Precisa? Um Guia de Livros e Filmes que Desenvolvem o Caráter em Garotos*), de Michael Gurian, cita histórias e livros que ajudam a desenvolver o caráter de meninos por meio de lições sociais e de moral. São sinopses de mais de cem livros e filmes com perguntas e tópicos para os pais discutirem com os filhos.

E também há os modelos físicos e de comportamento de muitos homens que não são super-heróis, mas intimidam a masculinidade de qualquer um. Basta ligar a televisão para ver centenas de atletas profissionais e heróis de filmes de aventura que fazem o mundo masculino parecer algo inatingível. A mídia dá aos garotos a falsa imagem de que, para ser aceito e bem-sucedido na sociedade, todo homem tem que ser durão e invencível. Isso é uma vergonha, já que as qualidades masculinas mais apreciadas são a compreensão, a compaixão, a habilidade de prover a si e à família e a força interior, não a brutalidade e a capacidade de realizar façanhas inimagináveis, como construir arranha-céus em um piscar de olhos ou algo assim. Desde pequenos, os meninos parecem estar mais concentrados em desenvolver o físico e em exercer atividades que requerem ação e controle, e as meninas, por sua vez, concentradas em tarefas e atividades mais intimistas. Mas será isso natural ou estimulado pela sociedade? Meninos e meninas são realmente diferentes ou são simplesmente ensinados e estimulados a se comportar de maneira específica desde a mais tenra idade? Trata-se de uma questão que envolve a interação da biologia com o ambiente, mas já se sabe que a variação de características dentro de um grupo (como o de machos, por exemplo) é maior do que as diferenças entre os sexos. Isto é, a variação de diferenças constitutivas entre machos humanos abrange um âmbito maior do que aquela existente entre machos e fêmeas. O mesmo vale para as fêmeas; existem aquelas que têm mais características masculinas e aquelas que têm mais características femininas. Por isso é tão importante estimular na criança suas características e ritmo de desenvolvimento próprios, em vez de simplesmente esperar que ela reflita estereótipos relacionados ao seu sexo. O padrão "meninos são fortes e durões" pode ser negativo e prejudicial para aqueles que não se encaixam nos moldes tradicionais. Eles podem se sentir incapazes de atingir os estereótipos ideais de masculinidade, o que afeta diretamente sua identidade e autoestima. Para os pais, é difícil criar um garoto que vê os homens como figuras em três dimensões em vez de personagens de ação de desenhos em quadrinhos. É preciso ensiná-los desde pequenos que estereótipos são apenas imagens criadas pela sociedade e que não há obrigação em seguir um padrão. O mais importante é aprenderem a ser bons amigos, a expressar emoções sem medo e que não é preciso ser durão para ser homem. Quando um menino internaliza o conceito de "homem frio e durão" e passa a viver de acordo com esses princípios, ele corre o risco de se tornar *bully*. A pressão social pode fazer com que um garoto mais suave e passivo se endureça e comece a maltratar os colegas. Mas o problema real começa quando ele recebe, como recompensa por esse tipo de comportamento, o incentivo e a admiração dos colegas. Começa a achar que maltratar vítimas o torna mais masculino. Não consegue enxergar que é vergonhoso demonstrar um comportamento exagerado e cruel e confunde os papéis de protetor (típico do comportamento masculino) e de agressor (típico do *bully*). A sociedade age de maneira perigosa e destrutiva ao impor estereótipos tão agressivos para pessoas que ainda não têm discernimento para compreendê-los. O que dizer, então, dos meninos que escolhem não ser agressivos? Não são homens? Só um adulto pode compreender diferenças tão sutis de comportamento. Por isso, enquanto os conceitos sociais não se modificam (e isso inclui o padrão de pensamento dos pais), ensine seu filho a reconhecer e abrandar impulsos agressivos, a exprimir dúvidas e emoções e a reconhecer e evitar os estereótipos negativos impostos em relação à masculinidade. Desculpar atitudes cruéis e agressividade excessiva, rotulando-as como "comportamento normal masculino" só faz aumentar a violência. Além disso, uma vez que uma criança acredite que tendências agressivas são parte de suas características biológicas, passa a crer que não tem controle sobre elas, o que é um conceito totalmente falso.

O perigo dos estereótipos

Os estereótipos são engendrados em uma criança desde o dia de seu nascimento. A família e os amigos chegam ao hospital e dizem: "Que garoto enorme, forte e robusto! Vai ser um bom jogador de futebol", "vai conquistar todas as meninas" ou "olhe que mãozinhas delicadas ela tem", "que anjinho". São comentários estereotipados que fazem com que as crianças sejam enquadradas dentro de determinadas categorias estabelecidas pela sociedade desde seus primórdios. Meninas devem ser belas, educadas e gentis. Meninos devem ser autoconfiantes, fortes e competentes. Para provar a influência dos estereótipos, um grupo de pesquisadores vestiu um grupo de bebês do sexo masculino de cor-de-rosa e os entregou a adultos dizendo a eles que se tratava de meninas. Os adultos imediatamente reagiram chamando os pequenos de "lindas e delicadas". E outros adultos, que receberam meninas vestidas de azul, as chamaram de "futuros artilheiros, fortes e grandes". É fácil ver como funcionam os velhos conceitos arraigados em nós. Preste atenção às suas expectativas e tendências nesse sentido. Algumas sugestões do que se deve ou não fazer em relação aos filhos:

- ✓ mantenha as mesmas expectativas em relação ao comportamento de meninos e meninas;
- ✓ abrace, desenhe e pinte com os meninos e lute, faça brincadeiras físicas e jogue videogame com as meninas;
- ✓ estimule a autoconfiança e a positividade em ambos;
- ✓ limite a exposição a imagens e conceitos estereotipados da mídia em sua casa;
- ✓ ame e respeite seu filho independentemente de ele se encaixar ou não nas normas e conceitos sociais;
- ✓ não veja a agressividade como algo mais aceitável ou normal em meninos do que em meninas;
- ✓ não ignore o comportamento agressivo que venham a demonstrar;
- ✓ nunca deixe de elogiar seu filho por um comportamento social positivo, seja ele considerado feminino ou masculino;
- ✓ não force as crianças a desempenhar determinados papéis simplesmente por serem socialmente considerados masculinos ou femininos. Se o seu filho quiser brincar de casinha, deixe-o

brincar. Se a sua filha gosta de sair procurando sapos no jardim, deixe-a se divertir. E, da mesma maneira, se seu filho adora carrinhos e sua filha quer usar um vestido cor-de-rosa de paetês, deixe-os à vontade.

✓ não imponha seus estereótipos à criança. Você pode ter sido capitão do time, mas seu filho pode preferir música ou artes. Respeite a individualidade dele.

Agressão física

O que é agressão física? Segundo o *Merriam Webster's Collegiate Dictionary (Dicionário Webster)*, é uma "ação ou procedimento rigoroso (normalmente um ataque sem provocação) com intenção de dominar". Como se pode ver nesta definição, agressão não é sinônimo de violência, o que, segundo a definição do mesmo dicionário, é "exercer força física para ferir ou humilhar (como invadir uma casa à força para um assalto)". Violência envolve intenção de ferir; agressão não. Impulsos agressivos estão relacionados à necessidade de dominar e de controlar, não necessariamente de causar ferimentos físicos. Esse é um aspecto importante a ser levado em consideração ao se observar meninos brincando.

> **FATO**
> Um garoto ativo não é necessariamente violento. Se você observar meninos brincando, irá perceber que a maioria adora correr, pular e provocar os outros. Meninos gostam de atividade física e de gastar a energia em excesso. Brincam de pega-pega, jogam bola e se exercitam até a exaustão. Isso é perfeitamente normal. Os cientistas sabem que meninos são predispostos a mais atividade. É o resultado de serem expostos a hormônios andrógenos antes de nascer. Mas será que isso é que os faz transformar galhos em armas de brinquedo, caixas de suco e de leite em bombas e varetas em espadas de laser? Por que querem sempre destruir o vilão e seus comparsas? Por que sempre preocupam os pais falando de tiros, facas e de cortar a cabeça do inimigo? Os pesquisadores ainda não sabem ao certo o motivo, mas brincadeiras que envolvem luta, ação, poder e dominação são comuns em todas as culturas. Porém, essas brincadeiras não necessariamente se traduzem em violência na vida real. Todos os seres humanos têm impulsos agressivos normais e potencial para a violência. Apenas uma pequena porcentagem tem dificuldade crônica para controlá-lo.

> **ESSENCIAL**
>
> Alguns livros que tratam da questão dos estereótipos masculinos são *Real Boys: Rescuing Our Sons from the Myths of Boyhood* (*Meninos de Verdade: como Resgatar Nossos Filhos dos Mitos Sociais de como ser Homem*), de William Pollack; *Boys Adrift: The Five Factors Driving the Growing Epidemic of Unmotivated Boys and Underachieving Young Men* (*Meninos Perdidos: os Cinco Fatores que Levam ao Aumento da Epidemia de Meninos e Adolescentes Desmotivados e de Potencial Limitado*), de Leonard Sax; ou *Raising Cain: Protecting the Emotional Life of Boys* (*A Elevação de Caim: Como Proteger a Vida Emocional dos Meninos*), de Dan Kindlon e Michael Thompson.

Quando um garoto brinca de matar o vilão, ele não está desempenhando um papel condenado pela sociedade. Está simplesmente brincando de proteger as pessoas que ama e ajudando a transformar o mundo em um lugar melhor. É um tipo importante de brincadeira, que lhe dá a chance de extravasar suas tendências agressivas de maneira socialmente aceitável. Ele aprende a controlar e a canalizar impulsos por meio de fantasias. Só é necessária intervenção caso ele venha a ferir ou assustar outra criança. Caso contrário, brincadeiras agressivas podem ser uma válvula de escape saudável. Veja como estimular os impulsos ativos de seu filho e canalizar sua agressividade de maneira positiva e proativa.

- ✓ **Permita a ele fantasiar.** Se ele deseja fingir que é um super-herói e usar imagens violentas para matar os vilões e destruir os inimigos, não o reprima. Lembre-se de que se trata apenas de brincadeira, não de realidade. Destruir os maldosos mentalmente irá ajudá-lo a ser menos agressivo na vida real.
- ✓ **Incentive brincadeiras ativas.** Deixe-o participar de atividades físicas e de competição. Observe, apenas, se ninguém no grupo está sendo tratado de maneira agressiva ou injusta.
- ✓ **Limite o tempo de exposição à mídia.** Estabeleça um limite de horas para ele assistir à televisão, usar o computador e jogar *videogame*. Meninos necessitam de atividade. Sempre que possível, brinque com seu filho no jardim ou em espaços abertos e supervisione o tipo de *videogame* que ele joga.

✓ **Estimule seus interesses.** Se ele adora Batman, dê a ele, dentro do possível, brinquedos e objetos relacionados à personagem. Deixe que ele escolha o que mais gosta (desde caminhões, bolas, bichinhos e até bonecas Barbie). Incentivá-lo a escolher mostra que você o valoriza e preza seus interesses e opiniões.

✓ **Mantenha aberto o canal de comunicação.** Meninos precisam conversar com os pais tanto quanto meninas. Se seu filho tem dificuldade em se abrir, tente conversar durante alguma atividade, como montar um aviãozinho ou um jogo de *videogame*.

✓ **Seja um modelo apropriado.** Você é o primeiro professor e o principal modelo de comportamento de seu filho. Mostre maneiras construtivas e civilizadas de lidar com a frustração e a agressão, e ele as seguirá.

Meninos que maltratam meninas

Este é um fenômeno que os cientistas não conseguem explicar. O fato de um menino maltratar outros meninos pode até ser explicado por aqueles que defendem a teoria da sobrevivência dos mais fortes no ambiente escolar e em outras áreas da vida humana. A competição entre meninos sempre foi estimulada. Por esperar que eles sejam sempre dominantes, a sociedade tolera a ideia de os mais fortes sobreviverem em detrimento dos mais fracos. E meninos realmente têm características (especialmente em termos físicos) mais dominantes que meninas. São quase sempre maiores, mais fortes e mais ágeis do que elas. Mas por que maltratar a elas também? Muito simples: necessidade de domínio e poder. Um *bully* sempre procura alguém mais fraco e menos capaz de se defender. Quer vítimas que não lutem, que aceitem ser subjugadas e que os temam. E podem ser tanto meninos com pouca autoconfiança quanto meninas. Ele sabe que pode dominar os dois. Na verdade, as atitudes do *bully* vão contra a sociedade, que de uma maneira ou de outra valoriza a proteção aos mais fracos, não a exploração. Mas para ele não faz diferença. Enquanto ainda é criança se contenta em empurrar, derrubar e agredir verbalmente as meninas. Mas, à medida que cresce e se torna adolescente, sua agressão se torna sexual. Passa a insultar e a abusar fisicamente de suas vítimas.

> **FATO** O *bullying* sexual afeta ambos os gêneros e ocorre em forma de ações humilhantes com relação à sexualidade das vítimas. Pode incluir comentários rudes sobre a aparência, sobre atributos, ou toque físico, propostas indecentes, exposição de material de conteúdo pornográfico, pichação em muros e, em casos mais graves, tentativa de estupro.

Por que os meninos maltratam outros meninos

Já se sabe que alguns meninos maltratam os outros por motivos relacionados a poder e controle. A intenção do *bully* é dominar o território e ser temido. Toda criança tem sonhos de poder e domínio, mas a maioria os vive em seu mundo imaginário. Já os *bullies* não se contentam com fantasias, seja por sofrerem humilhação e maus-tratos em casa, por se sentirem ameaçados pelos desafios da vida, ou simplesmente pelo prazer de dominar.

Como os pais podem ajudar

A ajuda se resume a três palavras básicas: ame seu filho. Não espere que um garoto de três anos, quando cai e machuca o joelho, se comporte como um adulto. Dê a ele um abraço, um beijo e o mesmo carinho que daria à sua filha. Não dê a entender que o considera fraco ou incompetente quando ele se sai mal em um jogo ou em uma competição. Espere alguns minutos até que se acalme e deixe claro que, apesar de tudo, se orgulha dele e sabe que ele deu o melhor de si. Não exija de um simples menino atitudes de um homem. Ele ainda é um garoto. Precisa ser aceito, receber amor e apoio. Forçá-lo a negar e reprimir seus sentimentos, emoções e necessidade de carinho só fará com que ele se torne uma criança hostil e excessivamente agressiva. Pesquisas mostram que muitos *bullies* meninos são vítimas de maus-tratos por parte dos pais ou de figuras de autoridade. Faz sentido quando se estuda o processo de desenvolvimento humano. As crianças copiam o comportamento das pessoas que consideram importantes em sua vida. Portanto, não deixe que seu filho aprenda a usar agressão e violência para com os outros. Dê a ele a oportunidade de desenvolver plenamente seu potencial e de se tornar um homem confiante, carinhoso e bom.

Capítulo 12
Meninas *bullies*

NESTE CAPÍTULO:
- *Bullying* verbal
- Meninas violentas
- *Bullying* em grupo
- Por que as meninas maltratam outras meninas
- O estereótipo da garota boazinha
- Como os pais podem ajudar
- O Projeto Ophelia

A PALAVRA "*BULLY*" invoca, em inglês, a figura de um garoto musculoso de voz grossa e com uma prematura sombra de barba no rosto. É o tipo que tranca os colegas no armário, entra na frente deles na fila do lanche e rouba a lição de casa do pobre aluno fraquinho e inteligente que usa óculos e tira as melhores notas. É o mais alto e forte da classe e intimida a todos.

Agora, imagine uma menina *bully*. Qual será sua aparência? Bem, ela pode se parecer e se comportar como a personagem Regina George, do filme *Meninas Malvadas*.

Bullying verbal

No Capítulo 2, mencionamos uma frase muitas vezes dita ("palavras não me atingem"), que nem sempre é verdadeira. Quando se trata de *bullying*, isso é ainda pior. Cortes e ferimentos saram e cicatrizam, mas a dor e a humilhação de ser chamada de gorda, feia, vagabunda ou de coisa pior jamais se apagam da mente de uma menina. Insultos verbais e ameaças são algo difícil de esquecer. Afetam a frágil autoestima de uma personalidade em formação. Ser chamada de horrorosa pode fazer até a menina mais linda questionar sua aparência. E ser chamada de vagabunda pode ter grande impacto em seus relacionamentos íntimos. O *bullying* verbal se inicia muito cedo tanto entre meninos quanto entre meninas, mas elas parecem se sobressair nesse âmbito. Isso não é surpresa, visto que meninas têm habilidades verbais bem mais desenvolvidas do que os meninos. Agressão física e *bullying* são mais comuns nos primeiros anos de convivência social, quando as crianças ainda não se adaptaram às regras. Aos três anos de idade, é muito mais fácil bater em alguém que tentar insultá-lo. A agressão verbal e o *bullying* se tornam mais evidentes quando as meninas começam a desenvolver sua habilidade linguística.

> **ESSENCIAL** O livro *"Odd Girl Out: The Hidden Culture of Aggression in Girls"* (*Não Queremos Brincar com Você: A Cultura Velada da Agressão entre Meninas*), de Rachel Simmons, desbanca o mito de que o sexo feminino é mais gentil e carinhoso. A autora analisa a perigosa repressão a que as meninas são submetidas na sociedade para serem sempre meigas e dóceis, o que pode gerar uma "cultura velada de agressão silenciosa e indireta".

À medida que o desenvolvimento verbal ocorre nas meninas, o *bullying* indireto (também conhecido como agressão em relacionamentos) aumenta. O processo pode ser resultado direto do aumento das habilidades verbal e social, mas muitas vezes ocorre porque as meninas percebem que esse tipo de agressão (fofocas, exclusão e rejeição) tem mais chances de sucesso e lhes proporciona menor probabilidade de serem flagradas e terem problemas. Para que agredir verbalmente uma colega quando se pode, sem se expor ou correr riscos, espalhar boatos sobre ela e deixá-la mal falada? Pesquisas mostram que as meninas passam por determinados estágios de desenvolvimento mais rápido do que os meninos em virtude de suas habilidades sociais e verbais naturais. Daí a facilidade em agredir e envolver suas vítimas com sucesso. Vejamos os três tipos de agressão que as meninas mais utilizam:

✓ **Bullying social.** Quando uma menina é humilhada diante das colegas. A vítima pode ser insultada enquanto anda pelos corredores da escola, ou, ao chegar a uma mesa da lanchonete da escola para se sentar, as outras se espalharem ao redor dela dizendo que não há mais lugar vazio. São ações nocivas e maldosas, pois afetam a criança e a adolescente em uma fase de sua vida em que sentem enorme necessidade de ser aceitas e de fazer parte de um grupo.

- ✓ **Bullying de relacionamentos.** O ato de uma menina ao macular intencionalmente a imagem de outra é chamado "agressão de relacionamento". Meninas são criaturas sociais que desejam e necessitam de amigos. Uma menina *bully* faz tudo o que estiver ao seu alcance para atrapalhar suas vítimas nesse processo. Convence as outras a se afastarem delas, espalha boatos negativos a respeito delas e faz com que sejam ignoradas. Isso afeta a autoestima de quem sofre o ataque justamente em uma fase importante de seu desenvolvimento. O *bullying* de relacionamentos é difícil de detectar por ser muito sutil e sofisticado, passando despercebido pela maioria dos adultos.

- ✓ **Bullying emocional.** É aquele em que uma menina usa de manipulação para obter o que deseja. Pode fazer pequenas chantagens, como "não vou ser mais sua amiga se você não se sentar ao meu lado no ônibus". "Você não pode ser minha amiga e de Sally ao mesmo tempo. Diga a ela que não quer mais ser sua amiga". A *bully* emocional exige exclusividade e chantageia suas vítimas para manter o controle sobre elas. E também espalha fofocas, provoca e forma grupinhos para se sentir importante. Consegue transformar a vida de algumas meninas em um pesadelo tão grande que estas, mesmo depois de adultas, conseguem se lembrar de tudo com detalhes. Conforme mencionamos no Capítulo 2, esse tipo de *bully* é o mais comum entre meninas. Em vez da força física, elas usam o poder dos relacionamentos e dos sentimentos para humilhar as colegas. Mas a exclusão social causa mais ferimentos do que se pode imaginar.

> **FATO** O livro *Queen Bees and Wannabes: Helping Your Daughter Survive Cliques, Gossip, Boyfriends, and Other Realities of Adolescence* (*As Pretensas Abelhas Rainhas: Como Ajudar sua Filha a Sobreviver aos Grupinhos Fechados, às Intrigas e às Realidades da Adolescência*), de Rosalind Wiseman, mostra os grupos fechados que se formam cada vez mais cedo entre as meninas, iniciando-se muitas vezes já na pré-escola.

Meninas violentas

Será que as meninas, em especial as norte-americanas, estão se tornando mais violentas? Dois episódios ocorridos recentemente nos Estados Unidos dão margem a esta pergunta: seis meninas do Estado da Flórida filmaram umas às outras espancando uma colega durante meia hora, e, no Estado de Pensilvânia, uma menina de dez e outra de 11 anos supostamente arrastaram uma colega para fora do *playground* e a pisotearam na cabeça e nas pernas. O que mudou nas meninas, afinal? Segundo um relatório de 2006, do Federal Bureau of Investigation (FBI), entre os anos de 1980 e 2005 houve um aumento no número de prisões de crianças e adolescentes do sexo feminino e uma diminuição no número de prisões do sexo masculino. Notícias desse tipo causaram fervor na mídia sensacionalista, mas será que elas são realmente um sinal de mudança no comportamento de meninas e adolescentes, ou não? Podem ser simplesmente o reflexo de tolerância por parte das leis. As estatísticas reveladas pela National Crime Victimization Survey (Cadastro Nacional de Vítimas de Crime), em contraste com as do FBI, mostram pouca mudança em termos de gênero no que se refere a crimes nas duas últimas décadas. Os relatórios dos Centers of Disease Control and Prevention (Centros de Controles e Prevenção de Enfermidades) mostram que entre 1991 e 2001 o número de meninas e adolescentes envolvidas em brigas diminuiu 30 por cento. Mas independentemente das estatísticas, parece ser consenso entre os pesquisadores que o nível de violência tem aumentado. A verdadeira causa disso ainda é desconhecida, embora haja diversas hipóteses. O "poder das meninas" parece ter se tornado um tema de interesse na última década. Do desenho animado *As Meninas Superpoderosa* a *Kim Possible: Um Passeio pelo Tempo* e *Buffy, a Caça-Vampiros*, os modelos populares estão tornando aceitáveis níveis de violência e de agressão antes inimagináveis no submisso mundo feminino. Mas independentemente da maneira que a mídia retrata as mulheres, não se pode ignorar o papel da biologia e do processo de socialização no comportamento feminino. O aumento da violência feminina pode ser, na verdade, o subproduto de um mundo mais tecnologicamente conectado. Quando espancamentos podem ser filmados com um celular e exibidos *online*, eles ganham publicidade. Hoje, as ações de garotas violentas podem ser descritas e exibidas com detalhes em *sites* como MySpace, o que desperta a curiosidade de muitos.

No passado, notícias assim nem seriam publicadas. Era inaceitável que meninas se comportassem dessa maneira. Por isso, os incidentes que ocorriam eram escondidos e abafados. Nos dias de hoje eles são colocados *online* para milhões de pessoas testemunharem. Mas será que as meninas estão realmente se tornando mais violentas, ou somente agora esse comportamento está sendo mostrado abertamente à sociedade? Os pesquisadores ainda não sabem se há uma mudança biológica ou se a sociedade está respondendo a essas ações violentas de uma maneira diferente. Embora ainda faltem informações, o Departamento de Justiça Norte-Americano sugere que a violência entre meninas esteja acontecendo em determinadas situações e pelas seguintes causas:

- ✓ **Violência entre colegas.** Algumas meninas maltratam outras para ganhar *status* (se tornar mais populares ou respeitadas), para defender sua reputação sexual (se uma espalha rumores sobre a outra, pode vir a sofrer retaliação) e autodefesa (uma menina pode agredir fisicamente um garoto que a esteja assediando sexualmente).
- ✓ **Violência na família.** Pesquisadores descobriram que meninas brigam mais com os pais em casa do que os meninos. A violência de garotas contra os pais é multidimensional. Para algumas, a violência é a única forma de luta contra uma estrutura que consideram excessivamente controladora (como pais extremamente autoritários, por exemplo). Para outras, é uma forma de defesa ou de expressão de revolta contra assédio sexual e maus-tratos físicos de pais ou de parentes.
- ✓ **Violência na escola.** Quando meninas agem de maneira violenta na escola, podem estar respondendo a rótulos impostos por professores que as consideram agressivas mesmo sem que elas tenham demonstrado essa tendência; podem estar se defendendo de algo ou de alguém ou simplesmente se revoltando por sentirem grande impotência ou desespero.
- ✓ **Violência em bairros pobres.** Meninas criadas em bairros pobres têm mais tendência a ser violentas com as outras em razão de maior risco de vitimização (e o potencial de defesa contra essa vitimização); falta de habilidade dos pais para reagir

a influências negativas da comunidade (violência no bairro) e falta de oportunidades de ascensão social e sucesso (em virtude da pobreza).

> **ESSENCIAL** Um livro que trata do aumento da violência entre meninas e adolescentes é *See Jane Hit: Why Girls Are Growing More Violent and What We Can Do About It* (*Veja como Jane é Agressiva: Por que Meninas estão se Tornando Mais Violentas e o que se Pode Fazer a Respeito*), de James Garbarino, PhD. O autor mostra como a mensagem de que "violência resolve tudo" está sendo absorvida e colocada em prática por meninas e adolescentes norte-americanas.

Bullying em grupo

Uma diferença interessante entre o *bullying* masculino e o feminino é que as meninas costumam atacar em grupos. Normalmente, há uma "líder" que planeja e inicia o ataque, mas por trás dela há um círculo social que a incentiva e ajuda. As *bullies* parecem se sentir mais corajosas e em segurança dentro de seu estreito grupo social. O método mais utilizado por elas é a exclusão social e o isolamento das vítimas. As técnicas requerem um "grupo" do qual aquelas não desejadas possam ser excluídas. É preciso criar uma situação para deixar clara a rejeição. Em seu livro "*Odd Girl Out: The Hidden Culture of Aggression in Girls*" (*Não Queremos Brincar com Você: A Cultura Velada da Agressão entre Meninas*), Rachel Simmons afirma: "Quando a política de popularidade destrói os relacionamentos entre meninas a perda ocorre em diversos níveis, uma delas sempre se sente abandonada por aquela ou aquelas a quem ama e confia. Essa perda significa, para essa menina, a perda dos valores sociais e da autoestima. Ela pode passar a se culpar pelo que lhe acontece e a ver os relacionamentos de maneira negativa, como meras ferramentas. Quando, além da exclusão, ela sofre agressão, a vergonha e a humilhação são ainda maiores". Esse trecho expressa bem os sentimentos de quem é excluída de um grupo social. A vítima é constantemente rechaçada, e o grupo passa a ter como norma mantê-la a distância. Na verdade, as meninas desse grupo temem que isso venha a acontecer com elas. Para impedir a própria exclusão, algumas meninas normalmente meigas e gentis passam a se comportar de maneira fria e cruel. O medo é tão grande que algumas chegam a admitir se sentir aliviadas ao ver que outras estão sendo excluídas e não elas.

> **ALERTA!** O livro "*Best Friends, Worst Enemies: Understanding the Social Lives of Children*" (*Melhores Amigos, Piores Inimigos: A Vida Social das Crianças*), de Michael Thompson, Lawrence J. Cohen e Catherine O'Neill Grace descreve não apenas a vida social das crianças como também a importância do papel dos pais, professores e administradores da escola.

Por que meninas maltratam outras meninas

Ser do sexo feminino é viver em uma situação altamente competitiva. E, infelizmente, essa competitividade se inicia na mais tenra idade. Toda menina aprende, desde pequena, que deve ser bela, esperta e doce. Mas isso não basta, é preciso ser mais bela, mais esperta e mais doce do que todas as outras. Desfiles de moda, revistas e a mídia em geral mostram mulheres incrivelmente belas e inatingivelmente magras. Mas esse conceito de mulher "ideal" deixa de fora as meninas e mulheres da vida real. E o medo de não se tornarem perfeitas é o que dá início ao processo de competitividade desde cedo. A maioria associa o fato de ser perfeita ao de ser popular e bem aceita por todos. Simmons descreve a tão sonhada popularidade como um "implacável concurso que exige das meninas toda a sua força e eleva ao máximo seus níveis de ansiedade. É um prêmio pelo qual elas se dispõem a pagar qualquer preço. A popularidade as modifica. Faz com que comecem a mentir, a trapacear e a roubar. Elas mentem para ser aceitas, enganam e usam as amigas e roubam os segredos das pessoas para depois chantageá-las". Meninas disputam relacionamentos, e a competição pode ser cruel. Elas são medidas pelo número de amigas que conseguem ter, por seu nível de popularidade, por sua beleza e pelo comprometimento que têm umas com as outras. Como se trata de competição, alguém tem que perder. A *bully* quer vencer escolhendo aquelas que serão perdedoras. Exige de seu grupo que a ajude a excluir as menos populares. Ameaça submeter as outras à exclusão (ou coisas ainda piores) caso deixem de colaborar. Hoje, o número de meninas *bully* é cada vez maior, e elas apresentam níveis cada vez mais refinados de crueldade. Maltratam apenas outras meninas, mas escolhem suas vítimas da mesma maneira que os meninos *bullies*. Procuram aquelas que têm menos poder e personalidade do que elas, nível social mais baixo, notas menores, ou simplesmente são menos atraentes. Da mesma maneira que os meninos, promovem um desnível injusto de poder. A menina *bully* (ou abelha rainha) mantém o poder em sua escala social instaurando medo ao seu redor para que todas a obedeçam. É uma forma deturpada, porém eficaz, de sobrevivência do mais forte – na selva social feminina.

> **ESSENCIAL** Tente não permitir que suas experiências com *bullies* na infância interfiram ou influenciem a maneira de sua filha lidar com a situação. Os tempos mudam e os métodos que funcionavam ou não funcionavam quando você era criança podem nem existir mais. E tome cuidado para não internalizar as experiências de sua filha. Mantenha o foco nela, não em você.

O estereótipo da garota boazinha

Pesquisas mostram que as meninas norte-americanas que se envolvem com mais frequência em casos de agressão são as mais femininas e populares, normalmente as líderes de torcida e rainhas do baile de formatura. São bonitas, magras, usam roupas, sapatos e maquiagem da moda e estão em todas as festas importantes. Todas as outras as invejam e todos os meninos querem tê-las como namoradas. Mas algumas não são as princesas que aparentam ser. Por trás dos holofotes, são controladoras e más. Quem as conhece de verdade tem uma lista de adjetivos negativos para elas, como bruxas e coisas piores. Suas vítimas têm vários nomes para suas torturadoras.

Como os pais podem ajudar

O mais importante a fazer é conversar com sua filha. Ouça o que ela tem a dizer e o que ela pensa sobre o que está acontecendo. Estabeleça um canal de comunicação. Faça perguntas, converse com os amigos dela e esteja disponível quando ela quiser conversar. Fale com ela no carro, durante o jantar, e sempre que estiverem juntas. Vá ao quarto dela enquanto ela estiver fazendo a lição de casa, passe mais tempo com ela, participe de seu mundo, de seus interesses e das coisas que ela faz. Sente-se ao seu lado quando estiver ao computador e navegue com ela. Incentive-a a conversar com os outros adultos da família com quem se sente à vontade. Conheça os pais dos colegas e amigos de seu círculo social e a ajude a estabelecer uma rede de contatos segura. Quanto mais adultos com quem ela se sentir segura para conversar souberem do que acontece, melhor. Ensine-a a respeitar a si mesma e a se defender. Transmita a ela noções de positividade, de autoafirmação e mostre que viver em sociedade pode ser benéfico. Reconheça seus esforços e comemore cada pequena vitória. E não se esqueça de amá-la como ela é e não como você gostaria que ela fosse.

> **FATO**
> "*Mean Chicks, Cliques, and Dirty Tricks: A Real Girl's Guide to Getting Through the Day with Smarts and Style*" (*Meninas Malvadas, Grupinhos Fechados e Brincadeiras Sem Graça: Um Guia de Sobrevivência para Meninas com Estilo*), de Erika V. Shearin Karres, é um livro escrito para meninas e adolescentes que possam estar sendo vítimas de *bullies*, lutando contra a perseguição, a exclusão e a humilhação. O livro divide as predadoras em grupos (A *Bully*, A Esnobe, A Traidora etc.) e apresenta conselhos sobre como lidar com cada tipo.

Jamais incentive comportamentos agressivos ou violentos. Se perceber que sua filha está agindo de maneira agressiva, não hesite em procurar ajuda para ela. Caso ela esteja praticando o *bullying*, mostre-lhe todos os danos e problemas que isso pode causar. É uma oportunidade para ela mudar de comportamento. Se isso não ocorrer, procure ajuda profissional. As leis estão sendo constantemente atualizadas e sua filha corre o risco de ser acusada de crime. Ansiedade, mudanças súbitas de humor e depressão são sinais de que algo está errado. Se descobrir que sua filha é uma vítima, dê apoio a ela. Ajude-a entender a dinâmica da agressão social/emocional/de relacionamentos e a trabalhar o estresse e os efeitos negativos dessa prática.

> **PERGUNTA**
> VOCÊ SABERIA RECONHECER OS SINTOMAS DE DEPRESSÃO EM SUA FILHA?
> Segundo o National Institute of Mental Health (Instituto Nacional de Saúde Mental), alguns sintomas de depressão incluem tristeza prolongada, ansiedade, sentimento de "vazio", irritabilidade, inquietação, perda de interesse por atividades e *hobbies* prediletos, dificuldade de concentração, de se lembrar de detalhes e de tomar decisões, insônia, perda de apetite ou alimentação compulsiva, dores constantes, cãibras e problemas digestivos que não cedem a tratamento.

As meninas se espelham nas mulheres com quem convivem e buscam no comportamento delas modelos de comportamentos para determinadas situações. Veja se você está sendo um bom modelo para ela:

- ✓ **Comporte-se de maneira ética.** Siga os padrões de moral.
- ✓ **Assuma a responsabilidade de seus atos.** Se cometeu um erro, admita.
- ✓ **Mantenha uma atitude positiva.** Pensar positivo pode ajudar a resolver qualquer situação.
- ✓ **Mantenha um estilo de vida saudável e equilibrado.** Cuide bem de si mesma.
- ✓ **Ajude.** Dedique-se a trabalhos voluntários.
- ✓ **Valorize a educação.** Jamais deixe de aprender e de crescer.
- ✓ **Cuide de sua saúde emocional.** Descubra maneiras construtivas de aliviar o estresse.
- ✓ **Seja uma pessoa de confiança.** Sua filha deve ver em você alguém com quem possa contar sempre.
- ✓ **Valorize as amizades.** Mantenha contato e esteja disponível para suas amigas.

O Projeto Ophelia

O Projeto Ophelia iniciou-se em 1997, para servir de apoio aos pais e à comunidade e para ajudar meninas e adolescentes. Hoje, é uma das maiores instituições norte-americanas especializadas em identificar e auxiliar no caso de agressões de relacionamento (quando se agride uma pessoa destruindo seus relacionamentos) e atende meninas, meninos e adultos. Trabalha em parceria com líderes e representantes de instituições de educação, cívicas e comunitárias para estabelecer ambientes sociais saudáveis e isentos de *bullying*. Alguns dos serviços que o Projeto Ophelia oferece nos Estados Unidos:

- ✓ **O chamado CASS (Creating a Safe School – Ambiente Escolar Seguro).** À medida que o Projeto se desenvolve, mais iniciativas e programas de prevenção se estabelecem.

- ✓ **Programa de desenvolvimento e de treinamento de liderança.** O Projeto Ophelia oferece eventos e material educativo para estimular o desenvolvimento de projetos em parceria com o escotismo feminino.
- ✓ **O Opheliato Nacional.** A organização se estabelece mobilizando voluntários em todo o país e treinando-os para estabelecer as próprias comunidades de apoio.
- ✓ **Dinâmica de trabalho.** É um programa específico para combater a agressão de relacionamentos e a violência no ambiente de trabalho.

O que torna o Projeto Ophelia especial é sua campanha para que se estabeleçam mudanças sistêmicas e a longo prazo. Os programas não são desenvolvidos para oferecer soluções rápidas. O foco é a mudança cultural e a alteração de normas sociais destrutivas que perpetuam o ciclo de agressão velada entre crianças, entre jovens e entre adultos. O programa oferece treinamento a alunos e baseia-se na crença de que cada um deles pode fazer com que o clima dentro da escola se torne melhor. A maioria desses programas é bem-sucedida quando abrange um contexto social. A ACM, os grupos de escotismo femininos e diversos clubes e organizações têm se associado ao Projeto Ophelia para realizar mudanças sociais. Para conhecer melhor o Projeto, consulte www.opheliaproject.org.

Capítulo 13
Como evitar que seu filho seja uma vítima

NESTE CAPÍTULO:
- Ensine a ele as regras sociais
- Como aumentar a autoestima da criança
- Ensine seu filho a ser um bom amigo
- Incentive-o a ter boas amizades
- Incentive-o a ter um grupo de amigos
- Matricule-o em um curso de defesa pessoal
- Ensine a ele técnicas básicas de prevenção

VOCÊ JÁ OBSERVOU um grupo de crianças brincar? Consegue identificar aquelas de quem todos gostam mais? De quem todos se aproximam, procuram ser amigos e desejam atenção? E aquelas que ficam de fora das atividades? Aquelas que querem desesperadamente participar, mas são ignoradas pelas demais?

Ensine a ele as regras sociais

É terrível saber que seu filho está sendo excluído de um grupo e não saber o que fazer para ajudá-lo. Mas saiba que muitos pais vivem esse drama. É comum para muitas pessoas acreditar que as crianças mais populares têm um gene especial que as faz se relacionarem bem em sociedade e que as excluídas também já nascem assim. Mas é claro que não existe tal gene e que as crianças bem relacionadas não possuem talentos especiais. Elas simplesmente desenvolvem habilidades interpessoais com o passar do tempo e com a ajuda e a orientação dos adultos com quem convivem. Você pode estar pensando que será um pesadelo tentar ensinar habilidades sociais a seu filho, mas, se ele está se tornando vítima de *bullies*, um aumento em seu QI social pode ajudar muito. Pare por um instante e pense em quantas coisas você já ensinou e ensina a ele todos os dias, como andar, falar, cantar, dançar, ler, escrever, aritmética, jogar bola e nadar. Também o ensina a arrumar a cama, a colocar suas roupas para lavar e até a dirigir, se ele já tiver idade para isso. Mas muitos pais acabam se esquecendo da importância de ensinar a seus filhos a arte da amizade. Poderiam passar menos tempo ensinando a criança a jogar bola e mais tempo conversando sobre como ter e manter amizades. Quantos pais levam os filhos ao *playground* e dizem: "Vá até lá, se apresente e diga que gostaria de brincar com eles."? As crianças mais populares costumam ter pais que as estimulam a vivenciar as mais variadas situações e as ensinam a ter um bom relacionamento social e até a dormir ocasionalmente na casa dos amigos. Não são pais que estimulam apenas habilidades acadêmicas e atléticas. Valorizam, incentivam e estimulam habilidades interpessoais.

> **FATO** Habilidades sociais e interpessoais podem ser desenvolvidas a qualquer momento. Com um pouco de ajuda, seu filho pode ter todas as habilidades necessárias para enfrentar qualquer situação social com competência e autoconfiança. É como aprender qualquer outra coisa. Depende de um pouco de teoria e de muita prática.

Como aumentar a autoestima da criança

Todo pai ou mãe quer o melhor para seu filho. Faz tudo para que ele seja feliz e saudável. E se pensarmos bem, não é tão difícil manter as crianças saudáveis hoje em dia, considerando toda a indústria da saúde. Há centenas de tipos de medicamentos, vacinas e exames, além de médicos e hospitais especializados. Mas, e quanto à felicidade? Como garantir a felicidade de uma criança? Não existe elixir ou remédio que cure a tristeza, mas existem maneiras de proteger seu filho dela. Não estamos falando de todos os tipos de tristeza, é claro, mas daqueles que têm origem na baixa autoestima. Comecemos definindo autoestima. Segundo o dicionário *Merriam Webster*, trata-se de "confiança e estar bem consigo mesmo". Na verdade, é uma habilidade psicológica necessária e vital que permite às crianças se sentirem competentes e seguras para lidar com todos os aspectos de suas vidas. Autoestima elevada é a base de uma vida feliz. Quando uma criança se sente bem em ser quem é, consegue lidar melhor com os problemas e dificuldades do dia a dia. A boa notícia é que você pode ajudar seu filho a elevar sua autoestima e a se tornar uma pessoa muito positiva. Você sabe como anda a autoestima dele? Veja como descobrir.

Algumas formas de comportamento, associadas a uma autoestima elevada de uma criança são:

- ✓ entrar em uma sala cheia de crianças que não conhece e logo encontrar alguém com quem brincar;
- ✓ relacionar-se bem com as outras;
- ✓ estar relaxada e tranquila na maior parte do tempo;
- ✓ cuidar da higiene pessoal;
- ✓ saber perder um jogo com graça e tranquilidade;
- ✓ saber dizer "não" aos colegas quando necessário;
- ✓ ser determinada e não desistir facilmente;
- ✓ ser consciente de seus pontos fortes e fracos;
- ✓ aceitar críticas construtivas;
- ✓ ter amigos.

Formas de comportamento associadas à baixa autoestima:

- ✓ fechar-se a novas situações e experiências;
- ✓ evitar o convívio social;
- ✓ estar sempre tensa e apresentar oscilações drásticas de humor;
- ✓ falta de preocupação com a própria aparência;
- ✓ revoltar-se com a simples ideia de vir a perder em jogos e competições;
- ✓ ter dificuldade em se defender e raramente expressar desejos e necessidades;

- ✓ sentir-se frustrada e desistir com facilidade;
- ✓ estar sempre vendo o lado negativo das coisas e dizendo frases do tipo "ninguém gosta de mim", "não sirvo para nada" e "gostaria de sumir";
- ✓ ser sensível e se magoar diante de qualquer tipo de crítica;
- ✓ ter pouquíssimos amigos, ou mesmo nenhum.

Se você perceber que seu filho apresenta mais características da segunda lista, é hora de tomar providências.

Temperamento

Cada criança nasce com características próprias. O temperamento é a parte da personalidade geneticamente inerente ao recém-nascido. É composto de uma série de traços que determinam a maneira como ele irá se relacionar com o mundo e com as pessoas. São características quase sempre estáveis e que não devem ser consideradas boas ou más. Não é possível modificar o temperamento de uma criança, mas é preciso compreendê-lo. O simples fato de conhecer essas características ajuda os pais a antecipar possíveis situações difíceis para ela e a estabelecer um plano de educação de acordo com suas necessidades. Rita tem uma filha de sete anos chamada Rachel. Ela é uma menina calma e tranquila que não gosta muito de barulho e de atividades em excesso. Já Rita é uma mulher ativa e extrovertida, que gosta de ampliar seus conhecimentos e está sempre envolvida em atividades novas. Tem dezenas de amigos e está sempre conhecendo pessoas. Adora dar festas. Toda vez que o aniversário da filha se aproxima, quer convidar todos os alunos de sua classe e fazer algo grandioso, mas ela se recusa. A mãe fica chateada. Acha que há algo de errado com a filha e que, se ela não aprender a se enturmar, vai acabar ficando isolada dos amigos na escola. Rachel acha que a mãe quer que ela seja algo que não é e se sente incapaz de agradá-la, o que está afetando sua autoestima. Rita leva a menina a um psicólogo e se surpreende ao ouvir que sua filha é absolutamente normal. Ele explica que ela é uma pessoa quieta e introvertida e que não há problema nisso. E incentiva Rita a discutir com a filha qual tipo de festa ela gostaria de ter em seu aniversário (Raquel só quer convidar a melhor amiga para assistir a um filme e dormir em sua casa).

Percebe, então, que está tentando forçar a menina a fazer algo que a faria infeliz. As duas passam a conversar mais e seu relacionamento melhora bastante. Hoje, Rita entende e respeita o temperamento e a personalidade da filha.

Mesmo sem querer, você acaba prejudicando a autoestima de seu filho por não respeitar sua forma de ser. Pense nisso enquanto lê o resto deste capítulo e o próximo. As estratégias que apresentamos podem ajudar seu filho a desenvolver habilidades sociais e autoconfiança. Mas não se esqueça de que cada indivíduo tem características e personalidade próprias.

> **ESSENCIAL** Abordamos três temperamentos básicos: tranquilo, cauteloso e difícil. Crianças de temperamento tranquilo são flexíveis e se adaptam facilmente a novas situações. Já as de temperamento cauteloso preferem a rotina a novas experiências. E as de temperamento difícil são as menos flexíveis e têm reações mais intensas. Aproximadamente 65% das crianças se enquadram nessas categorias. Os 35% restantes são uma combinação dos dois.

Estratégias para aumentar a autoestima de seu filho

Leia a lista de técnicas a seguir e selecione aquelas que mais podem ajudar seu filho. Desenvolver a autoestima leva tempo e requer a vivência de experiências positivas. Não é algo que acontece da noite para o dia. Reserve um tempo todos os dias para colocar em prática cada uma delas e, depois de algum tempo, irá observar mudanças positivas.

DESCUBRA AS QUALIDADES E HABILIDADES DE SEU FILHO

Um componente importante para ajudar a desenvolver a autoestima de seu filho é jamais ignorar ou desvalorizar as áreas em que ele se destaca. Talvez não sejam aquelas que você mais aprecia, mas não é isso que importa. Não é porque você era o craque do time de futebol na escola que seu filho tem que ser também. Ele pode até jogar para agradá-lo, mas, no fundo, pode ser que prefira algo como Origami ou Astronomia. Não deixe passar oportunidades de descobrir os interesses e talentos de seu filho. Não tente transformá-lo em uma cópia de você mesmo. Ele não é uma extensão dos pais, e sim um indivíduo com talentos e habilidades próprias. Descubra o que ele tem de melhor e incentive-o a se desenvolver. Faça uma lista de tudo em que é bom, de todas as características positivas e qualidades que o tornam uma pessoa especial e digna de elogios. Mostre a lista a ele e pergunte se tem itens a acrescentar. Depois de pronta, deixe-a exposta ou afixada em um local que ele possa ver todos os dias. Quando percebê-lo triste ou deprimido, leiam juntos a lista, em voz alta. Reforçar as características positivas de uma criança a ajuda a encontrar forças nos momentos mais difíceis.

Pergunte-lhe quais são as coisas de que mais se orgulha. Suas respostas podem surpreender e ajudar você a descobrir o que ele valoriza e considera importante. Seu filho pode ter orgulho de si próprio por motivos totalmente diferentes daqueles que o levam, como pai, a ter orgulho dele. Entender o que se passa no coração de seu filho pode mostrar a você o caminho de como ajudá-lo a desenvolver a autoestima ao invés de miná-la.

Elogie e faça comentários positivos

Quando elogiar seu filho, evite frases ambíguas ou não específicas, como "você é um bom menino" ou "bom trabalho". Elas não representam algo concreto para uma criança e não ajudam a elevar sua autoestima. É necessário usar conteúdo mais específico: "gostei de ver que você segurou a mão de sua irmã enquanto estávamos no estacionamento, para dar segurança a ela. "Foi muito responsável de sua parte" ou "vi que você se esforça muito no futebol. E está valendo a pena. Você está jogando cada vez melhor". Ainda assim, crianças prestam mais atenção a comentários negativos do que a positivos. E a maioria dos pais é rápida em dar ordens, implicar e reprimir os filhos, mas quase sempre se esquece de elogiar suas boas ações. Infelizmente, a natureza humana se concentra mais nos aspectos negativos da vida do que nos positivos. Imagine a seguinte cena: seu filho passa um longo tempo brincando quieto no quarto e você fica na sala. De repente, ele começa a jogar a bola na parede e você grita para ele parar. Por que será que os pais só falam com os filhos na hora de repreendê-los? Se seu filho tem problemas de autoestima, você deve reconsiderar suas reações e tratá-lo com mais cuidado. Observe-o quando ele estiver fazendo algo certo e o elogie, seja algo importante ou uma atividade simples. Pode ser um pouco difícil no início, mas quando você se acostumar verá que seu filho vibra de contentamento toda vez que recebe um elogio em vez de uma crítica. Os benefícios são imediatos.

> Algumas frases úteis que você pode utilizar com seu filho:
> - "Estou orgulhoso de ser seu pai/sua mãe. Você é mesmo bom nisso...".
> - "Eu amo você".
> - "Foi uma boa ideia a que você teve".
> - "Gosto quando você...".
> - "Obrigado por ter..."
> - "Obrigado por existir em minha vida".

Se seu filho fez alguma coisa errada, pare e pense antes de dizer ou fazer algo para puni-lo. Lembre-se de que disciplinar uma criança é ensiná-la. Por isso, evite frases que insultam ou magoam, como "por que você não usa o cérebro de vez em quando?", "você é mesmo muito burro" ou "qual é o seu problema?". São frases generalizadas que prejudicam a autoestima e fazem com que a criança se sinta muito mal consigo mesma. Estabeleça regras, e, toda vez que ela as quebrar, mostre-lhe as consequências em vez de simplesmente julgá-la. Se seu filho ficou de arrumar o quarto no domingo e na segunda-feira ainda está tudo imundo e bagunçado, lembre-o das consequências (não sair para brincar enquanto não estiver tudo arrumado, por exemplo). Não é preciso chamá-lo de preguiçoso ou irresponsável.

Incentive a prática de exercícios

Seu filho precisa de atividade física. Ela ajuda a elevar a autoestima, fazendo com que o organismo libere endorfinas (hormônios responsáveis pelo bem-estar), o que ajuda a lidar com o estresse e com os problemas. Administrando as situações estressantes, seu filho se sentirá mais competente e melhor consigo mesmo. Exercícios regulares também o ajudarão a manter o peso e a boa forma, o que sempre resulta em uma boa imagem. Deixe que ele escolha o estilo que preferir, desde que pratique com frequência.

Descubra as áreas em que ele precisa se desenvolver

Peça a seu filho que faça uma lista de tudo o que ele gostaria de modificar na própria vida. Você pode se surpreender. Tente não julgar. Lembre-se de que é a lista dele, não a sua. Analise cada item e escolha aqueles que podem ser colocados em prática. Se ele reclama que sua pele é muito sensível ao sol e que isso o impede de ir mais à praia, leve-o a um dermatologista. Se tem vontade de aprender a tocar violão, empreste ou alugue um violão durante algum tempo e contrate um professor para algumas aulas particulares. Se quer usar um estilo novo de corte de cabelo, vá com ele ao barbeiro ou salão e incentive-o. E, quanto aos aspectos que ele não consegue modificar na própria vida, tente encontrar alternativas para transformar o negativo em positivo. Se ele reclama que tem pés muito grandes, diga a ele que a vantagem é que números grandes são sempre mais fáceis de encontrar nas lojas. Se acha ruim ser o mais novo dos irmãos, diga que as habilidades dos pais vão melhorando com o tempo e que ele tem a vantagem de ter pais melhores e irmãos que podem protegê-lo e ajudá-lo. Já filhos únicos não têm essa vantagem. O mais importante é que seu filho identifique os aspectos em sua vida que podem ser ou não modificados. Se uma situação não pode ser modificada, talvez seja hora de mudar a forma de encará-la ou de lidar com ela. Uma criança não pode mudar o fato de seus pais se divorciarem, mas pode tentar descobrir vantagens ou o lado bom da situação. Esse tipo de exercício ensina seu filho a procurar um raio de esperança em todo tipo de dificuldade que vier a ter.

ESTABELEÇA UM PLANO PARA DESENVOLVER AS ÁREAS QUE MAIS PRECISAM DE ATENÇÃO

Depois de discutir com seu filho sobre tudo o que ele quer modificar ou desenvolver em sua vida, é hora de estabelecer um plano para colocar tudo em prática. Comecem aos poucos. Por exemplo: digamos que seu filho sinta dificuldade em se aproximar dos colegas e se engajar nas brincadeiras em grupo na escola. Pergunte o que ele normalmente faz. Ele pode responder que não faz coisa alguma; que não tenta conversar com as outras crianças. Se for o caso, leve-o até um *playground* e fique com ele observando como as outras crianças fazem. Passe uma tarde com ele, se for necessário, observando e discutindo a interação das crianças e como elas se engajam nas brincadeiras em grupo. Deixe-o falar de suas expectativas e inseguranças. Não discuta seus medos. Diga simplesmente que é normal ficar nervoso diante de uma situação nova ou difícil. Divida com ele suas dificuldades, como chegar a um jantar ou festa em que você não conhece as pessoas, por exemplo. Ou sobre a primeira vez que participou de uma reunião de diretoria. O próximo passo é estabelecer pequenas interações. Convide alguns vizinhos ou familiares para vir à sua casa e peça a seu filho para colocar em prática com as crianças conhecidas algumas das técnicas que vocês viram no *playground*. Elogie cada esforço dele. Mas lembre-se de que tudo tem que ser feito com calma e que ninguém domina todas as técnicas de relacionamento social de um dia para o outro. É algo que exige tempo e prática. Depois de cada reunião, sente-se e converse com ele. Pergunte como foi e quais técnicas funcionaram. Se ele não obteve sucesso, tente outras estratégias.

DICA: nas primeiras vezes em que seu filho for colocar em prática técnicas de interação social, é mais interessante ter por perto crianças um pouco mais jovens do que ele. É mais fácil praticar com quem ainda não tem como julgar ou criticar com tanta facilidade.

> **ALERTA!** Para facilitar, estabeleça algumas regras: limite de tempo (uma ou duas horas para crianças mais jovens e duas ou três para as mais velhas). Convidados em número par (assim ninguém fica de fora durante as brincadeiras). Sugira várias possibilidades (brincadeiras dentro e fora de casa). Supervisione, porém sem intervir ou pressionar. Deixe-os à vontade. Ofereça um lanche (tenha o cuidado de verificar, antecipadamente, se não há crianças alérgicas a determinados alimentos).

Estimule seu filho a se relacionar. Quanto melhor ele se relaciona, mais facilidade tem para entender e absorver o comportamento do grupo do qual participa. Se seu filho estiver sempre rodeado de crianças com autoestima saudável, terá mais chances de desenvolver comportamentos saudáveis e positivos. Ensine-o a observar o próprio comportamento. Assim, ele pode se ver como se estivesse de fora, ajustando e corrigindo determinados aspectos para atingir um equilíbrio. Com o tempo e com sua ajuda, ele passará a perceber o que funciona e o que não funciona em termos de comportamento. Autoconsciência é uma importante ferramenta social. Quanto mais ele a desenvolver, mais facilmente conseguirá tomar decisões, avaliando situações de maneira lógica. E quanto mais decisões acertadas tomar, mais confiante e satisfeito consigo mesmo irá se tornar.

Ensine seu filho a ter um discurso positivo

Explique a seu filho que todas as pessoas se sentem mal consigo mesmas de vez em quando, que isso faz parte da natureza humana e é algo normal. Ensine também que, toda vez que isso acontecer, ele pode usar afirmações positivas para se sentir melhor. Afirmações positivas são frases como "vou conseguir, tenho certeza", "vou ficar bem", "vou melhorar nisso, basta praticar", ou "ninguém é perfeito". Explique a ele que, assim como ajudam aos adultos, frases desse tipo podem servir para apoiá-lo nos momentos difíceis.

> **ESSENCIAL** Mais alguns exemplos de frases de autoafirmação: "vou superar essa dificuldade", "amanhã será um dia melhor", "não preciso me desesperar só porque alguém não gosta de mim", "eu me amo", "isso passa", "sou mais forte do que isso", "estou me tornando uma pessoa cada vez melhor" e "me recuso a deixar que isso me abale".

Ensine seu filho a aprender com os próprios erros

É importante para as crianças saber que todos cometem erros, inclusive seus pais. Seu filho precisa saber que vocês não são perfeitos e que não exigem dele perfeição. Conte a ele os erros que você já cometeu, grandes e pequenos. Descreva como se sentiu na época e como se sente hoje ao pensar no assunto. Isso pode ajudar a criança a colocar em perspectiva todos os erros que cometeu e que julga colossais. Ela precisa aprender que não há problema em errar. Aprendemos com os erros e seguimos em frente. Alguns pais ensinam seus filhos a fazer aquilo que se pode chamar de "reinício". É quando se apaga mentalmente todos os erros que se possa ter cometido para iniciar novamente o processo de maneira tranquila. Por exemplo: se seu filho estava aprendendo a cozinhar e colocou acidentalmente medidas incorretas dos ingredientes na panela, não deixe que isso se torne um problema. Descarte tudo, lave a panela e inicie novamente. Sorria e não mencione mais o assunto. O segredo do processo de "reinício" é não transformar o erro em um problema. Isso permite à criança errar sem que isso afete sua autoestima.

DICA: isso serve para adultos também. Uma mãe estava com os filhos no carro após uma manhã muito cansativa. Eles estavam agitados e fazendo muita bagunça. Ela acabou perdendo o controle e gritou com eles durante uns cinco minutos sem parar. Quando percebeu o que tinha acabado de fazer (descontar suas frustrações nos filhos), fez o retorno e voltou para a porta da escola. Estacionou, anunciou que precisava "reiniciar" aquela situação e seguiu novamente pelo caminho de casa com as crianças, que, surpresas com a reação da mãe, seguiram em silêncio, quietas no banco de trás.

Ensine seu filho a rir de si mesmo

Humor pode ser um aliado maravilhoso da psique humana. Ajuda a aliviar o estresse e a melhorar a disposição de espírito. Ensinar a seu filho que é bom rir de si mesmo de vez em quando irá ajudá-lo pela vida toda. A melhor maneira de fazer isso é começar rindo de você mesmo em meio ao caos e à correria. Se seu filho percebe que você consegue relaxar e não leva os problemas tão a sério a ponto de se estressar desnecessariamente, irá seguir seus passos e enxergar a vida de uma maneira mais descontraída. Ensine a ele que as coisas mais engraçadas são normalmente as mais constrangedoras ou traumáticas quando ocorrem pela primeira vez. Mas, depois de algum tempo, é possível ver o lado engraçado da situação. "Ainda vamos rir muito disso" é a melhor maneira de lidar com os momentos difíceis da vida.

> **FATO** Algumas maneiras não verbais de mostrar a seu filho que você o ama e que se orgulha dele: pisque para ele, coloque a mão em seu ombro ou em suas costas, cumprimente-o com um gesto que só vocês conheçam, abrace-o, sorria ou faça algum gesto que queira dizer "eu amo você", ria e brinque com ele.

Ensine seu filho a ser um bom amigo

A habilidade de fazer e de manter amizades nem sempre tem sua importância reconhecida. A maioria dos pais pressupõe que basta seu filho entrar no jardim da infância para fazer muitos amigos e desenvolver todas as suas habilidades sociais. Mas, para algumas crianças, enturmar-se não é uma tarefa tão simples. Por isso, quando o filho chega em casa dizendo "ninguém gosta de mim", alguns pais se surpreendem e ficam chocados. Mas competência social é algo que pode ser desenvolvido e há várias maneiras de ajudar seu filho a se relacionar bem. Habilidades sociais são importantes tanto na infância quanto na vida adulta. A criança que tem amigos é mais saudável, feliz e se estressa menos. Tem mais oportunidades de desenvolver competência social, o que facilita o processo de estabelecer amizades e vínculos à medida que amadurece. Pesquisadores descobriram que as crianças mais bem aceitas em seu grupo social são aquelas que apresentam determinados tipos de comportamento e de aparência. E essas características podem ser aprendidas. Veja como você pode ajudar.

Aparência

Observe se seu filho não tem aparência que o diferencie dos demais dos amigos. Usar roupas e corte de cabelo parecidos com os das crianças de sua idade pode evitar que seu filho seja excluído, uma vez que as crianças julgam muito pela aparência. Claro, isso vai contra os conceitos de "ser único" e "ter personalidade própria". Mas crianças que necessitam desenvolver habilidades sociais precisam primeiro se encaixar na sociedade em que vivem. Crianças julgam muito pela aparência. Não dê a elas motivo para excluir seu filho.

Postura positiva

Ensine seu filho a arte de ser simpático e agradável. Isso inclui sorrir e cumprimentar as outras crianças. Crianças simpáticas são como verdadeiros imãs: atraem as outras já no primeiro contato. Você também pode ensiná-lo a elogiar as crianças com quem brincar. Elogios sinceros farão com que elas se aproximem e queiram estar sempre em sua companhia.

Linguagem corporal

Ensine seu filho a olhar as outras crianças nos olhos e a manter uma postura corporal aberta e amistosa (sem braços cruzados, sem desviar os olhos ou expressão facial de descontentamento). Leve seu filho para observar crianças nos *playgrounds* e mostre exemplos de linguagem corporal positiva.

Crianças com personalidade ou interesses semelhantes

Seu filho tem mais chance de estabelecer amizades sólidas com crianças de temperamento semelhante e interesses em comum. Se ele gosta de atividades artísticas e criativas, procure crianças que também gostem. Se gosta de futebol, procure amigos que também gostem de esportes. Dedicar-se a atividades prazerosas com outras crianças pode ajudar seu filho a estabelecer laços de amizade e estreitá-los com o passar do tempo.

Enturmar-se

Se estiverem em um local onde haja um grupo de crianças brincando, incentive seu filho a se aproximar de uma delas e perguntar se pode brincar também. Há mais chances de ele se enturmar se começar falando com uma delas primeiro. Tentar se aproximar de um grupo inteiro é mais difícil. Se apenas uma disser "sim", o restante pode concordar com mais facilidade. Mas deixe claro para seu filho que a criança também pode dizer "não". Ensine a ele que, caso isso venha a acontecer, a melhor resposta é "tudo bem. Quem sabe na próxima vez?"

Ser prestativo

Ser prestativo é uma qualidade muito importante em crianças populares. Ensine seu filho a ser mais sensível às necessidades alheias e a oferecer ajuda. É difícil não gostar de alguém que está disposto a ajudar em situações ou momentos de dificuldade.

Ser um bom ouvinte

Ensine seu filho a ouvir o que as outras crianças têm a dizer. Ser um ouvinte ativo é uma habilidade importante que ele vai usar durante a vida toda. E que pode ajudá-lo a determinar com quais crianças irá estabelecer uma verdadeira amizade ou não. Uma boa maneira de ajudá-lo é desenvolver em você mesmo a capacidade de ser um bom ouvinte, para que ele possa vê-lo como um modelo.

> **ESSENCIAL** Alguns livros ensinam sobre a habilidade de fazer amigos: *The Unwritten Rules of Friendship: Simple Strategies to Help Your Child Make Friends* (As Regras Implícitas da Amizade: Estratégias Simples para Ajudar seu Filho a Fazer Amigos), de Natalie Madorsky Elman e Eileen Kennedy-Moore, *Nobody Likes Me, Everybody Hates Me: The Top 25 Friendship Problems and How to Solve Them* (Ninguém Gosta de Mim, Todos me Odeiam: os 25 Problemas Mais Comuns Entre os Amigos e como Resolvê-los), de Michele Borba, EdD, e *The Friendship Factor: Helping Our Children Navigate Their Social World – and Why It Matters for Their Success and Happiness* (O Fator Amizade: Como Ajudar seu Filho a Navegar pelo Mundo Social), de Kenneth H. Rubin.

Incentive-o a ter boas amizades

Ter boas amizades pode fazer toda diferença para seu filho. Apenas um amigo já pode fazer com que ele se sinta mais protegido, tenha mais autoconfiança. Uma vez que ele encontre um amigo em potencial, com interesses em comum e aspectos similares de personalidade, é preciso estabelecer e solidificar a amizade. E você pode ajudar. Veja o que ele deve fazer:

- ✓ **Tomar iniciativas e estar aberto a experiências.** Para ter bons amigos, é preciso ser um bom amigo. Seu filho deve aprender a tomar iniciativas e convidar seu novo amigo para ir à sua casa brincar e também estar disposto a ir brincar na casa dele.
- ✓ **Ser espontâneo.** Seu filho deve demonstrar que gosta da companhia do amigo e de brincar com ele.
- ✓ **Não ficar contando os favores que faz ou recebe.** Ensine a seu filho que favores entre amigos não têm que ser sempre em número igual. Haverá momentos em que ele irá precisar de apoio e momentos em que deverá ajudar e amparar o amigo.
- ✓ **Estar disposto a pedir desculpas e a perdoar.** Todos cometemos erros, e tanto seu filho quanto seu novo amigo podem cometê-los. Por isso, ensine-o a pedir desculpas se sentir que o magoou. E também a ser generoso e a perdoar quando o amigo, sem querer, o magoar.

✓ **Divertir-se sem preocupações.** Convide sempre os amigos de seu filho para visitá-lo em casa. Descubra o que eles mais gostam de fazer e organize reuniõezinhas. Assim, eles poderão se divertir e ficar à vontade.

> **ESSENCIAL**
> Alguns livros ensinam como fazer e manter amigos: *How to Be a Friend: A Guide to Making Friends and Keeping Them* (*Como ser um Bom Amigo: Um Guia para Fazer Amizades e Mantê-las*), de Laurie Krasny Brown; *Fab Friends And Best Buds: Real Girls On Making Forever Friends* (*Amigas Legais e Grandes Companheiras: Um Guia para Meninas que Querem Ter Amigas para Sempre*), de Erika V. Shearin Karres e *A Good Friend: How to Make One, How to Be One* (*Um Bom Amigo: Como Fazer e como Ser um Deles*), de Ron Herron, Val J. Peter, and Father Flanagan's Boys' Home.

Incentive-o a ter um grupo de amigos

Uma boa maneira de seu filho ter contato com muitas crianças é se matricular em cursos ou clubes, com muito critério, a fim de não sobrecarregá-lo. Algumas opções:

✓ **passatempo:** xadrez, computação, artesanato;
✓ **música:** cantar em karaokê, tocar instrumentos musicais;
✓ **esportes:** futebol, ginástica, natação etc.;
✓ **drama:** grupos de teatro;
✓ **dança:** hip hop, jazz, balé;
✓ **escotismo**;
✓ **grupos religiosos:** missionários, retiros, grupos de estudo;
✓ **grupos de exercícios físicos:** grupos que se reúnem para fazer caminhadas;
✓ **cursos diversos:** culinária, artes etc.

Matricule-o em um curso de defesa pessoal

Se seu filho se tornou vítima de *bullies*, considere a possibilidade de matriculá-lo em uma escola de defesa pessoal. O objetivo não é induzi-lo a atacar o *bully* (algo que nunca se deve fazer) e sim ajudá-lo a escapar de um ataque, se necessário. Um curso desse tipo irá ensiná-lo a estar atento e a evitar situações de risco, bem como a argumentar em caso de agressão verbal para acalmar o agressor ou mesmo impedir uma ação mais violenta. Pode aumentar sua autoconfiança e fazê-lo se sentir em condições de se defender.

Ensine a ele técnicas básicas de prevenção

Algumas técnicas básicas que podem ajudar:

- ✓ evitar a todo custo ficar sozinho na presença do *bully*;
- ✓ estar sempre perto de professores ou de adultos;
- ✓ andar sempre com os amigos e não sozinho;
- ✓ se o *bully* se aproximar, correr e procurar ajuda. Se o *bully* o seguir, começar a falar alto ou gritar para que o deixe em paz;
- ✓ não atacar, a não ser que seja para se proteger ou se defender (caso contrário, ele mesmo poderá ser acusado de ser o *bully*);
- ✓ manter a calma e pedir ajuda ao adulto que estiver mais próximo;
- ✓ contar a você o que aconteceu, assim que possível.

Capítulo 14

Regras sociais e desenvolvimento da autoafirmação

NESTE CAPÍTULO:
- Por que a criança precisa conhecer as regras sociais
- Regras sociais básicas para crianças
- Linguagem corporal
- A qualidade da voz
- Habilidade de conversar
- Habilidade de fazer amigos
- Desenvolvimento da autoafirmação

HABILIDADES SOCIAIS vão muito além de um simples "por favor" e "obrigado". E requerem mais do que cumprimentos educados e aperto de mão. É impressionante ver que a maioria dos pais gasta tanto com aulas de piano ou de futebol e cobra tanto dos filhos para que se saiam bem em tudo, mas se esquece de dedicar alguns minutos por dia ensinando algo ainda mais importante, que poderá lhes dar uma vida de sucesso em termos de relacionamentos e uma boa saúde emocional.

Por que a criança precisa conhecer as regras sociais

Seres humanos são criaturas sociais. Desde o início dos tempos, relacionamentos e interação social têm sido a base da saúde social e da felicidade. As crianças normalmente seguem uma continuação da sociedade em que vivem. De um lado, estão aquelas que são dotadas de grandes habilidades de relacionamento interpessoal; do outro, as que têm um visível déficit delas. A maioria, no entanto, se encontra no meio-termo. Mas isso não precisa ser motivo de preocupação. Aptidões sociais podem ser estudadas, praticadas e aprimoradas como quaisquer outras. Se seu filho não tem todas elas, pode desenvolvê-las. É um esforço que vale a pena, pois permitirá a ele viver com mais tranquilidade e autoconfiança. Estudos mostram que existe relação entre competência social e um bom desempenho acadêmico, laços de amizade mais estreitos e boa autoestima. Na vida adulta, a competência social pode aumentar as chances de uma carreira e de um casamento mais bem-sucedidos. Ou seja: quem desenvolve suas habilidades sociais só tem a ganhar.

> **PERGUNTA**
> **SEU FILHO POSSUI DIFICULDADE DE APRENDIZAGEM DA LINGUAGEM NÃO VERBAL?**
> Crianças com essa dificuldade não conseguem processar informações não verbais (como expressões faciais, tom de voz e linguagem corporal). Ouvem tudo o que é dito, mas não captam as nuances e sutilezas da comunicação não verbal. E como 90% da comunicação humana ocorre de maneira mais sutil, ou seja, não verbalizada, essa dificuldade pode representar uma grande barreira em termos de relacionamento social.

Regras sociais básicas para crianças

Existem determinadas habilidades sociais básicas que, quando bem desenvolvidas, estabelecem uma base para outras, mais sofisticadas, das quais seu filho irá necessitar à medida que for amadurecendo. As três mais importantes que a criança deve aprender são:

Habilidade de fazer amigos

A maior parte das atividades de uma criança está relacionada a fazer amigos e brincar com eles. E a maior parte de seu tempo é gasta com atividades lúdicas. Brincar permite a ela praticar e experimentar diferentes tipos de relacionamento com diferentes crianças. O objetivo é que, ao brincar, ela aprenda a interagir de forma eficaz e desenvolva as habilidades necessárias para fazer amigos durante a vida inteira. Mas, infelizmente, isso nem sempre ocorre da maneira esperada. Algumas crianças necessitam de ajuda para fazer o que outras aprendem naturalmente.

Confiança em si mesma e em suas habilidades

Observe crianças brincando no *playground*. Aquelas que têm mais amigos são geralmente as mais autoconfiantes. Sentem-se bem consigo mesmas e esperam que as outras gostem de sua companhia e queiram brincar com elas. A confiança e a atitude positiva funcionam como um imã que atrai outras crianças. Como estimular seu filho a ter essas características? Simples: descubra em quais áreas ele se destaca e incentive-o a ser ainda melhor. Elogie-o e lhe dê amor incondicional. Siga as sugestões do Capítulo 13 sobre como reforçar a autoestima dele.

Saber "dar a volta por cima"

Resistência (habilidade de se recuperar de decepções e dificuldades na vida) é uma habilidade inestimável. Se seu filho aprender a ver o lado bom das coisas, inclusive nos momentos difíceis, sua autoestima dificilmente será abalada. E, quanto mais ele aprender a lidar com problemas e conflitos, mais forte se sentirá.

Veja o exemplo de Jamison, um menino de dez anos que concorreu a presidente de classe e estava certo de que iria ganhar. Mas, no dia da eleição, outro colega foi eleito. Ao chegar em casa, Jamison ligou o computador e começou a ler sobre as estratégias e a filosofia das campanhas presidenciais. Em vez de chorar e ficar deprimido pensando que seus colegas não gostavam dele o suficiente para elegê-lo presidente de classe, concentrou sua atenção em descobrir quais tinham sido seus erros. Na próxima eleição, vai estar preparado para fazer uma campanha melhor e ter mais chances ao concorrer. Já Andrew, outro menino, da mesma classe, que concorreu e perdeu, ficou tão revoltado que não foi à escola pelo resto da semana. Não sabia como iria encarar os colegas. Sentiu-se um fracassado. Ficou em seu quarto chorando e prometendo a si mesmo que jamais iria se expor novamente a situações como aquela, em que poderia sair magoado. Jamison preferiu ignorar a derrota e ver o lado positivo da situação, estudando e se preparando para a próxima eleição, enquanto Andrew encarou o fato como algo pessoal. Sua autoestima foi abalada em virtude da sua falta de habilidade de lidar com a decepção.

> **FATO** Um psicólogo de Harvard, Howard Gardner, desenvolveu uma lista dos sete principais tipos de inteligência. Uma delas é a "inteligência interpessoal", que ele descreve como sendo "a capacidade de entender as intenções, motivações e desejos das outras pessoas". Segundo ele, a inteligência interpessoal é que permite às pessoas trabalhar e se relacionar de maneira eficaz umas com as outras.

Linguagem corporal

Uma das melhores maneiras de ajudar seu filho a desenvolver habilidades sociais e interpessoais é ensinar a ele as regras básicas da comunicação eficaz. Segundo pesquisas, as crianças que são vítimas de *bullies* costumam transmitir através de linguagem verbal a mensagem de que não estão bem consigo mesmas. Não estabelecem contato visual com as outras, sua postura é sempre de desânimo e de tristeza e raramente sorriem ou expressam alegria. Há uma divergência entre as linhas de psicologia quanto ao fato de a linguagem corporal das vítimas atrair os *bullies* ou ser um resultado direto dos maus-tratos que elas sofrem. Mas, seja como for, é preciso treinar seu filho. Usamos a palavra "treinar" intencionalmente, pois pode ser difícil fazer com que uma criança reveja seus padrões de comportamento. Seres humanos são criaturas de hábitos fixos. Usar linguagem corporal negativa pode ter se tornado um hábito em seu filho. É preciso ter paciência e estar pronto a reforçar e corrigir tudo que possa ser prejudicial para ele.

Olhos nos olhos

Dificuldade em olhar as pessoas nos olhos é normalmente uma indicação de que a criança é insegura. Pense por um instante: quando alguém olha diretamente para os olhos uma pessoa, transmite a ela uma mensagem de autoconfiança, de honestidade e de franqueza. Quando evita seu olhar, transmite uma atitude dúbia e suspeita. Faça esse exercício em casa. Peça a seu filho que olhe para os seus olhos enquanto vocês conversam. Comece aos poucos, apenas alguns segundos de cada vez. Aumente o tempo até sentir que ele consegue manter a conversação sem desviar o olhar, de maneira natural. Pratique sempre. É um exercício que irá ajudá-lo em todo tipo de interação social.

> **ALERTA!** É importante saber dosar esse tipo de exercício com seu filho. Há uma tênue diferença entre manter o contato visual para indicar atenção e interesse pelo que a pessoa está dizendo e encará-la intensamente, fazendo-a se sentir desconfortável. Explique e mostre a diferença a ele.

Uma questão de postura

Crianças autoconfiantes têm postura ereta e encaram o mundo com entusiasmo. Já as vítimas de *bullies* tendem a se fechar em si mesmas em uma tentativa de se tornarem invisíveis para o mundo. Mas você pode ensinar seu filho a erguer a cabeça, endireitar os ombros e manter a coluna ereta. Comece praticando em frente a um espelho. Depois, vá com ele a um lugar público onde vocês possam observar as pessoas que passam. Pergunte a ele quais parecem confiantes e quais demonstram tristeza ou fragilidade. Algumas têm o hábito de manter os braços cruzados, querendo dizer "fique longe", uma postura que transmite hostilidade às outras pessoas. Ensine a ele as sutilezas da linguagem corporal. A televisão também pode ajudar. Observe e comente com ele sobre a postura das personagens durante um *show* ou filme. Mostre exemplos e explique por que reagimos de maneira mais positiva diante de pessoas que exibem uma postura confiante e amistosa.

A importância das expressões faciais

Esta é a parte mais complicada da linguagem corporal. Crianças, normalmente, são como livros abertos (é fácil saber o que estão sentindo, bastando olhar para elas). Se seu filho está infeliz, seu semblante se fecha. Se está triste, fica cabisbaixo. Se está contente, seu rosto se ilumina. É fácil para você saber como ele está. O problema é que também é fácil para qualquer pessoa. Daí o sofrimento das vítimas de *bullies*. Seu semblante é sempre fechado e seu olhar é de revolta e de medo, o que acaba afastando as outras crianças. Elas as veem como hostis e inamistosas, o que torna difícil seu contato social. Coloque seu filho diante de um espelho, peça a ele que feche os olhos e que pense em algo triste ou desagradável. Faça-o abrir, então, e ver como está sua expressão facial. Peça que feche novamente e que pense na melhor coisa que já lhe aconteceu. Faça-o abrir novamente e observar a imagem. Ele percebe a diferença? Explique sobre a importância do domínio das expressões faciais e que as pessoas são atraídas por rostos mais relaxados e felizes. Explique também que, ao sorrirmos com a certeza de termos uma expressão positiva no rosto, as pessoas captam essa sensação e nos veem como pessoas boas e positivas. Recorte fotos com expressões felizes, infelizes, assustadas ou irritadas de revistas e use-as para ajudar seu filho a praticá-las diante do espelho. Ele irá se sentir muito mais seguro ao perceber que pode ter controle sobre a imagem que transmite.

> **FATO** Albert Mehrabian, professor de psicologia da Universidade da Califórnia, nos Estados Unidos, ficou conhecido por suas pesquisas e publicações sobre o significado da comunicação verbal e da não verbal. Segundo ele, as palavras representam apenas 7% da comunicação, sendo que 38% são transmitidos pelo tom de voz e 55% pela linguagem corporal. Ele estabeleceu, então, o que chama de regra dos sete, 38 e 55% da comunicação humana.

A qualidade da voz

A comunicação oral envolve diversos fatores que se devem levar em conta. A maneira pela qual seu filho diz alguma coisa, por exemplo, pode ser mais importante do que as palavras em si. Veja alguns aspectos a que seu filho deve estar atento.

Tom e entonação

Todo pai ou mãe já disse ao seu filho: "Não estou gostando do seu tom de voz". Isso ocorre quando ele fala com uma "atitude" diferente. É algo difícil de descrever, mas todos sabemos do que se trata. São tons de sarcasmo, desdém ou descaso presentes na voz. Crianças devem aprender a ter cuidado com a inflexão que utilizam ao falar, pois podem acabar sendo mal interpretados ou não compreendidos. Isso fica muito claro quando os pais criticam o tom de voz dos filhos e estes respondem: "Mas que tom de voz? De que você está falando?"

Volume

Quando estão agitadas ou nervosas, as crianças costumam aumentar (ou diminuir muito) seu tom de voz. Se o volume aumenta, os adultos deixam de ouvir o que elas estão dizendo e pedem que falem mais baixo.

Se o volume diminui muito, elas podem ser simplesmente ignoradas. Você pode ensinar seu filho a falar mais baixo (mostrando a ele todas as vezes que isso acontece) ou mais alto (deixando claro que ele não vai ser atendido pelas pessoas se não falar em um tom normal). Não se esqueça de que isso requer prática e paciência.

Velocidade

Um dos sinais mais comuns de que a criança está nervosa é a velocidade com que ela fala. O nervosismo acelera o sistema nervoso e faz com que o corpo funcione em ritmo mais rápido. Pense no que ocorre em seu coração toda vez que você tem que falar em público. É importante ensinar seu filho a falar mais devagar mesmo quando está nervoso. Falar depressa demais atrapalha o entendimento de quem está ouvindo. Faça-o praticar e contar até cinco antes de falar.

Clareza

Seu filho precisa deixar claro o que quer dizer para ser bem compreendido. Isso é muito importante. Explique a ele que as pessoas não conseguem ler sua mente. Não vão entendê-lo a menos que ele expresse ideias com clareza. Por exemplo: sua filha pode dizer à professora que Cindy a está incomodando, quando, na verdade, deveria ser mais explícita e explicar que a colega (que se senta na carteira de trás) fica arrancando fios de cabelo de sua cabeça. E também deveria dizer à menina que pare de fazer isso ou irá contar à professora e até ao diretor, se for necessário.

Habilidade de conversar

Crianças que sabem iniciar e manter uma conversa costumam se relacionar bem socialmente. Essa é uma habilidade que deve ser incentivada e bem desenvolvida.

Cumprimentar

Aproximar-se de outra criança e cumprimentá-la é uma tarefa que pode ser difícil para seu filho. Na verdade, trata-se de uma tarefa difícil para muitos adultos. Mas é uma habilidade muito importante a ser desenvolvida. Pode ser complicado no início, mas incentive seu filho e pratique com ele. Finja que é um aluno novo na classe e peça a ele que se aproxime e o cumprimente. Quando achar que ele está mais à vontade com o exercício, leve-o a um *playground* para que ele possa praticar. Elogie seus esforços.

Apresentar-se

Quando sentir que ele já consegue cumprimentar outras crianças com facilidade, é hora de praticar as apresentações. Finja que é o novo colega novamente, ou um parente, e faça com que ele se aproxime e se apresente. Leve-o, então, a um *playground* ou a uma festa em que ele não conheça muitas pessoas e peça que cumprimente e se apresente a algumas delas. Quando ele conseguir fazer isso com tranquilidade, você pode passar ao próximo passo.

Manter uma conversa

A próxima etapa é ensiná-lo a conversar. É um pouco mais complicado do que cumprimentar ou se apresentar a alguém. Para facilitar, ensine-o a fazer perguntas. Alguns exemplos:

- ✓ Você mora aqui perto?
- ✓ Gostei da sua camiseta. Onde você a comprou?
- ✓ Belo castelo de areia! Foi difícil de fazer?
- ✓ Você vem sempre brincar aqui?

Se ele conseguir criar as próprias perguntas, será ainda melhor. Pode ser algo do tipo:

- ✓ Este *playground* é bom?
- ✓ Já vi vários castelos de areia. Mas isso que você fez é interessante. É uma cidade?

Habilidade de fazer amigos

Crianças que têm muitos amigos sabem que uma amizade consiste em ofertar e receber e que exige esforço. É preciso pensar nas pessoas antes de pensar em nós mesmos, às vezes. Mas como ensinar isso a seu filho?

O valor de um elogio

Todos gostam de ser elogiados. Faz parte da natureza humana. Crianças que têm muitos amigos costumam ter mais facilidade para reconhecer e elogiar as habilidades acadêmicas, as proezas, a aparência ou a inteligência das outras. Crianças consideradas populares sabem que elogiar não é humilhante e fazem isso com toda naturalidade.

Quando foi a última vez que você recebeu um elogio verdadeiro e espontâneo? Como se sentiu? Bem, não? E o que pensou sobre a pessoa que o elogiou? Se sentiu que foi um elogio sincero, provavelmente passou a admirá-la mais. Conte sua experiência a seu filho. Ele irá perceber que fazer as pessoas se sentirem bem, acaba fazendo bom a ele mesmo.

Oferecer ajuda

Pesquisadores já descobriram que pessoas dispostas a ajudar são sempre valorizadas. Ensine seu filho a oferecer ajuda quando necessário. Isso não significa que ele tenha que se transformar em um capacho e ser explorado por todos; apenas que oferecer ajuda a quem precisa é uma ação bem vista por todos.

Pedir para participar

Incentive seu filho a pedir para participar, com outras crianças, de brincadeiras ou de atividades de que ele gosta. Às vezes, basta se aproximar e começar a brincar – mas, em outras, é preciso pedir permissão para entrar no grupo (principalmente se a brincadeira já começou). Ensine-lhe que o pior que pode acontecer é ele ouvir um "não", mas que isso não é o fim do mundo. Basta dizer "quem sabe na próxima vez?". Toda vez que conseguir se enturmar, ele vai se sentir mais confiante para tentar sempre.

Demonstrar gratidão

Seu filho deve aprender a dizer coisas do tipo "obrigado", ou "agradeço. Foi divertido brincar com vocês". Demonstrar gratidão é uma maneira de estabelecer um ambiente social e positivo.

Desenvolvimento da autoafirmação

À medida que seu filho for adquirindo desenvoltura social e autoconfiança, ficará mais fácil para ele demonstrar segurança mesmo em situações desagradáveis. Muitas crianças têm dificuldade em deixar claras suas ideias ou opiniões, e é preciso ensinar a elas que não há problema nisso, muito pelo contrário. A primeira coisa a fazer é mostrar a seu filho a diferença entre fazer valer suas ideias e ser agressivo. Explique a ele que pessoas agressivas tendem a impor sua vontade enquanto as pessoas confiantes defendem seus pontos de vista com tranquilidade, sem necessidade de agredir ou de tratar as outras de maneira injusta. Não ficam provocando ou irritando a todos. Apresentam suas ideias e opiniões de maneira tranquila, sem se deixar dominar ou humilhar.

Jade está no quarto ano escolar e sua mãe a está ensinando a defender suas ideias e a se posicionar perante as pessoas. Ela foi vítima de *bullies*, mas, graças ao que está aprendendo, já consegue se defender. Quando alguém começa a maltratá-la, ela simplesmente diz que não merece esse tipo de tratamento e que, se continuar a ser tratada dessa maneira, irá falar com a professora. Com isso, os *bullies* acabam desistindo e se afastam dela. Torne-se um exemplo para seu filho e não deixe que outras pessoas se aproveitem ou maltratem você. Assim, ele irá aprender que ter autoconfiança é a chave para viver bem em sociedade. Ao lidar com as pessoas na rua, em família ou na vizinhança, demonstre confiança em si mesmo e defenda seus direitos.

> **FATO**
> Podemos identificar três estilos básicos de personalidade em termos de relacionamento. Pessoas passivas acreditam que não têm direito de expressar suas necessidades e que devem se submeter às outras. Pessoas agressivas acreditam estar sempre certas e querem sempre impor sua vontade. Pessoas confiantes encontram um meio-termo entre o comportamento agressivo e a passividade, respeitando as necessidades e as vontades alheias e as suas também.

Pedir ajuda

É importante para seu filho saber pedir ajuda. Muitas crianças têm dificuldade em fazer isso por diversas razões: acreditar que não serão atendidas, achar que não vão acreditar nelas, crer que devem resolver todos os seus problemas sozinhas etc. Portanto, é seu dever como pai ou mãe ensinar a seu filho que em determinados momentos todos precisam de ajuda, até mesmo você. Conte a ele suas experiências e como você se sentiu grato pela ajuda que recebeu das pessoas quando precisou. Diga a ele que não precisa se envergonhar e que deve pedir ajuda sempre que precisar (tanto a você quanto às outras pessoas). Sempre que sentir que ele está com dificuldades, desenvolva estratégias que o façam se sentir mais à vontade para pedir ajuda sempre que necessário.

Aprender a dizer "não"

Muitos adultos têm essa dificuldade. É um problema mais comum do que se imagina. Para as crianças, é sempre pior, especialmente quando ninguém as ensina que não há problema em expressar sentimentos. Seu filho precisa aprender que tem o direito de dizer "não" quando se sente inseguro ou não quer participar de alguma coisa. Se não tem vontade de ir a uma festa, pode dizer "não vou poder. Fica para a próxima vez". Se não estiver com vontade de brincar, deve agradecer e recusar. Para que seu filho desenvolva personalidade e espontaneidade, é preciso dar a ele liberdade de escolher o que quer e o que não quer fazer. Deixe-o tomar algumas decisões e observe como ele se torna mais confiante.

> **ESSENCIAL** Segundo o psicólogo Howard Gardner, a inteligência interpessoal também "é a capacidade do ser humano de entender a si mesmo e de perceber seus sentimentos, inseguranças e motivações". Em outras palavras, é conhecer a si mesmo e usar esse conhecimento para obter e manter o equilíbrio e a saúde emocional.

Como lidar com os *bullies*

À medida que for desenvolvendo autoestima e autoconfiança, seu filho estará mais preparado para lidar com as crianças que tentarem maltratá-lo. Com o passar do tempo e com mais habilidades sociais, estará mais consciente de sua linguagem corporal, terá mais facilidade para fazer amigos, para expressar livremente suas ideias e para se defender de *bullies* e de crianças agressivas. Passará a desenvolver as próprias estratégias e (com sua ajuda) não se sentirá mais sozinho. Saberá que pode contar com você para guiá-lo e estará cada vez mais seguro.

Capítulo 15

A responsabilidade e o envolvimento dos pais é uma grande ajuda

NESTE CAPÍTULO:

- Medo de tornar a situação pior
- A vergonha de ter um filho vítima de *bullies*
- Vítimas que imploram aos pais que não comentem sobre o problema
- O medo de ser pais superprotetores
- Pais que querem que o filho se defenda sozinho
- Razões para se denunciar sempre a prática de *bullying*
- Estratégias para a prevenção da prática do *bullying*

PARA A MAIORIA dos pais, descobrir que o filho é vítima de *bullies* é um choque emocional. Muitos relatam ter reações quase incontroláveis de raiva. Têm vontade de pegar o *bully* e arrancar sua cabeça. Por sorte, isso não acontece. Mas as reações são as mais variadas. O mais importante em tudo isso é que os pais e a escola trabalhem em conjunto para evitar o *bullying* e iniciar mudanças positivas, pois mesmo os programas de prevenção e intervenção mais elaborados não têm resultado efetivo a menos que as crianças possam contar com o apoio dos adultos mais importantes em sua vida: seus pais.

Medo de tornar a situação pior

Alguns pais estão preparados, fazem a lição de casa e sabem exatamente qual atitude tomar quando os filhos chegam em casa chorando e dizendo que estão sendo maltratados por um colega. Partem para a ação e tomam providências imediatas. Mas nem todos são assim. E não é por falta de vontade de ajudar, e sim por não saber o que fazer. Isso ocorre geralmente com pais que nunca foram vítimas de *bullying*. Para eles, é uma situação completamente nova. Pode-se adicionar a isso o medo de interferir e tornar a situação ainda pior. Esse impasse faz com que acabem deixando de agir. É preciso dizer que muitas vezes a intervenção dos pais faz com que o *bullying* se agrave, mas o mais comum é que isso (o fato de se agravar) aconteça naturalmente, sem qualquer tipo de interferência. E o pior: deixar de agir transmite para a criança a mensagem de que os pais não podem ou não querem ajudá-la.

> **FATO**
> Alguns livros sobre como ajudar seu filho, se ele se tornar vítima de *bullies*:
> *When Your Child Is Bullied: An Essential Guide for Parents* (*Quando seu Filho se Torna Vítima de Bullies: Um Guia Indispensável para os Pais*), de Jenny Alexander; *Helping Your Socially Vulnerable Child: What to Do When Your Child Is Shy, Socially Anxious, Withdrawn, or Bullied* (*Como Ajudar a Criança Socialmente Vulnerável: O que Fazer Quando se Tem um Filho que Sofre de Timidez, Ansiedade Social, é Retraído ou Vítima de Bullies*), de Andrew Eisen and Linda B. Engler PhD; *10 Days to a Bully-Proof Child* (*Como Deixar seu Filho à Prova de Bullies em 10 Dias*), de Sherryll Kraizer, PhD.

A vergonha de ter um filho vítima de *bullies*

Alguns pais se orgulham de ter "filhos perfeitos". Acreditam piamente que eles são as crianças mais bonitas, inteligentes, populares e atléticas da escola. Vivem em uma fantasia tão grande que não enxergam a realidade. Ignoram os problemas e as dificuldades dos filhos por não querer admitir que não sejam perfeitos. Se descobrem que eles são vítimas de *bullies*, simplesmente dizem que se trata de algo normal da infância (o que não é), que todos passam por isso na escola (não passam) e que se simplesmente ignorarem os *bullies* eles irão se cansar e deixá-los em paz (dificilmente isso ocorre). Estão mais preocupados que alguém descubra que seus filhos são vítimas de *bullies* do que em protegê-los.

Vítimas que imploram aos pais que não comentem sobre o problema

Trata-se de uma situação bastante comum. Muitas crianças têm medo de que, se outras crianças ou o *bully* ficarem sabendo que elas contaram a um adulto, o problema se agrave. Então, imploram aos pais que não contem a ninguém. E isso os coloca em uma situação complicada. Por um lado, querem respeitar o desejo dos filhos e se sentem gratos por eles terem lhes contado, mas, por outro, querem protegê-los dos maus-tratos e da humilhação. É preciso avaliar bem o problema.

Se seu filho não corre risco de agressão física, está sofrendo apenas *bullying* verbal e você sente que a autoestima dele não está sendo comprometida, talvez seja interessante fazer o que ele pede. Mas estabeleça um plano para ajudá-lo a lidar com a situação e elevar a autoestima. Compre livros e pesquise sobre *bullying*, converse com ele e mantenha um canal aberto de comunicação para saber e acompanhar o que acontece. Observe suas reações e esteja atento a qualquer mudança emocional, psicológica ou alterações no desempenho escolar. Muitas crianças passam por situações de *bullying* temporário. Se conseguem superá-las, a experiência acaba fortalecendo sua autoestima. Mas, ao primeiro sinal de problemas, esteja preparado para intervir. Também é uma boa ideia falar com o professor ou a professora de seu filho (ainda que seja confidencialmente). É importante que ele ou ela esteja ciente do que ocorre em sala de aula. Essas providências normalmente são suficientes para ajudar seu filho, mesmo sem intervenção direta. Mas esteja atento: se ocorrer *bullying* físico, ainda que moderado, ou você perceber que seu filho tem apresentado oscilações de humor ou de comportamento, tome uma atitude imediatamente.

> **ESSENCIAL**
> Para o Ensino Fundamental: *Best Enemies* (*Os Melhores Inimigos de Infância*), de Kathleen Leverich, *The Very Bad Bunny* (*Meninos Maus*), de Marilyn Sadler, *The Meanest Things to Say* (*Maldades de Crianças*), de Bill Cosby e *Bad Girls* (*Meninas Más*), de Cynthia Voigt.
> Para o Ensino Médio: *How You Can Be Bully Free* (*Como se Livrar dos Bullies*), de Allan L. Beane e *Dear Mr. Henshaw* (*Caro Sr. Henshaw*), de Beverly Cleary.

O medo de ser pais superprotetores

Muitos pais relutam em exigir mudanças na conduta dos professores ou da escola com medo de parecer superprotetores. E, muitas vezes, estão certos em não intervir. Há pais que reclamam de tudo, mesmo de uma pequena discussão que seu filho tenha tido na escola. Mas é comum haver desentendimentos e brigas entre crianças. Assim como no mundo dos adultos, há dias melhores e dias mais difíceis. Há épocas em que elas têm muitos amigos e vivem felizes e outras em que os amigos desaparecem e tudo parece mais complicado. Faz parte da vida. Por isso, é importante estar atento e levar ao conhecimento dos professores ou da diretoria da escola apenas os assuntos que requerem atenção ou atitudes específicas. Porém, se seu filho é maltratado, agredido ou excluído com frequência, tome uma atitude. Não tenha medo de parecer superprotetor. A segurança dele vem em primeiro lugar. Pode parecer um tanto constrangedor ter que exigir providências da escola, mas, se você não o proteger, quem irá fazê-lo? Não se preocupe com o que irão dizer a seu respeito.

Pais que querem que o filho se defenda sozinho

Este é o tipo mais equivocado de pais. Querem que seu filho se imponha diante dos *bullies*. É claro que, se fosse possível, todas as vítimas de *bullies* se defenderiam. E é até compreensível que alguns adultos acreditem que as crianças podem se proteger. Afinal, na maioria dos filmes (*Karatê Kid*, *De Volta para o Futuro*, *Conta Comigo*), a vítima acaba enfrentando e vencendo o *bully*. A plateia vibra e a vida parece maravilhosa. Mas a realidade não é bem assim. Muitas crianças chegam a contar aos pais que estão sendo maltratadas pelos colegas, mas, se eles as aconselham a brigar e a se defender, elas acabam pensando que eles as consideram covardes. Isso as faz sentirem-se ainda piores. Percebem que não têm com quem contar e vivem uma situação cada vez mais aterrorizante.

Razões para se denunciar sempre a prática de *bullying*

Um dos principais motivos de o *bullying* ainda existir é que ele raramente é denunciado. As vítimas se calam e vão continuar a se calar até que a sociedade se modifique. Pais e educadores precisam encontrar uma maneira de eliminar esse estigma. As vítimas precisam de atenção e de apoio. Aquelas que têm coragem de contar o que lhes acontece devem ser vistas com admiração e respeito.

> **FATO** Segundo a instituição norte-americana National Youth Violence Prevention Center (Centro Nacional de Prevenção à Violência na Juventude), "quase 30 por cento dos jovens nos Estados Unidos (mais de 5,7 milhões) estão envolvidos com *bullying*, seja como vítimas, *bullies* ou ambos". E a tendência é que esse número aumente com o passar dos anos, se as crianças e jovens continuarem a ter medo de denunciar aqueles que as maltratam.

As crianças e os jovens não irão receber o apoio de que realmente necessitam enquanto os adultos responsáveis por eles não se unirem para combater o abuso. No dia em que deixarem de sentir vergonha de ser vítimas, não precisarem mais viver de acordo com as expectativas irreais dos pais, sentirem que os adultos entendem as dificuldades que eles enfrentam e que irão ajudá-los de verdade, eles passarão a denunciar os maus-tratos a que são submetidos. Até lá, caberá aos pais informar aos educadores (e até às autoridades) o que acontece. As escolas precisam se conscientizar da amplitude do problema. Se cada pai de vítima de *bullies* denunciasse toda vez que uma agressão ocorresse, elas seriam obrigadas a dedicar mais tempo e atenção à questão. Muitos podem dizer que professores e funcionários já têm muito a fazer e que programas *antibullying* podem tomar um tempo que deveria ser utilizado em atividades acadêmicas. Mas o *bullying* é visto pelas crianças como um grande problema. A maioria afirma que poderiam se dedicar com mais tranquilidade aos estudos se não tivesse que se preocupar com o que pode lhes acontecer na escola todos os dias. Um ambiente permissivo afeta o rendimento escolar. Colocar um fim ao *bullying* seria um grande benefício social, psicológico e educacional para todas as crianças.

Estratégias para a prevenção da prática do *bullying*

Os pesquisadores estão começando a chegar a algumas conclusões sobre as estratégias mais eficazes na prevenção ao *bullying*. É uma longa jornada de descobertas. No passado, o *bullying* não era considerado um grande problema. Hoje, já se percebeu que ele é a causa de muitos desajustes sociais. Mas, apesar de ser reconhecido, até agora não se fez muito no sentido de preveni-lo ou de solucioná-lo. A última década tem mostrado quais estratégias e programas poderiam ser utilizados. Ainda há muito para se estudar e descobrir sobre o assunto, mas vejamos o que os pesquisadores já consideram estratégias importantes para a redução do *bullying*.

> **ESSENCIAL** Segundo Dan Olweus, PhD, o *bullying* e vários outros comportamentos inapropriados e antissociais podem ser reduzidos em até 50% quando programas educacionais e de prevenção são instituídos nas escolas. Outros estudos, como o de Ferguson, Kilburn, San Miguel & Sanchez (2007), também mostram influência significativa desses programas.

Avaliação real do problema

Os adultos nem sempre estão conscientes do que ocorre dentro e fora da sala de aula. Como a maior parte do *bullying* ocorre sem que professores e funcionários percebam, o problema acaba sendo subestimado. Pesquisadores descobriram que uma enquete anônima nas escolas pode fornecer informações mais precisas sobre onde, como e quando o *bullying* acontece. A partir disso, os funcionários podem estabelecer um plano de ação mais eficaz de acordo com o tipo de problema. A enquete também oferece informações que podem ser utilizadas pela escola para comparar a incidência de *bullying* antes e depois de implementadas as estratégias de combate e de prevenção.

Mudança no ambiente da escola

Como já mencionamos, um ambiente de tolerância do comportamento *bully* incentiva a sua prática. Para que ocorra uma diminuição do problema, é necessário que haja uma modificação no ambiente da escola. Todos os funcionários (incluindo os serventes e motoristas) devem estar atentos e não permitir abusos. Qualquer prática de *bullying* precisa ser identificada, registrada e tratada com a devida importância. É preciso haver uma mudança de percepção para que os alunos não vejam mais o *bullying* como diversão ou como um sinal de poder e popularidade, e sim como algo cruel e inaceitável. E a mesma visão deve ser compartilhada por todos os envolvidos (alunos, pais e funcionários da escola). Somente quando as normas e a percepção do ambiente escolar se modificarem o problema diminuirá.

Prevenção integrada

Um dos maiores equívocos em relação à prevenção do *bullying* é acreditar que os alunos irão se conscientizar a partir de um programa realizado apenas uma vez (apresentado em uma aula, por exemplo). É algo que não funciona. Estudos mostram que os programas mais eficazes de prevenção e intervenção envolvem diversas atividades e abrangem alunos, funcionários e pais. Devem ser administrados todos os anos e seguir normas e padrões pré-estabelecidos. E todos os envolvidos têm que estar cientes e participar.

> **FATO**
> Um relatório emitido pela organização norte-americana Fight Crime: Invest in Kids (Lute contra o Crime: Invista nas Crianças) descreve três programas comprovadamente eficazes: o Programa de Prevenção Olweus (desenvolvido na Noruega e implementado no mundo todo); o Linking the Interests of Families and Teachers (União dos Interesses das Famílias e dos Professores – LIFT), um programa antiagressão de dez semanas e The Incredible Years (Os Melhores Anos), desenvolvido para crianças de dois a oito anos de idade.

Pais e educadores devem participar de programas educativos sobre como o *bullying* afeta as crianças e o ambiente de aprendizagem, como identificar o comportamento *bully*, como proceder caso ele exista e como agir em conjunto com os outros adultos envolvidos no sistema escolar para a prevenção de novas ocorrências. Os alunos também devem participar dos programas, para aprender a lidar com o problema caso venham a ser vítimas, testemunhas ou mesmo *bullies*. Precisam entender as consequências negativas do *bullying* para eles e para seus colegas e se sentir à vontade, dando sugestões e ajudando os funcionários na prevenção. Mas nada disso será possível a menos que todos estejam dispostos a colaborar e a manter a continuidade dos programas de prevenção e intervenção. Só assim poderão ocorrer mudanças verdadeiras.

Nem mesmo o melhor programa de prevenção e de intervenção funciona sem que as crianças e os adultos que são importantes em sua vida se "engajem" nele. Mesmo que a escola se esforce 100%, se os pais não ajudarem, ou, pior ainda, se opuserem aos esforços do programa, ele não terá efeito. Da mesma maneira, se os pais se dedicarem 100%, mas os professores ou os funcionários se recusarem a seguir os procedimentos ou não incentivarem sua prática, nada de concreto será feito. Somente quando pais e funcionários se dispuserem a trabalhar em conjunto para prevenir o *bullying*, ele deixará de ser um problema.

Conscientização e desenvolvimento do caráter dos alunos

Pode ser difícil modificar um ambiente escolar em que a prática de *bullying* sempre foi ignorada. O comportamento de vítimas, testemunhas e *bullies* está arraigado nas normas de conduta e na cultura dos alunos. O *bullying*, muitas vezes, é visto como algo divertido para as testemunhas, que não gostam de intervir para não "estragar a brincadeira". Pode ser difícil para os educadores modificar essa maneira de pensar. Uma estratégia que tem sido bastante utilizada é implantar programas educativos nas escolas com o objetivo de conscientizar e melhorar o caráter dos alunos. Esses programas abordam conceitos como respeito, responsabilidade, lealdade, dedicação e noções de comunidade e inclusão. E ajudam a efetuar mudanças nas normas sociais que fazem com que o *bullying* ainda exista em sala de aula, nos *playgrounds* e nos pátios das escolas. Ensinam as crianças que respeitar umas às outras é algo positivo e proativo, que cada indivíduo deve ser responsável por seus atos, que todos devem agir de maneira consistente em relação às normas e expectativas da escola, que qualquer pessoa merece ser tratada com dignidade e respeito e que uma comunidade só é forte e funcional quando todos agem de maneira positiva. Quando as crianças recebem permissão e apoio dos colegas e dos adultos para protegerem umas às outras, começam a entender melhor o processo e participam dele. Se percebem que ficar em silêncio só piora a situação para as vítimas, para os *bullies* e para si mesmas, passam a intervir. União significa força, e, se todos conseguirem ver o *bullying* como algo inaceitável, ele pode a diminuir ou até mesmo deixar de existir.

> **ESSENCIAL**
> O Olweus *Bullying* Prevention Program (Programa Olweus de Prevenção contra o *Bullying*, reconhecido pelo governo norte-americano como um programa modelo) recomenda a adoção de quatro regras básicas: (1) Não praticar o *bullying* (2) Tentar sempre ajudar colegas que forem vítimas de *bullies* (3) Acolher os que estão isolados e excluídos (4) Contar sempre a um adulto, na escola ou em casa, toda vez que presenciar ou souber que alguém está sendo vítima de *bullying*.

Denúncia segura

Para que um programa de prevenção e intervenção funcione, as crianças precisam ter um ambiente seguro e um método confidencial para denunciar maus-tratos e abuso. Caso contrário, não irão confiar no sistema, por medo de colocar sua reputação e sua segurança em risco. A escola deve ter uma caixa em que as crianças possam depositar bilhetes com denúncias ou um número de telefone para o qual possam ligar até que o ambiente escolar se modifique e elas possam estar à vontade para se dirigir pessoalmente à diretoria e informar sobre o assédio de *bullies*.

As regras

Escolas que estabelecem regras simples para a prevenção e o controle do *bullying* conseguem mantê-las e administrá-las com mais facilidade. Os alunos sabem exatamente quais tipos de comportamento não são admitidos, professores e funcionários entendem claramente como devem agir e os pais têm consciência das consequências e da punição que seus filhos podem vir a sofrer caso venham a maltratar os colegas. Já os programas de tolerância zero são menos eficazes, pois alunos e professores passam a temer denunciar em virtude da política extremamente punitiva que se estabelece. Se um aluno sabe que seu colega *bully* será expulso da escola caso seja denunciado, ficará em dúvida se deve ou não agir. Regras muito rigorosas também fazem com que professores evitem intervir.

> **ALERTA!**
> Políticas de tolerância zero são incompatíveis com o desenvolvimento infantil. A infância é um período de crescimento e desenvolvimento das habilidades cognitiva, social e acadêmica. A tolerância zero impõe apenas uma punição severa e não permite ao *bully* aprender como se comportar, ou mesmo sua reabilitação.

Outro problema da tolerância zero é que muitas das crianças que praticam o *bullying* (especialmente as menores) reproduzem comportamentos aprendidos. Se ajudados em tempo, podem se reabilitar. Expulsar um aluno na primeira vez em que ele ofende ou persegue outro é uma atitude extremamente radical. Ao agir assim, a escola estará apenas fazendo com que ele se matricule em outra e continue a repetir seus erros. Regras mais flexíveis permitem que se apliquem punições mais justas e haja conscientização capaz de ajudar a modificar o comportamento do *bully*. Se houver como complemento um programa de aconselhamento e monitoria para ele (além daqueles que normalmente se deve oferecer às vítimas), o resultado pode ser ainda melhor. Isso não significa que as regras não devam apresentar escalas de punição que podem chegar à expulsão do aluno caso ele não apresente modificação em seu comportamento, apesar de ter recebido aconselhamento e condições de reabilitação. Elas devem ser claras e plenamente acessíveis à compreensão de professores, alunos, funcionários e pais.

> **FATO** Algumas escolas iniciaram a prática de incluir as normas e a política de combate e controle do *bullying* em seu regimento interno, que é entregue a todos os alunos e professores. Trata-se de uma cartilha que contém todas as informações sobre os aspectos acadêmicos e os procedimentos e normas da escola.

Cumprimento integral das regras estabelecidas

É muito importante que as regras sejam fielmente seguidas na escola. Elas deixam de ser eficazes quando se abrem exceções. Todos devem cumpri-las, mesmo as crianças mais populares, aquelas que têm as melhores notas ou que sejam filhos de funcionários ou de professores. E a punição deve ser a mesma, sem distinção. Caso contrário, os alunos deixam de confiar no programa por achar que alguns podem ser favorecidos, e ele deixa de funcionar.

Supervisão mais intensiva

Em todas as escolas, há locais onde o *bullying* ocorre com mais frequência. Pode ser no *playground*, no pátio ou nos banheiros. Se os funcionários conseguem identificar esses locais (ainda que seja através de pesquisas em que os alunos possam responder anonimamente a enquetes), eles podem ser mais bem supervisionados. Essa supervisão pode envolver mais disponibilidade de tempo ou de recursos, porém, com um pouco de criatividade (até mesmo alguns pais podem se dispor a fazer rondas voluntárias pela escola nos horários de recreio), o problema pode ser contornado. A supervisão mais intensiva é um dos aspectos mais importantes na prevenção do *bullying*.

Programas de conscientização e de intervenção continuados

Como novos alunos se matriculam na escola todos os anos, os programas de prevenção e educação devem ser constantemente revisados e reforçados. O *bullying* começa a receber atenção nacional, e, por isso, novas pesquisas e estudos são publicados a todo momento. Essas informações podem e devem ser incorporadas aos programas já existentes. O objetivo é que as escolas tenham acesso aos melhores e mais eficazes programas *antibullying* e possam contribuir com informações e sugestões para torná-los ainda melhores.

Capítulo 16

Cyber bullying – O *bullying* pela Internet

NESTE CAPÍTULO:

- Tipos de *cyber bullying*
- Por que o *cyber bullying* se tornou um problema
- Você não me vê, mas eu estou vendo você
- As consequências do *cyber bullying*
- Indícios de que seu filho seja vítima de *cyber bullying*
- Como proteger seu filho
- O que fazer em casos de *cyber bullying*
- Como evitar que seu filho se torne um *cyber bully*

DEZ ANOS ATRÁS, um capítulo sobre *cyber bullying* não seria incluído em um livro sobre *bullying*. Essa prática de crianças e adolescentes acontecia pessoalmente. Mas o rápido avanço da tecnologia permitiu ampliar a gama de métodos de humilhação e crueldade entre elas. E a tal ponto que o problema se tornou uma grande preocupação. O *cyber bullying* pode ser definido como intimidação, assédio ou ameaças repetidas conduzidas por meio de qualquer via de tecnologia da comunicação, incluindo *e-mail*, mensagens instantâneas, salas de bate-papo, *sites* de relacionamento, telefones celulares etc.

Tipos de *cyber bullying*

Apesar de ser cada vez mais utilizado, o termo "*cyber bullying*" ainda causa certa confusão. Pode ser um tanto difícil defini-lo com precisão. Por isso, é importante entender de que maneira seu filho pode se tornar uma vítima desse tipo de *bullying*.

> **FATO**
> *Cyber bullying*, por definição, é o assédio entre crianças ou adolescentes. O abuso praticado por meios eletrônicos entre adultos é classificado de maneira diferente. Não que um adulto não possa ser vítima de *bullying*. Mas é uma prática definida de forma mais ampla e complexa.

Assédio

Para que uma ação possa ser classificada como assédio, ela deve ser ofensiva e repetida. E, para ser chamada de *cyber bullying*, deve ocorrer *online*. O assédio eletrônico é muito comum entre crianças que utilizam *e-mail*, MSN, mensagens de texto ou *sites* de relacionamento. É a maneira mais fácil de praticar o *bullying*. Um *bully* pode enviar centenas de mensagens ofensivas para o celular de suas vítimas e pedir a seus amigos que façam o mesmo. Pais, fiquem atentos!

Marta, aluna de uma escola, acusou a colega Sonia de roubar seu namorado. Sonia negou, pois não era verdade. Mas Marta se recusou a acreditar e disse que ia se vingar. Ao chegar em casa, Sonia foi abrir seus *e-mails* e encontrou 760 mensagens. Abriu a primeira, que dizia "você é a maior vagabunda daquela escola e todos sabem disso. Odiamos você!" Abriu mais alguns e todos tinham conteúdo ofensivo. Ficou chocada e contou aos pais. Eles tentaram descobrir se fora Marta quem tinha enviado as mensagens, mas, infelizmente, quem as enviara havia criado uma conta com nome falso. Não conseguiram saber quem estava assediando sua filha, mas notificaram o servidor e a conta foi encerrada. Porém, algumas horas depois, a caixa de mensagens de Sonia estava novamente cheia de mensagens agressivas.

> **PERGUNTA**
> VOCÊ JÁ OUVIU FALAR EM INTIMIDADORES VIRTUAIS, TAMBÉM CHAMADOS DE "*GRIEFERS*"?
> São "*cyber bullies*" que tentam assediar, humilhar ou molestar crianças, jogando videogames *online*, como Star Wars Galaxies, SOCOM e Halo. São uma preocupação para as empresas produtoras desses jogos, já que as crianças assediadas podem cancelar suas assinaturas. Muitas delas vêm empregando novos métodos para localizar e processar os "*griefers*".

O assédio, normalmente, é prolongado. A criança ou adolescente muitas vezes sabe quem a está perseguindo, mas em alguns casos o *cyberbully* é anônimo. A vítima é obrigada a mudar seu endereço de *e-mail*, seu nome de usuário e até seu número de celular. E, mesmo assim, alguns *bullies* podem encontrar outras maneiras de torturá-las.

Flaming

Flaming (inflamar, atear fogo) é o ato de trocar mensagens *online* de conteúdo hostil e/ou agressivo. Tudo começa com uma conversa normal em uma sala de bate-papo virtual, uma discussão *online* ou com uma troca de mensagens instantâneas.

Giovanni gosta de ciências e de participar de fóruns e discussões *online* sobre o assunto. Um dia, discordou de um comentário de outro aluno sobre consciência ecológica. O aluno respondeu de maneira rude e começou a enviar comentários agressivos para ele. Isso inflamou a sala de bate-papo e outros participantes começaram a ficar contra ele também. Giovanni tentou se defender, mas a situação ficou ainda pior. O *flaming* normalmente ocorre em salas de bate-papo públicas, com várias pessoas presentes. Mas pode se restringir a duas pessoas somente. Pode começar com um leve desentendimento e se agravar, indo para o lado pessoal, e causar reações emocionais intensas. Na maioria dos casos, o *flaming* é de curta duração, mas se a criança ou o adolescente continua a frequentar a mesma sala de bate-papo, pode se prolongar.

Difamação

Os dicionários definem o verbo "difamar" como "ferir a honra, desacreditar uma pessoa publicamente, macular a imagem de alguém". Uma criança pode ser difamada quando alguém espalha mentiras ou rumores a seu respeito com o intuito de afetar sua reputação. Isso pode ser feito de diversas maneiras, via *e-mail* ou mensagem instantânea. Em questão de minutos, acusações e informações falsas podem ser enviadas a outros alunos. Uma frase agressiva ou difamatória também pode ser facilmente colocada em um *website* ou em um *site* de relacionamentos, assim como uma foto digitalmente alterada, para humilhar e envergonhar a vítima.

Despersonalização

Ocorre quando uma criança ou adolescente se faz passar pela vítima, roubando sua identidade, o que pode lhe causar inúmeros problemas. O *bully* pode enviar mensagens ofensivas ou agressivas a todos os colegas da escola, se fazendo passar por ela.

Vicky teve uma discussão com Chloe e as duas deixaram de se falar durante uma semana. A raiva de Vicky foi aumentando e ela decidiu se vingar da ex-amiga por ter discutido com ela. Foi falar com Chloe, fingindo querer reatar a amizade, e a convidou para ir à sua casa após a aula para atualizar dados no MySpace. Enquanto Chloe entrava no *site*, observou-a digitar e descobriu sua senha. Mais tarde, sozinha, entrou no *site* se fazendo passar por ela e modificou todas as informações em sua página. Escreveu comentários ofensivos sobre seus amigos, insultou seu namorado e colocou uma fotografia dela usando roupa de baixo, tirada em uma noite em que Chloe veio dormir em sua casa. Entrou, então, em sua conta de *e-mail* e enviou a todos os amigos em comum uma mensagem dizendo "querem saber o que eu penso de verdade sobre vocês?" Quando Chloe chegou à escola, no dia seguinte, não entendeu por que todos estavam com raiva dela. Os poucos que lhe dirigiram a palavra somente a insultaram. Depois de algumas horas, uma colega finalmente lhe contou que era por causa do que ela havia escrito em sua página do MySpace. Sem saber do que se tratava, chegou em casa e foi para o computador. Ficou horrorizada ao acessar sua página no *site* e ver todos os comentários maldosos sobre seus amigos e a fotografia. Não sabia o que fazer. Enviou uma mensagem a todos os amigos se desculpando, mas o estrago já havia sido feito.

Um *bully* pode enviar *e-mails* e mensagens falsas, alterar perfis em páginas de *sites* de relacionamento e espalhar comentários difamatórios. Não há limite para sua imaginação ou para os danos que pode causar. Há até mesmo casos extremos de despersonalização na Internet em que o *cyber bully* chega a enviar o nome, o telefone e o endereço de *e-mail* (ou mesmo o endereço residencial) do colega a pedófilos, provocando-os, ou a *sites* de agressores, insultando-os. Isso pode colocar a segurança e até a vida da vítima em risco.

Capítulo 16: *Cyber bullying* – o *bullying* pela Internet

> **FATO** Segundo o Pew Internet & American Life Project, uma instituição sem fins lucrativos que estuda o impacto da Internet sobre crianças, famílias, comunidades, ambiente de trabalho, escolas, sistema de saúde e órgãos públicos e civis, 39% das crianças e adolescentes que utilizam *sites* como MySpace e Facebook já foram vítimas de algum tipo de *bullying online*.

Trapaças

São bastante comuns no *cyber bullying*, muito simples de fazer, e atingem os relacionamentos sociais da vítima.

Andrea era louca para entrar para o time das "mais populares" da escola. Tentava sempre se vestir, andar e falar exatamente como elas e participava de todas as atividades extracurriculares para tentar se encaixar. Mas, apesar de seus esforços, todas continuavam a ignorá-la. Até que um dia recebeu um *e-mail* de Ashlyn, a menina mais popular da escola, perguntando sobre uma lição de casa. Ficou encantada por poder ajudá-la e achou que finalmente a deixariam entrar no grupo. Nas semanas seguintes, recebeu mais *e-mails* de Ashlyn perguntando sua opinião sobre várias colegas. Em um deles, ela informava que o grupo estava "entrevistando" informalmente meninas que quisessem se tornar membros efetivos da turma. Em outros, escrevia comentários maldosos sobre algumas das meninas da classe. Tentando agradar e fazer parte do grupo, Andrea concordava com ela. Mas se sentia culpada por falar mal de outras garotas (principalmente porque algumas delas eram suas amigas). Porém Ashlyn garantia que se tratava de *e-mails* confidenciais. Era mentira. Ao chegar à escola, no dia em que seria oficialmente anunciada sua inclusão no grupo, encontrou sobre sua carteira uma porção de bilhetes das colegas das quais havia falado mal. Ao ler alguns deles, viu que estavam todas zangadas e que Ashlyn e as outras meninas populares a tinham enganado e induzido a se indispor com as amigas. Agora, todas a odiavam! Durante a aula, o grupo das populares se comportou como se nada tivesse acontecido. Ashlyn havia imprimido os *e-mails* com os comentários maldosos de Andrea (apagando, claro, os seus) e distribuído cópias pela classe. Isso a deixou em situação muito difícil com todos e fez com que perdesse as amigas.

Uso de informações pessoais

Espalhar informações pessoais confidenciadas a amigas é uma forma de *cyber bullying* muito utilizada entre meninas em virtude da natureza mais íntima de seus relacionamentos. Quando se desentendem, uma delas pode utilizar as informações que tem da outra para humilhá-la ou colocá-la em situação difícil diante dos colegas.

Exclusão

Ser excluído de um grupo *online* pode ser tão devastador quanto de um grupo de amigos na vida real. A exclusão *online* também é chamada de *cyberostracismo* e ocorre quando a vítima é bloqueada por seus contatos e impedida de enviar mensagens instantâneas ou *e-mails* para eles. Seu acesso às redes de relacionamento é fechado e ela se sente excluída, exatamente como ocorre em outros tipos de *bullying*, em que ela é impedida de se sentar em uma mesa com outras na hora do recreio ou de participar de um grupo de estudos. Para muitas crianças e adolescentes, esse tipo de situação causa enorme sofrimento. Elas se sentem humilhadas por saber que as outras continuam a conversar, a fazer fofocas e a se divertir sem elas.

> **FATO** Segundo a ComScore, empresa líder na avaliação do mercado digital e de redes de relacionamento *online*, o *site* MySpace.com recebeu mais de 114 milhões de visitas em 2007 (um aumento de 72% em relação ao ano anterior); o Facebook recebeu 52,2 milhões (um aumento de 270%); o Bebo.com, 18,2 milhões (um aumento de 172%) e o Tagged.com, 13,2 milhões (um aumento de 774%).

Exposição indevida

Ocorre quando fotografias ou vídeos comprometedores de uma vítima são postados *online*. Antigamente, quando uma criança se apropriava de uma fotografia comprometedora de outra, ela corria de mão em mão na sala de aula ou no recreio, mas a exposição ainda era relativamente limitada. Já no caso de exposição *online*, a fotografia ou o vídeo ficam disponíveis para milhares de pessoas, permanecendo *online* por tempo indeterminado e podendo causar embaraço à vítima até mesmo na vida adulta.

Em casos de briga, o mesmo ocorria antigamente. Algumas crianças presenciavam o fato e o assunto era comentado durante semanas, mas todos acabavam se esquecendo do ocorrido. Hoje, tudo é filmado com celulares e câmeras digitais, veiculado em *websites* de compartilhamento de vídeo, como o YouTube, e fica à disposição de milhares de pessoas, que podem assisti-lo quantas vezes desejarem. Isso leva à humilhação e a problemas sem fim.

Por que o *cyber bullying* se tornou um problema

Nem todo tipo de criança se dispõe a praticar o *bullying*. Somente algumas sentem prazer em maltratar e ignorar os direitos das outras. Mas ao menos o *bullying* tradicional pode ser identificado com mais facilidade. O *bully* tradicional segue alguns padrões relativamente repetitivos. Ataca as vítimas físicas ou verbalmente, utiliza agressão social ou intimidação. Alguns pesquisadores estudaram e identificaram esse tipo de comportamento. Conhecem as características deles e já desenvolveram métodos para se intervir e interromper o ciclo tradicional.

Já o estudo do *cyber bullying* se encontra em fase inicial. Os pesquisadores ainda estão começando a entender a abrangência do problema e, como a tecnologia avança muito rapidamente, não conseguem acompanhar a velocidade das sempre novas técnicas de *bullying* eletrônico, menos fáceis de identificar. No mundo impessoal da Internet, é difícil captar as nuances da comunicação. Por exemplo: você pode achar determinadas mensagens que seu filho troca com os amigos um tanto hostis ou agressivas. Ao comentar sobre isso, no entanto, ele pode rir de você e dizer que é assim que se fala pela Internet e que se trata apenas de brincadeira. Ou, de repente, você pode ver ver sua filha chorando por causa de um *e-mail* que recebeu de uma amiga. Lê a mensagem várias vezes, mas não consegue entender o que a deixou tão chateada. Quando se trata de comunicação *online*, brincadeiras podem ser confundidas com *bullying*, e ele pode ser tão sutil a ponto de não ser identificado pelos pais.

Como, quem e por quê

A tecnologia faz parte da vida de seus filhos. Eles não conhecem outra maneira de viver e de se comunicar. Não sabem como era o mundo antes do telefone celular, dos *notebooks*, do roteador sem fio, das redes de comunicação e do *e-mail*. Vivem em um mundo tecnológico que evolui rapidamente e no qual todos os dias surgem novos aparelhos, tão complexos que mesmo os tecnófilos têm dificuldade de acompanhar. Não é, portanto, surpreendente que os pais (que não cresceram rodeados de tanta tecnologia) fiquem um tanto perdidos, sem saber como monitorar e controlar o acesso dos filhos a ela.

Mas os pesquisadores já sabem que crianças *bullies* tradicionais também praticam o *cyber bullying*, até porque ele lhes garante anonimato. E também que as vítimas do *bullying* tradicional podem acabar se tornando *cyber bullies*.

> FATO
> Segundo o Pew Internet & American Life Project, crianças e adolescentes entre oito e 18 anos de idade passam, em média, mais de uma hora por dia usando o computador e um total de seis horas e 21 minutos expostos à mídia em geral (televisão, rádio, cinema, *videogames* etc.)

As razões pelas quais as crianças praticam o *cyber bullying* são inúmeras. As mais comuns são o fato de ser uma maneira de dar continuidade ao *bullying* tradicional, como vingança por algo que tenha acontecido, prazer em maltratar e assustar as outras, uma forma de agressão ou simplesmente uma modalidade atual do antigo trote telefônico.

Você não me vê, mas eu estou vendo você

A sedução da Internet está no anonimato que ela proporciona. Ingenuamente, muitas crianças acreditam (para a sorte dos adultos, quando há necessidade de intervir) que tudo o que fazem *online* é confidencial. Acham que as provas desaparecem quando apagam as informações ou desligam o computador. Um *bully* pode se surpreender ao descobrir que a mãe de sua vítima conseguiu rastrear e ler o *e-mail* com ameaças que ele enviou. Ou que a polícia conseguiu identificar (apesar de ele ter encoberto todos os vestígios) as mensagens que deixou na página do MySpace de sua ex-namorada. Ninguém está totalmente anônimo na Internet. A maioria das atividades pode ser rastreada. Mas, ao se julgarem seguros, muitas crianças e adolescentes acabam tendo um comportamento *online* que jamais teriam pessoalmente. O pressuposto anonimato abala seu controle social. É muito mais fácil ameaçar e maltratar alguém quando não se tem que encarar a pessoa frente a frente. Não se vê a expressão de dor em seus olhos nem se ouvem seu choro ou seus lamentos. Isso facilita as coisas para o *bully*, que passa a ter um comportamento ainda mais cruel. Suas inibições desaparecem por completo, e os resultados podem ir de um pequeno constrangimento a um impacto devastador.

As consequências do *cyber bullying*

O impacto do *cyber bullying* é similar ao do *bullying* tradicional que ocorre nas escolas: desgaste físico, emocional e psicológico. Ele também afeta a todos os envolvidos. Crianças e adolescentes que são vítimas desse tipo de *bullying* sentem seus efeitos tanto em curto prazo (ansiedade e medo) quanto em longo (depressão, baixa autoestima e perda de oportunidades educacionais). Os *bullies* também têm problemas em curto prazo (problemas de adaptação/interação social) e ao longo de sua vida (tendência à criminalidade, relacionamentos problemáticos e abuso de álcool e de substâncias tóxicas). Porém, além dos efeitos comuns do *bullying* tradicional (descritos no Capítulo 10), o *cyber bullying* traz outros problemas.

Anonimato

Quando uma criança maltrata seu filho na escola, ela pode ser identificada. Ele sabe de quem se trata, é capaz de descrever sua aparência e pode evitar sua presença. Já no caso de *cyber bullying*, isso não é possível, o que causa um estresse ainda maior.

Perseguição ininterrupta

Vítimas de *bullying* tradicional, na escola, sabem que, terminado o horário das aulas, podem ir para casa e ficar em segurança. Isso também inclui finais de semana e período de férias, o que lhes dá tempo para se recuperar. Mas com o *cyber bullying* é diferente. Não há interrupção. A criança é provocada, humilhada e maltratada o dia inteiro, todos os dias da semana.

Facilidade

Não é preciso ter força física, coragem ou grande talento para praticar *cyber bullying*. Basta ter um celular ou um computador com acesso a Internet. Por isso, muitas crianças e adolescentes que normalmente não teriam tendência a se tornar *bullies* podem acabar se sentindo tentadas a maltratar as outras em razão da facilidade que se apresenta à sua frente.

Indícios de que seu filho seja vítima de *cyber bullying*

Muitos dos sinais do *cyber bullying* são os mesmos do *bullying* tradicional. E, claro, nem sempre é fácil identificar a diferença entre as simples oscilações de humor normais de um pré-adolescente e um problema mais sério. É importante observar quaisquer mudanças de comportamento. Se seu filho adora enviar mensagens aos amigos, mas, de repente, para de fazer isso ou começa a se conectar à Internet deixando o contato no modo "invisível", para não ser percebido pelos outros internautas; se ele se mostra triste ou irritado depois de jogar *online* ou passa a apagar muitos *e-mails* sem lê-los, é hora de se sentar com ele e ter uma conversa. É preciso observar o que acontece enquanto ele usa o computador. Nem sempre é fácil fazer com que uma criança ou adolescente desabafe sobre maus-tratos que possa estar sofrendo. A maioria acha que pode resolver o problema sozinha, seja por vergonha de admitir o problema ou por medo da reação dos pais. Negar que algo esteja acontecendo é a primeira forma de defesa que adotam. Mas assim como ocorre no *bullying* tradicional, estudos mostram que os pais devem intervir no momento em que descobrem que o filho se tornou vítima de *cyber bullying*. Muitas crianças e adolescentes conseguem se defender e interromper o *bullying* quando recebem apoio e orientação adequados. Infelizmente, quanto mais tempo passa, mais difícil o problema se torna. Portanto, como pai ou mãe, esteja atento aos seguintes sinais em seu filho:

✓ perda ou aumento súbito de apetite, dores de estômago ou de cabeça ou distúrbios do sono. São sintomas relacionados ao estresse.

- ✓ começar a ter segredos e a tentar esconder seus *e-mails* e mensagens. Verifique se ele está apagando ou esvaziando com muita frequência seus arquivos e pastas, seu histórico de navegação na Internet, ou mesmo se muda ou fecha a página quando você se aproxima.
- ✓ parecer triste, irritado ou deprimido após navegar na Internet, falar ao celular ou receber mensagens de texto;
- ✓ estar sempre mal humorado ou se distanciar do convívio familiar;
- ✓ começar a dizer coisas negativas sobre si mesmo, como "sou mesmo um burro", "não tenho amigos" ou "seria melhor estar morto";
- ✓ ficar excessivamente preocupado com sua segurança.

Se observar algum desses sinais, tente se aproximar mais dele e descobrir o motivo. Crianças e adolescentes costumam esconder que estão sendo vítimas de *bullies* e, segundo os pesquisadores, isso é ainda mais comum entre aqueles que sofrem *cyber bullying*.

Como proteger seu filho

Há várias maneiras de proteger seu filho do *cyber bullying*, e você não precisa ser um gênio da computação para fazer isso.

Muitos pais acham que basta instalar um filtro de *software* no computador de seus filhos e pronto: a criança está protegida. Mas isso não é verdade, muito pelo contrário. O *bullying* pode ocorrer independentemente de qualquer filtro ou proteção. Você só irá ajudar realmente a protegê-lo se souber com quem ele se comunica *online*, quais *sites* visita, a que comunidades pertence, quais redes de comunicação utiliza e que tipo de mensagem recebe e envia. A maioria dos pais fica muito surpresa ao descobrir que o filho é uma vítima ou um *cyber bully*, pois não é algo que se perceba tão facilmente. Por isso, é importante monitorar e supervisionar suas atividades na Internet até descobrir qual é o problema. Caso contrário, pode-se vir a saber quando a situação já é grave demais.

> **ESSENCIAL** Existem centenas de redes sociais na Internet (além do MySpace ou Facebook) e todos os dias surgem outras. Algumas mais conhecidas são: Bebo (para adolescentes acima de 13 anos), Habbo (também para maiores de 13), MOG (para maiores de 14) e Windows Live (aberto a todos).

Mantenha o computador em local visível

Crie um espaço na casa para os computadores da família. Assim, poderá acompanhar o que seu filho faz no computador, quais *sites* visita e com quem se comunica. Peça todas as senhas dele e os endereços que visita. Explique que só irá utilizar essas informações em último caso, se souber que ele está correndo algum tipo de perigo ou se envolvendo em algo ilícito. Deixe claras as regras para o uso do computador e seja firme.

Instale software de monitoramento

Instale no computador do seu filho um *software* de monitoramento que irá registrar todas as atividades dele *online*. Com isso, será mais fácil agir caso você suspeite que ele está sendo vítima ou praticando *cyber bully*.

> **PERGUNTA** SEU FILHO É UM SUPERCOMUNICADOR?
> Segundo um estudo realizado pela Pew Internet & American Life Project, 28% das crianças são supercomunicadores que utilizam todos os meios tecnológicos disponíveis para se comunicar (telefone, celular, mensagens de texto, redes de comunicação social e *e-mail*). Gostam de fazer várias coisas ao mesmo tempo e de se manter em constante contato com a família e com os amigos.

O que fazer em casos de *cyber bullying*

A melhor maneira de evitar que seu filho se torne uma vítima de *cyber bully* é mostrar a ele as estratégias que os *cyber bullies* utilizam. Explique quais são as semelhanças e as diferenças entre o *bullying* tradicional e o *cyber bullying*. E o que ele pode fazer caso sinta que está sendo humilhado ou maltratado. É importante enfatizar que você não irá proibi-lo de usar a Internet caso ele venha a ser uma vítima, mas irá ficar atento para ajudar. Se ele começar a esconder seus acessos, você terá que restringir o uso da rede até que ele tenha maturidade suficiente para navegar com segurança. Intervir o quanto antes é fundamental para evitar que o problema se agrave, caso ele exista. Assim como no *bullying* tradicional, não hesite em conversar com seu filho e procurar resolver tudo junto com ele. Ninguém merece ser maltratado, seja pessoalmente ou *online*. Peça a seu filho que, caso saiba de um colega ou amigo que esteja sendo vítima de *bullies online*, conte a você. E diga que não é errado agir assim. Ele só irá ajudar. Explique que sua intenção é ajudar a resolver o problema, e não ser parte dele. Mostre que ter uma boa reputação é algo imprescindível e dê exemplos. Uma foto dele bebendo em uma festa (se ele tem menos de 18 anos) ou fazendo algo errado pode ser colocada na Internet e ficar acessível para sempre. Enfatize a importância de um comportamento equilibrado.

> **FATO**
> Segundo a Pew Internet & American Life Project, 64% dos adolescentes criam conteúdo *online*, 58% têm perfil em redes de relacionamento como MySpace ou Facebook, 47% têm fotos na Internet e 28% têm blogs.

Ensine seu filho a lidar com mensagens agressivas ou humilhantes. Explique que não há problema em ignorá-las, mas que não deve apagá-las. E informe os cinco passos a seguir caso ele esteja sendo vítima de *cyber bullying*:

Salvar as mensagens

Salve *e-mails*, mensagens de texto e gravações de conversas via chat ou em salas de bate-papo e imprima páginas da *web*. São provas que podem ser usadas, se necessário.

Tentar identificar o *cyber bully*

Pode ser difícil (e às vezes impossível) rastrear e descobrir a identidade de um *cyber bully*. Se a comunicação ocorre via *e-mail*, peça ao provedor que identifique a fonte. Se não for possível, contrate o serviço de uma empresa especializada. Caso o *bullying* envolva algum tipo de crime, a polícia pode ajudar a identificar o agressor. Caso você deseje processá-lo, um advogado pode ajudar a ter acesso legal a informações e à identidade dele.

Ignorar as mensagens

Se o *cyber bully* não recebe atenção, ele pode simplesmente desistir e procurar outra vítima.

Dizer ao *bully* que pare

Diga ao *cyber bully*, de maneira incisiva, que deixe de atormentar seu filho. Informe que já procurou a polícia e que providências estão sendo tomadas. Mude o endereço de *e-mail* da criança ou bloqueie o contato do *bully* e peça a ela que deixe de visitar os *sites* em que foi atacada.

Informe sobre o ataque

Praticar *cyber bullying* ou perseguir pessoas *online* viola as regras da maioria das empresas telefônicas e *websites*. Entre em contato com esses serviços e faça uma reclamação formal. Se o *bullying* estiver sendo feito através dos computadores da escola, informe também à diretoria. Se houver ameaças mais sérias, procure a polícia e efetue um boletim de ocorrência.

Como evitar que seu filho se torne um *cyber bully*

Deixe claras para seu filho as regras de uso do computador e da Internet. Dê a ele uma lista de tudo o que pode ou não pode fazer e, caso venha a quebrar as regras, restrinja ou proíba que ele se comunique *online*. Converse com ele sobre *cyber bullying* e sobre as consequências civis e criminais que pode trazer. E explique que as mesmas regras que se aplicam ao relacionamento pessoal servem para a comunicação *online*. Deixe claro que o aparente anonimato na Internet pode tentá-lo a cometer atos irresponsáveis, mas que as vítimas de *cyber bullying* podem solicitar serviços especiais e rastrear quem as persegue. Explique, também, que você será responsabilizado perante a lei por quaisquer problemas legais que ele venha a causar, uma vez que tem menos de 18 anos.

> **ESSENCIAL**
> Pesquise e mantenha-se atualizado sobre as abreviações e expressões usadas na Internet para poder decifrar mais facilmente as mensagens que seu filho envia e recebe.

Também é importante explicar a seu filho que, mesmo que esteja sendo ofendido e atacado *online*, ele jamais deve revidar. Caso contrário, também poderá ser acusado de praticar *cyber bullying*. Digite, na página de busca do Google, o nome do seu filho de tempos em tempos, para verificar se ele é citado em *sites* ou *blogs* de conteúdo inadequado ou se há informações sobre ele que você desconheça. Considere a possibilidade de instalar *software* de monitoramento no computador para averiguar se ele está envolvido em atividades não éticas ou ilegais. Alguns pais consideram isso uma violação e temem perder a confiança dos filhos. Mas o simples fato de as crianças ou adolescentes estarem informados de que todas as suas atividades *online* serão monitoradas ajuda a inibir qualquer espécie de comportamento inadequado.

Capítulo 17
Meu filho é um *bully*?

NESTE CAPÍTULO:
- Sinais de que seu filho possa ser um *bully*
- Mantenha a mente aberta
- Como agir
- Transmita a seu filho conceitos sobre amizade e regras de relacionamento
- Crie mais oportunidades para seu filho desenvolver autoestima
- Incentive seu filho a desenvolver atividades construtivas, supervisionadas e a praticar esportes
- Limite a exposição de seu filho a formas de mídia violenta

TODO PAI OU MÃE teme que seu filho se torne uma vítima de *bullies*. Mas o que aconteceria se o diretor da escola lhe telefonasse dizendo que seu filho é um *bully*? Como você reagiria? Saberia como lidar com a situação? Muitos pais não percebem que os *bullies* também sofrem, e de maneira semelhante à de suas vítimas. Correm os mesmos riscos de ter problemas em seu rendimento escolar, depressão e baixa autoestima. E, mais tarde, problemas de relacionamento, envolvimento com crimes e violência.

Sinais de que seu filho possa ser um *bully*

Há diversas características que, segundo os especialistas, podem levar ao comportamento *bully*. Fique atento a sinais como:

- ✓ falta de empatia e consideração para com os sentimentos alheios;
- ✓ necessidade de estar o tempo todo no controle das situações;
- ✓ frustrar-se facilmente;
- ✓ falta de habilidade social ou interpessoal;
- ✓ culpar tudo e todos por seus atos;
- ✓ necessidade de vencer sempre ou de ser o melhor em tudo;
- ✓ parecer ter prazer ao ver o sofrimento alheio;
- ✓ não demonstrar remorso por atitudes ou comportamento negativo;
- ✓ interpretar sempre as atitudes alheias como hostis ou agressivas;
- ✓ atacar para evitar ser atacado;
- ✓ ignorar normas e regras;
- ✓ procurar sempre atenção, seja positiva ou negativa;
- ✓ ter amigos que são má influência;
- ✓ prazer em ferir ou maltratar animais;
- ✓ ter pais rígidos ou permissivos em excesso;
- ✓ ter sido vítima de *bullying* por parte de colegas ou de alguém da família.

Há várias outras características que podem revelar o potencial de seu filho para se tornar um *bully*. Cada criança tem personalidade própria. Suas características podem ou não se enquadrar naquelas que descrevemos. O melhor a fazer caso você suspeite de que há algo errado com seu filho é observar sua interação com as pessoas. Observe como ele se relaciona com adultos, amigos e colegas e tente identificar qual delas apresenta problemas. Converse com os professores e com o diretor da escola. Descubra o que eles pensam e em quais áreas seu filho precisa se desenvolver. Converse também com os pais dos amigos dele. Pergunte se já observaram nele algum comportamento *bully* e, caso afirmativo, o que fariam se descobrissem essas características em seus filhos. Leia sobre o assunto e pesquise na Internet informações disponíveis para os pais de *bullies*. Quanto mais você conhecer sobre o assunto, mais preparado estará para ajudar seu filho.

Mantenha a mente aberta

Se você suspeitar (ou tiver certeza) de que seu filho é um *bully*, a primeira coisa a fazer é não entrar em pânico. O simples fato de você ficar sabendo já é um começo. O *bullying* é um comportamento aprendido e, como tal, pode ser modificado. Com sua ajuda, seu filho pode aprender que o comportamento *bully* é prejudicial tanto para ele quanto para suas vítimas. Ele pode aprender comportamentos novos, mais apropriados, e pode até corrigir os erros que possa ter cometido. A pior coisa que você pode fazer ao descobrir que seu filho é um *bully* é condená-lo. Não adianta simplesmente puni-lo. Ele irá se revoltar e se manifestar de maneira ainda mais agressiva. Em vez disso, mostre a ele que você o ama muito e que vai ajudá-lo a lidar com a pressão e com seus sentimentos e conflitos. Ele precisa se sentir realmente amado para desenvolver uma interação verdadeira e leal com amigos e colegas.

> **ESSENCIAL**
> Se você receber um telefonema de um pai ou mãe de colegas de seu filho informando que ele está praticando *bullying*, mantenha a calma. Contenha o impulso de negar imediatamente que isso esteja acontecendo, pois há uma possibilidade de que esteja. Toda criança pode se tornar *bully*. É importante averiguar os fatos e avaliar bem a situação antes de decidir qual atitude tomar.

Como agir

Se descobrir que seu filho está praticando *bullying*, tome uma atitude o quanto antes. Uma intervenção imediata ajuda a proteger tanto a vítima quanto ele, pois seu comportamento tem efeitos muito negativos. O *bully* não é apenas aquele vilão esperto e sortudo que sai pela escola maltratando os outros, como todos imaginam. Quando começa a ter fama de malvado, ele deixa de ter relacionamentos autênticos. As outras crianças se sentem intimidadas e ficam com medo dele. São gentis e simpáticas com ele apenas para que as deixe em paz, mas o fazem por força das circunstâncias e de maneira impessoal. Como consequência, o *bully* não tem muitas oportunidades de desenvolver habilidades sociais que o preparem para relacionamentos pessoais e românticos na adolescência e na vida adulta. Estudos mostram que adultos que praticaram *bullying* na infância correm mais risco de ter comportamento antissocial, como vandalismo, pequenos furtos, desistência dos estudos ou uso de drogas e álcool. Por isso, é muito importante que os pais intervenham no momento em que descobrem que seu filho é um *bully*.

Fatores psicológicos

O primeiro passo para resolver o problema é descobrir o que motiva seu filho a maltratar os colegas. Não tenha medo de fazer perguntas diretas como por que ele rasgou o livro de uma colega, por exemplo. Pergunte e preste muita atenção à resposta. Tratar abertamente do assunto pode ajudá-lo a ter uma visão mais ampla do problema:

- ✓ Ele já fez algo desse tipo antes?
- ✓ O que aconteceu depois que ele rasgou o livro?
- ✓ Alguém viu o que ele fez? E qual foi a reação?
- ✓ Há quanto tempo ele vem fazendo coisas desse tipo com outras crianças?
- ✓ Sente remorso pelo que faz?

Perguntas desse tipo podem lhe mostrar o que seu filho sente e pensa sobre seu comportamento. Se ele lhe diz "ela mereceu o que eu fiz", está culpando a vítima por seu comportamento. E se diz que alguém riu ao ver o que ele fez, isso é um sinal de que suas ações estão encontrando respaldo entre alguns colegas. Se ri ao lhe contar sobre o fato, isso é sinal de que sente prazer ao maltratar alguém. E teve aprovação dos colegas, pois eles também riram, em vez de impedi-lo.

Se seu filho lhe diz que foi a primeira vez que maltratou outra criança e parece envergonhado ou triste, provavelmente será mais fácil ensinar a ele que é errado praticar *bullying*. É muito comum crianças que não são *bullies* maltratarem um colega somente para impressionar um amigo, para repetir ou copiar a ação de outro ou para se sentirem mais populares. Preste atenção ao que seu filho lhe conta e use as informações que ele lhe dá para mostrar a ele que seus motivos estão errados. Pesquise literatura sobre o assunto que seja fácil para sua compreensão e faça-o ler (o que, aliás, é um bom exercício de disciplina). Depois, discuta com ele sobre a leitura e reitere suas expectativas quanto ao comportamento que espera dele dali por diante. Explique quais podem ser as consequências caso ele continue a praticar o *bullying*. Se ele lhe disser que faz isso o tempo todo, será preciso descobrir os motivos que o levam a isso e discipliná-lo para corrigir o próprio comportamento. Pode ser que ele tenha problemas psicológicos (que o levam a desrespeitar os sentimentos e o bem estar das pessoas), raiva e frustrações, ou simplesmente não perceba que seu comportamento é destrutivo. Em situações assim, é importante procurar ajuda de um profissional. Ele é a pessoa adequada para ajudar seu filho a entender o impacto do *bullying* em sua vida e na vida das pessoas ao redor. Mas, se você achar que não se trata de algo tão grave e que você mesmo(a) pode ajudá-lo, aqui vão algumas sugestões.

Avalie a maneira como você educa seu filho

Você repreende seu filho, dizendo coisas do tipo "deixe de ser idiota", "seu burro", "coloquei você no mundo e também posso tirar"? Chega a bater nele? Usa força física para discipliná-lo? Em caso afirmativo, ele pode estar simplesmente repetindo o comportamento que aprendeu em casa.

Que estilo de pai ou mãe você tem?

Rígido em excesso? Se for esse o caso, seu filho pode ter aprendido que se consegue tudo através da força bruta. Irá se impor agressivamente perante os colegas, forçando-os a fazer tudo o que quer. Caso não obedeçam, irá atacá-los. Sabe que querer é poder, mas não tem sutileza ou maturidade suficientes para estabelecer relacionamentos de maneira construtiva. Usará toda a força para obter e manter o controle.

Talvez você seja permissivo demais. Nesse caso, seu filho pode não ter desenvolvido autocontrole suficiente para lidar com relacionamentos sem apelar para o *bullying*. Se não recebeu orientação apropriada e noção das consequências de seu comportamento negativo ou inapropriado, provavelmente acredita que pode fazer tudo que bem entende sem medo de ser punido.

Se você acha que cometeu esses erros, ainda há tempo de corrigi-los e trabalhar para fazer com que seu filho deixe de praticar o *bullying*. Basta dar a ele uma educação equilibrada, com doses certas de cuidado, interesse e disciplina.

> **ESSENCIAL** Alguns livros apresentam técnicas eficazes para pais: *Seven Secrets of Successful Parenting: Or How to Achieve the Almost Impossible* (*Os Sete Segredos dos Pais e Mães Bem Sucedidos: ou Como Fazer o Impossível*), de Georgia Coleridge e Karen Doherty; *Playful Parenting* (*O Lado Divertido da Paternidade*), de Lawrence J. Cohen; and *Parenting with Purpose: Five Keys to Raising Children with Values and Vision* (*Crie Bem: Cinco Técnicas Essenciais para Criar Filhos com Valores e Visão*), de Robert W. Reasoner and Marilyn L.

QUAL O SEU ESTILO QUANDO SE TRATA DE RELACIONAMENTOS?

Observe a maneira como você trata as pessoas. Você as respeita e trata bem? Segue a "Regra de Ouro" (tratar as pessoas como deseja ser tratado)? Se desrespeita e trata os outros com desdém, seu filho irá aprender a fazer o mesmo. Tenha em mente que suas atitudes têm grande impacto sobre ele. Aja sempre com honestidade e dignidade e, com toda certeza, ele seguirá seu exemplo.

COMO ESTÁ A SAÚDE PSICOLÓGICA DE SEU FILHO?

Ele é deprimido? Ansioso em excesso? Tem dificuldade em controlar a raiva? Apresenta algum tipo de distúrbio de aprendizado? Há muitos fatores que podem afetar seu comportamento. A maneira como ele sente ou vê a si mesmo (seja positiva ou negativa) afeta seu modo de interagir com as pessoas. Crianças com problemas psicológicos ou físicos muitas vezes não têm habilidades sociais suficientemente desenvolvidas para interagir de maneira adequada. Mas ainda que seu comportamento negativo não seja intencional, é preciso impedi-lo de agir assim. Uma vez identificadas as possíveis causas do comportamento *bully*, a criança ou o adolescente pode ser ajudado com mais facilidade. E não se sinta mal com isso. Os pais fazem sempre o melhor por seus filhos quando sabem como agir. Tente ver seu filho como um indivíduo que precisa de orientação e de apoio para se tornar uma pessoa melhor. Se ele souber qual caminho seguir, tudo fica mais fácil. Não tente culpar a vida ou as pessoas pelo que acontece. Assuma a responsabilidade por seus atos e ensine seu filho a fazer o mesmo. Veja algumas estratégias que podem ajudar.

✓ Aceite que existe um problema e que ele precisa ser resolvido;
✓ Descubra quais são as causas;

- ✓ Deixe claro para seu filho que você quer que ele pare com o *bullying* imediatamente;
- ✓ Estabeleça consequências para cada um dos atos dele;
- ✓ Seja realista quanto às suas expectativas em relação a ele (mudanças requerem certo tempo);
- ✓ Mantenha-se aberto à comunicação e ao diálogo;
- ✓ Ensine seu filho a ter empatia e a respeitar as pessoas;
- ✓ Seja um bom exemplo para ele;
- ✓ Reconheça e elogie cada vez que ele tiver bom comportamento;
- ✓ Ame seu filho incondicionalmente;
- ✓ Procure ajuda profissional, se necessário.

Aspectos sociais

O ambiente social em que seu filho vive pode lhe dar pista sobre seu comportamento. Alguns aspectos a se considerar:

Quem são os amigos dele?

Você conhece os amigos de seu filho? Conhece mesmo? São simpáticos ou quietos e arredios? Alguns *bullies* gostam de andar com outros *bullies*, já outros preferem agir sozinhos. Tente observar a interação de seu filho com os amigos. Agem normalmente ou parecem sempre estar escondendo alguma coisa? Se suspeitar que os amigos de seu filho não são boa companhia para ele, está na hora de começar a guiá-lo em outra direção. Nem sempre é algo fácil de fazer, especialmente porque muitos de seus colegas podem vê-lo como um *bully*, que deve ser temido e evitado. Seu filho terá que mudar e vai levar certo tempo até que outras crianças percebam essas mudanças e comecem a aceitá-lo.

Seu filho participa de atividades que desenvolvem o comportamento social?

Clubes, programas de atletismo e todas as atividades sociais que envolvem trabalho em equipe e não apenas vitórias individuais podem ser muito benéficas e ensinar muito a um *bully*. Fazer parte de um grupo pode ajudá-lo a desenvolver habilidades interpessoais e de relacionamento essenciais para se fazer amigos durante a vida toda. Se seu filho não faz parte de um grupo, está na hora de incentivá-lo a fazer isso.

Escola

Como vimos nos capítulos anteriores, o ambiente escolar está diretamente relacionado ao nível de *bullying*. Funcionários que toleram esse tipo de prática contribuem para que ela continue. Se seu filho vê um colega maltratando os outros sem receber qualquer tipo de repreensão ou punição pode começar a achar que nada do que fizer terá consequências. Já em escolas que têm uma política mais séria em relação ao *bullying*, isso acontece com menos frequência. Informe-se com a diretoria e descubra se a escola tem programas de conscientização e prevenção do *bullying*. Algumas escolas têm níveis diferentes de punição ou reeducação para cada tipo de *bullying*. Outras têm tolerância zero. Nesse caso, seu filho pode ser expulso. É importante deixar claro para ele quais são as regras. Ele precisa aprender que suas ações têm consequências.

Transmita a seu filho conceitos sobre amizade e regras de relacionamento

Se seu filho se tornou um *bully*, é preciso ensinar-lhe sobre autoestima e interação social adequada. Talvez ele esteja sendo agressivo com os colegas simplesmente por não saber agir de outra maneira. Pode se sentir inseguro ao interagir com eles e praticar *bullying* apenas para chamar a atenção e receber algum tipo de reconhecimento. Ou pode ser que tenha dificuldade em enfrentar e resolver conflitos. Não que essas coisas sejam desculpas para o comportamento de seu filho. São apenas possíveis explicações para ele estar praticando o *bullying*.

Habilidade de fazer amizades

Se seu filho é *bully*, basta observar as amizades dele para descobrir que a maioria daqueles que ele considera grandes amigos não passam de simples colegas. Observe a situação sob a lente de um microscópio e irá ver que a maioria só está ao lado dele para evitar se tornar suas vítimas. O restante evita qualquer contato com ele e se mantém afastado sempre que possível. Isso significa que, na verdade, o *bully* não tem amigos, apenas colegas que o evitam e alguns que o obedecem por puro instinto de preservação.

Portanto, uma vez identificado e sanado o problema de comportamento *bullying* em seu filho, é hora de ensiná-lo a ser um bom amigo. No Capítulo 13, apresentamos técnicas e sugestões sobre como isso pode ser feito.

Habilidades interpessoais

Ao estabelecer amizades verdadeiras e duradouras, seu filho estará desenvolvendo naturalmente habilidades sociais. O Capítulo 14 trata da importância de se ter habilidades sociais e de como desenvolvê-las. Através delas, a criança dispõe de uma série de estratégias que podem ser utilizadas em situações difíceis ou que exijam uma dose maior de tato. Você com certeza não quer que seu filho tenha recaídas de comportamento *bully* ou continue a tê-lo simplesmente por hábito. Para que isso não aconteça, ele precisa ter os próprios recursos e dominar adequadamente determinadas técnicas de convívio social.

Crie mais oportunidades para seu filho desenvolver autoestima

Indução à mudança de comportamento é uma teoria psicológica segundo a qual pode-se modificar a maneira de uma pessoa agir por meio de técnicas de incentivo e punição. A base dessa teoria é simplesmente o reforço de comportamentos desejados e a punição por comportamentos considerados não desejáveis. Portanto, faz todo sentido dar a seu filho oportunidades que possam ser reforçadas por um bom comportamento. Dê a ele uma chance de mudar e de perceber que vale a pena se relacionar bem (em vez de ter um comportamento destrutivo). Sandra ficou chocada ao descobrir que seu filho estava maltratando um garoto portador de deficiência física de seu time de *baseball* na escola. Conversou bastante com ele sobre *bullying* e lhe deu alguns livros para ler. Informou também que ele iria fazer trabalho voluntário durante seis horas por dia a partir do fim de semana seguinte. Ela o tinha inscrito nas Olimpíadas Especiais (uma competição atlética para indivíduos com retardamento mental ou problemas de desenvolvimento).

O garoto não gostou da notícia, mas ela foi categórica. No primeiro dia, o levou e ficou observando. Ele sorria e parecia ficar orgulhoso toda vez que alguém o elogiava por estar fazendo trabalho voluntário. Estava gostando de ajudar as crianças com dificuldades. Percebeu, então, que seu filho só precisava de uma oportunidade de fazer algo em que pudesse dar o melhor de si. Isso o fazia se sentir bem consigo mesmo.

É sua responsabilidade como pai ou mãe expor seu filho a atividades e experiências que desenvolvam autoconfiança e um sentimento de valor próprio. Todas as crianças têm algo de bom dentro de si. A única dificuldade está em descobrir e fazê-las expressar o que sentem. Desejam apenas ser úteis, mas nem sempre sabem o que fazer. O trabalho voluntário é uma boa maneira de ajudar seu filho a se sentir bem e a perceber que pode ajudar os outros.

Incentive seu filho a desenvolver atividades construtivas, supervisionadas e a praticar esportes

Esta é uma das maneiras mais fáceis e construtivas de canalizar a energia e os impulsos agressivos de seu filho. Ao entrar para um time de futebol, por exemplo, ele desenvolve habilidades de convivência em grupo e libera a energia em excesso. Ao iniciar um curso de karatê, desenvolve autocontrole e aprende os princípios básicos de respeito, dispersando a agressividade em forma de socos e chutes calculados e controlados. Aulas de teatro também podem desenvolver sua autoestima, participação em grupo (na peça de final de ano, por exemplo) e planejamento. Se tiver uma filha, sugira que ela se torne escoteira, o que irá ensiná-la a ser mais independente e lhe dará noções de honra e de como praticar boas ações. Se ela gosta de música, matricule-a em uma escola para tocar bateria, por exemplo. Desenvolver noções de ritmo irá fazer bem a ela e irá motivá-la a seguir rotinas e a ter um método regular de estudo.

Ou seja, o mais importante é escolher atividades e esportes que melhor se adaptem à personalidade de seus filhos. Se eles são muito ativos, prefira algo que envolva corrida e movimentos físicos. Se não gostam de esportes competitivos, escolha algo individual, como karatê ou uma modalidade de natação não competitiva. Se são criativos, o melhor é algo que envolva jogos ou montagem, música ou artesanato.

Mantê-los ocupados com atividades de que gostam e que podem ajudá-los a desenvolver suas habilidades é essencial. Faz com que tenham mais autocontrole e dominem impulsos negativos. Mas tudo deve ser feito com moderação. A intenção é fazer com que relaxem, e não que fiquem ainda mais estressados.

> **ESSENCIAL** Faça com seu filho uma lista de tudo que ele gostaria de aprender ou de experimentar. Não julgue. Simplesmente ouça e vá listando. Você pode se surpreender ao descobrir quantas coisas chamam a atenção dele. Ao final, peça a ele que escolha os três itens que mais gostaria de fazer, e, se for possível, matricule-o em cursos relacionados a esses interesses.

Limite a exposição de seu filho a formas de mídia violenta

No Capítulo 7, discutimos os efeitos da violência na mídia. As opiniões dos especialistas variam bastante em relação ao fato de esse tipo de violência desempenhar ou não um papel significativo no desenvolvimento das crianças. A maioria dos pais concorda que existe impacto, embora não haja um consenso.

Capítulo 18

Bullying entre crianças portadoras de necessidades especiais

NESTE CAPÍTULO:
- Será que a escola protege o suficiente seus filhos?
- Seu filho está vulnerável?
- Um novo tipo de ameaça: submeter os colegas a substâncias alérgicas
- O *bullying* praticado contra crianças com necessidades especiais
- O que fazer
- Quais medidas tomar
- É necessário apelar para medidas judiciais?

É MUITO DIFÍCIL ver uma criança sendo maltratada pelos colegas. E mais difícil ainda quando se trata de uma criança com deficiência física ou necessidades especiais, que nem sempre é capaz de controlar totalmente o próprio corpo ou as emoções e, por isso, se torna um alvo mais fácil. Pesquisas mostram que crianças com necessidades especiais são vítimas mais frequentes que as outras.

Será que a escola protege o suficiente seus filhos?

Crianças com necessidades especiais podem não perceber que estão sendo vítimas de *bullies*, ou, quando percebem, sofrem um impacto muito maior. A triste realidade é que as escolas ainda não estão preparadas para proteger os alunos que se tornam vítimas de *bullying*, de um modo geral, e muito menos aqueles portadores de necessidades especiais. Se formos pensar, não há escolas onde o *bullying* é totalmente inexistente. Ele ocorre independentemente da vontade dos adultos, e isso não se pode negar. As crianças sempre irão maltratar as outras, seja através de simples empurrões, de fofoca, de humilhação ou de ameaças. Em escolas onde o ambiente é saudável e o *bullying* não é permitido, há mais chances de se identificar ocorrências e impedir que elas se agravem. Pais e professores também estão sempre alerta, não permitindo que o *bullying* ocorra com facilidade – e os alunos não se calam ao testemunhar abusos. A escola tem a responsabilidade de proteger seu filho, mas você também tem a responsabilidade de contribuir para que ela tenha as melhores condições para isso. Como diz um antigo ditado, "para educar uma criança, é preciso uma aldeia inteira". É preciso o apoio de todos para reduzir o nível de *bullying* entre as crianças e adolescentes. Hoje, todas as escolas tentam equilibrar as responsabilidades éticas e legais e os objetivos financeiros e educacionais.

> **ALERTA!** Alguns dos programas mais eficazes de prevenção de *bullying* já reduziram, nos Estados Unidos, cerca de 50% do comportamento *bullying*. Mas, no momento, pesquisas mostram números mais realistas, como 15% no Ensino Fundamental e 12% no Ensino Médio. E mesmo essas estimativas podem ser consideradas otimistas em excesso.

Alguns Estados norte-americanos criaram leis *antibullying*, o que facilita a intervenção e a averiguação mais precisa de incidentes. E mais leis contra a discriminação para proteger crianças portadoras de necessidades especiais estão sendo votadas.

Seu filho está vulnerável?

Todas as crianças são vulneráveis ao *bullying*, mas aquelas que têm necessidades especiais são ainda mais. Os *bullies* procuram vítimas vulneráveis, alvos que não possam se defender ou revidar seus ataques. E esse é justamente o caso delas. Não podem se defender, mesmo que queiram.

> **FATO** Crianças portadoras de deficiência física ou problemas de aprendizagem correm mais riscos de serem vítimas de *bullies*. Um estudo realizado em 1991, por S. Ziegler e M. Rosenstein-Manner, revelou que 38% dos alunos que recebiam educação especial eram vítimas.

Mesmo crianças portadoras de deficiências leves são mais perseguidas por *bullies*. Podem se comportar de maneira diferente ou ter dificuldade para captar as sutilezas da cultura infantil (moda, gírias, comunicação em geral) que permitem uma interação mais completa. Se já é difícil para as outras crianças serem aceitas pelos colegas, as portadoras de deficiências sofrem ainda mais. Mas há várias maneiras de ajudar seu filho.

Deixe claras suas expectativas

Demonstre perante a escola e todos aqueles que interagem com seu filho que você está ciente de que ele corre risco de se tornar vítima de *bullies*. Deixe claro que está atento e que deseja ser informado imediatamente de qualquer incidente que venha a ocorrer.

Converse com o diretor

Informe a ele que deseja que seu filho participe de todas as palestras e cursos de prevenção ao *bullying*.

Converse com seu filho sobre *bullies*

Explique, em linguagem que ele possa entender, o que é o *bullying*. Fale de maneira clara. Crianças com necessidades especiais às vezes estão tão acostumadas a sofrer formas mais sutis de *bullying* que não percebem que estão sendo maltratadas.

Ensine-o através de encenação

Ensine a seu filho o que dizer se perceber que alguém quer maltratá-lo ou humilhá-lo. Seja específico e use frases como: "Pare de dizer isso!", "não gosto quando você faz isso" ou "me deixe em paz!". Incentive-o a lhe contar imediatamente quando alguém o tratar mal.

Esteja atento

Procure saber tudo o que acontece na escola, no ônibus escolar e em todas as atividades das quais seu filho participa. Marque reuniões frequentes com todos os adultos que cuidam dele. Quanto mais sérias forem suas deficiências, maior é a necessidade de acompanhamento. Considere a possibilidade de realizar trabalho voluntário junto à escola. É uma boa maneira de sentir o ambiente em que seu filho passa a maior parte do tempo.

Observe mudanças de comportamento

Se observar nele sinais de ansiedade, depressão ou relutância em ir para a escola, comece a acompanhar mais de perto suas atividades acadêmicas e complementares. Converse com ele e com os adultos que o supervisionam. Esteja atento e pronto para agir caso algum problema se apresente.

Um novo tipo de ameaça: submeter os colegas a substâncias alérgicas

Nos últimos anos, a mídia tem apresentado diversas reportagens sobre crianças que foram expostas propositalmente pelos colegas a substâncias a que são alérgicas. Um caso bastante mencionado foi o de um garoto que colocou farelo de um biscoito de amendoim no lanche de um colega que era alérgico a amendoins e de outro que esfregou pasta de amendoim no braço de outro, também alérgico. Há casos de alunos que chegam a beijar colegas depois de comer algo que lhes cause alergia. Esse tipo de ataque é chamado de *bullying* de alergias e pode ser fisicamente perigoso e até fatal.

> **ESSENCIAL** Segundo a organização norte-americana sem fins lucrativos Food Allergy & Anaphylaxis Network (FAAN – Alergia a Alimentos & Anafilaxia), dedicada a conscientizar a população quanto a estabelecer leis e a pesquisar sobre alergia a alimentos e anafilaxia (reação alérgica severa), este tipo de problema está se tornando uma preocupação cada vez maior. Estima-se que cerca de três milhões de crianças nos Estados Unidos sejam alérgicas a algum tipo de alimento.

Ter alergia a um determinado tipo de alimento pode deixar uma criança totalmente vulnerável ao *bullying* (é como um "calcanhar de Aquiles", por assim dizer). Como já mencionamos, algumas crianças usam a alergia de um colega como forma de ameaça. Acham engraçado mostrar o alimento ou a substância alérgica a ele somente para vê-lo assustado. Para os pais de filhos que sofrem de alergia, a simples ideia de ter seu filho exposto a esse tipo de risco causa pesadelos. E muitos deles acreditam que os pais de filhos que não sofrem de alergia acabam, sem querer, transmitindo a eles uma ideia de que alergia não é algo tão grave ou, no máximo, digno de pena. Por exemplo: Bárbara recebeu da escola de seu filho um comunicado solicitando que nenhum alimento que contenha amendoim seja colocado na lancheira dos alunos. Fica preocupada, pois seu filho, Frankie, só gosta de lanches com pasta ou geleia de amendoim. No momento em que ela termina de ler o comunicado, seu marido entra na cozinha, e ela comenta, com sarcasmo:

– Eles bem que poderiam colocar todos os alérgicos a amendoim em uma sala de aula especial e deixar as crianças normais em paz! O que vou colocar na lancheira de Frankie? Ele adora tudo o que é feito com amendoim e agora não pode comer isso na escola! Não é justo!"

Mas ela não percebeu que o filho estava perto e ouviu a conversa. Frankie ficou furioso ao saber que não iria mais poder comer seus sanduíches prediletos. Quando descobriu que Doug era o garoto alérgico, decidiu se vingar dele. Passou a persegui-lo e maltratá-lo o tempo todo. Um dia, levou pasta de amendoim escondido em sua mochila e esfregou nos lápis de Doug. Sem perceber, o garoto pegou um dos lápis, e, só depois de começar a escrever, percebeu que sua mão estava suja de pasta de amendoim. Teve uma reação alérgica e foi parar no hospital.

> **FATO** — Segundo a Food Allergy & Anaphylaxis Network, nos Estados Unidos a alergia a alimentos é a principal causa de anafilaxia (reação alérgica severa). Estudos recentes realizados em alas de emergência de hospitais mostraram que, de cada 20.821 atendimentos (incluindo 520 hospitalizações), a anafilaxia foi responsável por 2.333, em um período de apenas dois meses.

O problema é que as crianças que mais deveriam ser protegidas estão sendo atacadas sem ter a menor chance de se defender. Ninguém tem culpa de ser alérgico. Trata-se de um mal que não tem cura. Se os pais não educam seus filhos para respeitar e ajudar as crianças que, por qualquer motivo, são mais vulneráveis (incitando, muitas vezes, o comportamento *bully* ao ridicularizá-las), acabam, sem querer, provocando grandes problemas. Crianças não têm noção das consequências e da ameaça de vida que o comportamento *bullying* irresponsável pode ter em suas vítimas. Para elas, a alergia é algo leve, que pode causar, no máximo, um pouco de falta de ar ou uma dor de estômago. E, realmente, na maioria dos casos, os sintomas são relativamente amenos, como nariz escorrendo, garganta irritada, dificuldade de respirar, urticária, tosse, náusea, vômitos, dor de estômago ou diarreia. Por isso, a maioria das crianças sequer imagina as possíveis consequências letais da exposição de um alérgico à substância que lhe faz mal. Se têm noção do que estão fazendo e ainda assim persistem, estão incorrendo em ato criminoso.

> **ALERTA!** Anafilaxia é uma reação súbita e grave que pode causar a morte. A pressão sanguínea cai, as vias respiratórias se estreitam e a língua pode inchar, impedindo a respiração. A cada ano, de 150 a 200 pessoas morrem nos Estados Unidos como resultado de anafilaxia causada por alergia a alimentos.

É importante que pais, alunos e funcionários das escolas sejam orientados sobre os riscos da alergia e da anafilaxia. E que se desenvolvam recursos e estratégias para evitar alimentos alergênicos, assim como a identificação rápida dos sintomas no caso de ingestão ou exposição acidental. Para crianças com reações alérgicas severas, a administração imediata de epinefrina (uma forma de adrenalina injetável) é crucial.

Pais de crianças que não têm alergia devem tentar se colocar no lugar daqueles que têm filhos alérgicos. Se a preocupação de que seus filhos se tornem vítimas de *bullies* já é grande, imagine a dos pais que sabem que o *bullying* envolvendo alimentos e substâncias alérgicas pode matá-los em questão de minutos. Como você se sentiria no lugar deles?

Até hoje não existe cura para alergia a alimentos. Por isso, é importante que a escola e os pais estejam conscientes dos riscos. Um aluno pode morrer em questão de minutos se não receber tratamento imediato em caso de anafilaxia. Apesar de 90% das escolas norte-americanas terem alunos com alergia a determinadas substâncias ou alimentos, não há regras específicas para esse tipo de emergência.

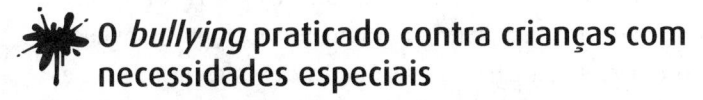

O *bullying* praticado contra crianças com necessidades especiais

O Departamento de Educação dos Estados Unidos (2000) define o *bullying* praticado contra crianças com necessidades especiais como "intimidação ou comportamento abusivo para com um aluno portador de necessidades especiais, que gera um ambiente hostil ao interferir ou negar sua participação em benefícios, serviços ou oportunidades providos pela instituição". É um ato ilegal dentro das leis norte-americanas. Nos Estados Unidos, o *bullying* comum pode se transformar facilmente em ato criminoso quando um aluno portador de necessidades especiais é verbalmente ameaçado/agredido ou fisicamente molestado. A lei se aplica até em casos aparentemente simples, como alguém chamá-lo de "retardado" ou ridicularizá-lo por ele precisar de ajuda ou equipamento especial para entrar no ônibus escolar. Se uma denúncia é feita ou se a escola descobre que um aluno com necessidades especiais está sendo molestado, um inquérito é aberto e o caso, investigado. A principal preocupação é que esses alunos possam ser prejudicados em áreas críticas para seu desenvolvimento.

O que fazer

Se seu filho é portador de deficiência ou necessidades especiais e está sendo vítima de *bullies*, faça uma denúncia por escrito. Se já informou aos professores, funcionários ou à administração da escola e não foram tomadas providências, procure ajuda legal.

> **FATO**
> Há várias leis que protegem portadores de necessidades especiais. Informe-se sobre cada uma delas para conhecer os direitos do seu filho.

Quais medidas tomar

A primeira medida a tomar é ter consciência de que seu filho corre mais riscos do que as outras crianças. Acompanhe sempre o que acontece na escola e esteja atento a qualquer comportamento diferente. E conheça os direitos dele para poder agir com segurança caso algo ocorra. Veja quais atitudes tomar:

1. **Segurança em primeiro lugar.** Se você suspeita que seu filho esteja correndo riscos de agressão física, exija ação imediata por parte da escola. A segurança dele é sempre prioridade.
2. **Informe a todos sobre qualquer incidente.** Informe aos adultos que cuidam e educam seu filho. Eles devem estar alerta. Mantenha registros detalhados de cada incidente envolvendo seu filho e de todos os comunicados enviados.
3. **Solicite informações de todas as providências tomadas.** Como seu filho tem necessidades especiais, solicite que sejam tomadas todas as providências no sentido de protegê-lo. E peça para ser informado. A escola pode não ter poderes para estabelecer punições (até mesmo pela questão da privacidade), mas pode mantê-lo atualizado sobre as mudanças que fizer em sua política interna para evitar outros eventos.
4. **Insista para que medidas adequadas sejam tomadas.** Se você não está satisfeito com a maneira com que a situação está sendo conduzida e acredita que seu filho não está totalmente protegido, solicite uma reunião com o professor e com o diretor. Assegure-se dos direitos dele e exija que a escola e os funcionários façam todo o possível para garantir seu bem-estar.
5. **Faça uma queixa formal.** Se, apesar de tudo, ainda sentir que seu filho não está sendo adequadamente protegido, efetue uma queixa formal junto ao Ministério da Educação ou às autoridades competentes. Isso deve ser feito dentro de um prazo específico após a ocorrência das agressões.
6. **Procure orientação profissional.** Se não estiver satisfeito com as medidas tomadas, procure um advogado especializado.

> **ALERTA!** Se seu filho estuda em uma escola pública e você acha que ele não está recebendo tratamento adequado, entre em contato com a Secretaria da Educação e se informe sobre o que pode ser feito.

É necessário apelar para medidas judiciais?

Na maioria dos casos, não é necessário tomar medidas legais. O simples fato de mencionar o assunto já faz com que a administração ou diretoria das escolas se prontifique a agir de maneira a solucionar o problema. Se, após várias tentativas, você perceber que a escola ainda não oferece um ambiente seguro o suficiente para seu filho, talvez seja o caso de considerar uma ação judicial. Nos Estados Unidos, por exemplo, o *bullying* não é ilegal (talvez no futuro isso se modifique), mas expor uma criança portadora de necessidades especiais à humilhação ou constrangimento em virtude de sua condição é passível de punição. Muitos pais (e até alunos) já processaram escolas por não protegerem seus filhos (portadores ou não de necessidades especiais). Esses processos são uma mensagem muito clara: é responsabilidade das escolas proteger as crianças que lhes são confiadas.

> **FATO** Algumas das características de processos contra maus-tratos a crianças ou adolescentes portadores de necessidades especiais que não tiveram resultado positivo: o incidente foi formalmente denunciado, a escola recebeu notificação, mas não tomou conhecimento ou atitudes cabíveis para proteger o aluno vitimado, e ele continuou a ser privado dos benefícios educacionais a que tinha direito como qualquer outro aluno.

Processos legais são de natureza antagônica. Os pais se colocam "contra" a escola, o que não é positivo para a criança. Por isso, é importante tentar ao máximo resolver o problema diretamente com os funcionários ou com a direção antes de apelar para ações legais. Porém, se não há outra solução, unir forças com outros pais que estão na luta contra a violência nas escolas é o melhor a ser feito.

Capítulo 19

Quando o *bullying* se torna crime

NESTE CAPÍTULO:
- Você conhece as leis relacionadas ao *bullying*?
- Leis *antibullying*
- Definição de violência física e de ameaça de violência física
- O que fazer quando a diretoria da escola decide não cooperar
- Registre uma queixa formal
- O melhor a fazer é chegar a um acordo
- Programas de prevenção

O *BULLYING* NÃO É ilegal nos Estados Unidos, mas diversas ações que ele envolve são consideradas atos criminosos. Empurrar, chutar e ameaçar são formas de agressão. Porém, quando ocorrem no ambiente escolar, normalmente não são consideradas crime (a menos que o agressor seja considerado maior de idade). Em casos raros, o *bullying* é tão violento que acaba em morte, seja por homicídio ou o chamado "bulicídio" (suicídio resultante do *bullying* ininterrupto).

Você conhece as leis relacionadas ao *bullying*?

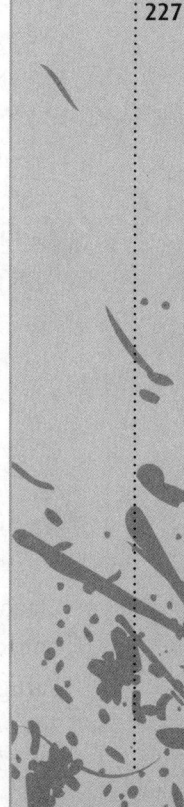

À medida que as pessoas se tornam mais conscientes dos perigos do *bullying* nas escolas, países como os Estados Unidos começam a ter leis específicas sobre o assunto. Diversos estados norte-americanos (Delaware, Florida, Washington, West Virginia, entre outros) já aprovaram suas leis, e outros estão em fase de aprovação. Em junho de 2007, 35 Estados norte-americanos já tinham leis contra abuso, maus-tratos, assédio e *bullying* nas escolas. À medida que as definições de *bullying* se tornam mais claras, as escolas podem adotar formas de conduta padrão.

> **ALERTA!** Segundo o relatório "Indicators of School Crime and Safety: 2007 (Indicadores de Criminalidade e Segurança nas Escolas: 2007), publicado pelo Bureau of Justice Statistics and the National Center for Education Statistics (Bureau de Estatística da Justiça e Centro Nacional de Estatística Educacional), 28% dos alunos de idade entre 12 e 18 anos afirmam já ter sido vítimas de *bullying* nos últimos seis meses. E 24% deles já sofreram ferimentos em ataques de *bullies*.

Escolas e regionais que têm política *antibullying* estão sempre em vantagem na batalha contra o *bullying*. Quando a lei apoia os alunos, funcionários, administradores, professores e pais deixam de ignorar o problema. Passam a tentar prevenir e corrigir situações que envolvam *bullying* no ambiente escolar. As regras de uma escola podem ser ignoradas, mas não as leis. As consequências, neste caso, são bem mais sérias.

Se a regional ou o Estado não têm leis que protejam seu filho contra o *bullying*, há algumas medidas que se pode tomar para ajudar:

Inicie uma campanha por *e-mail*

Entre em contato com as autoridades legislativas, solicitando que se estabeleçam leis contra o *bullying*. Deixe clara a importância dessas leis para a comunidade. Envie cópias dos *e-mails* para seus amigos e familiares e peça que os encaminhem também para as autoridades, reforçando seu pedido.

Procure as autoridades pessoalmente

Tente marcar uma visita ou uma reunião com senadores ou deputados que possam ajudar na campanha. Não se acanhe. Vá acompanhado de parentes e amigos. Leve impressos que possam ajudar, seja artigos, *e-mails* ou projetos de lei que possam ser usados no combate ao *bullying*.

Conscientize as pessoas

Organize reuniões públicas e convide pessoas interessadas em proteger as crianças do *bullying* (pais, professores, policiais, funcionários de escolas etc.). Convide autoridades ou representantes de órgãos públicos que possam explicar como se criam leis. Chame também a imprensa – para que a campanha seja coberta e divulgada.

Envolva autoridades

Entre em contato com os representantes dos órgãos educacionais e discuta a possibilidade de criação de leis *antibullying*. Faça a sua parte: ajude a encontrar maneiras de implementar na escola de seu filho soluções sem custo para combater o *bullying*.

Procure ajuda

Não tenha medo de entrar em contato com as autoridades, sejam elas senadores, governadores ou membros do congresso. Tenha a mente aberta, pense grande e acabará encontrando apoio para a sua causa. Insista, vá pessoalmente e agende reuniões. Quanto mais publicidade você atrair, mais sucesso terá. Muitas leis norte-americanas foram criadas como resultado de esforços de pais de vítimas de *bullies*. Alguns pais de crianças ou adolescentes que cometeram suicídio em razão do *bullying* se uniram e chamaram a atenção do governo. Essa é a prova de que todos conseguem mudar as leis se estiverem determinados.

> **FATO** Jared, filho de Brenda High, cometeu suicídio em 1998, por não suportar mais o *bullying* que sofria na escola. Após sua morte, Brenda fundou o *Bully* Police USA, onde desenvolve um trabalho ativo para a criação de leis efetivas contra o *bullying*. Já conseguiu chamar a atenção das autoridades e até influenciar modificações nas leis de diversos Estados norte-americanos, incluindo uma no Idaho, que foi chamada Lei Jared.

Leis *antibullying*

Leis *antibullying* devem ser específicas em determinados aspectos.

✓ Devem incluir a palavra "*bullying*", ou uma definição equivalente.

✓ Devem especificar quais tipos de comportamento são considerados *bullying*.
✓ Devem ser exclusivamente relacionadas ao *bullying*. Muitas leis abrangem diversos aspectos físicos de segurança (corrimão em escadas, saídas de emergência etc.), mas não se referem à segurança das crianças em termos de ameaças ou agressão.
✓ Devem incluir todas as crianças. Algumas leis protegem grupos específicos (crianças com necessidades especiais, homossexuais, grupos étnicos, religiosos etc.). Mas leis *antibullying* precisam abranger *todas* as crianças, sem exceção.

O cyber bullying também precisa ser incluído. Leis *antibullying* precisam ser enfáticas. As escolas devem ser obrigadas a oferecer programas educativos, intervenção e prevenção do *bullying*. Há várias especificações que podem ser incluídas nas leis, mas todo esforço no sentido de prevenir o *bullying* já é um começo.

Definição de violência física e de ameaça de violência física

É difícil acreditar que, se um adulto agride ou espanca outro, faz-se um boletim de ocorrência, ou é aberto um inquérito policial, mas se uma criança bate na outra o evento é chamado de briga de crianças ou de mero desentendimento. Na verdade, não importa se o agressor é adulto ou criança. Dar às crianças a noção de que a violência física é algo aceitável é errado. Bater em alguém é algo que deve ser levado a sério. É preciso que haja consequências para atos desse tipo, para que não mais ocorram.

Uma definição básica de agressão é violência física ou verbal. Em alguns países, a legislação estabelece que o contato físico não é necessário. O comportamento agressivo pode se dar meramente pela ameaça ou tentativa de colocar alguém em posição de defesa ou de fuga por acreditar que está em perigo. Isso significa que um adulto pode registrar um boletim de ocorrência contra outro que simplesmente o tenha ameaçado. Porém, é interessante observar que essa proteção existe para um indivíduo adulto, mas não para uma criança. O *bullying* pode ser verbal, de relacionamentos ou físico. E as três formas causam sérios danos psicológicos, emocionais, físicos e acadêmicos tanto em curto quanto em longo prazo. Ou seja, é algo que não pode ser admitido. E você, pai ou mãe, também é responsável por verificar se seu filho está em segurança na escola. Claro, é impossível controlar totalmente o *bullying*, mas todos os esforços devem ser feitos, tanto da parte dos funcionários quanto dos professores, para que os alunos estejam protegidos. E a maioria deles tenta fazer o melhor. Em muitos casos, as vítimas conseguem ajuda e proteção. É comum ouvirmos pais dizendo que os funcionários ajudaram a resolver o problema de seus filhos. Mas também há casos em que o *bully* ataca com mais violência ou em que os professores não querem ou não podem ajudar, ou a diretoria da escola não quer se envolver.

O que fazer quando a diretoria da escola decide não cooperar

Ao descobrir que seu filho se tornou vítima de *bullies*, todo pai ou mãe tende a agir imediatamente. Quer tomar todas as providências para que o *bullying* pare e espera que a escola esteja ao seu lado.

Imagine-se passando pela situação desta mãe:

Wayne chegou um dia da escola chateado e mancando. Sua mãe, preocupada, perguntou o que estava acontecendo. O menino resolveu desabafar. Contou que três colegas o perseguiam sem parar desde o primeiro dia de aula. Sempre que tinham uma oportunidade, o empurravam, e, se ele caía, o chutavam e pisavam em suas pernas. Mostrou à mãe as marcas que tinha pelo corpo. A mãe ficou arrasada. Seu filho estava sofrendo agressão na escola. Sentiu-se culpada por não ter percebido que havia algo errado. Telefonou imediatamente para a escola e marcou uma reunião com a professora. Ficou chocada ao ouvir dela que a culpa pelo que estava acontecendo era de Wayne.

– Ele deixa os colegas irritados.

– Como assim?

– Fica parado, olhando para eles, e não responde quando lhe perguntam alguma coisa.

A mãe explicou que ele era tímido e que era absurdo que o tratassem daquela maneira.

A professora encolheu os ombros e disse:

– Mas ele deveria reagir quando é atacado.

A mãe marcou outra reunião, desta vez com a professora e o diretor. A professora continuou a culpar Wayne pelo comportamento dos outros e a insultá-lo. Surpreendentemente, o diretor concordou com ela e sugeriu à mãe que levasse o filho a um psicólogo. Ela concordou, mas quis saber o que a escola iria fazer para proteger seu filho dos três garotos que o maltratavam. O diretor garantiu que iria conversar com os meninos e que iriam supervisioná-los.

Uma semana se passou e Wayne continuava chegando em casa machucado. Agora, os ferimentos eram ainda piores. Os garotos ficaram zangados porque ele contara à mãe. Ela voltou à escola levando fotografias dos ferimentos do filho e exigiu providências. Mas sentiu que nada seria feito.

É frustrante para os pais perceber que a escola não dá atenção ao fato de seu filho estar sendo maltratado. Mas é preciso insistir, marcar reuniões, escrever cartas e *e-mails*, informar a todos que têm contato com a criança e documentar tudo. Se a escola se recusa a cooperar, o melhor é procurar a matriz, caso se trate de uma rede particular, ou a polícia.

Registre uma queixa formal

Se você já esgotou todas as tentativas junto à escola, falando com professores, diretoria, enviando reclamações por escrito com uma descrição detalhada do problema e nada foi feito, está na hora de tomar uma atitude mais rigorosa. Sabemos que não é fácil denunciar uma escola particular, ou mesmo uma escola pública, mas não se sinta intimidado se tiver que fazê-lo.

Descubra quais são os procedimentos

A primeira coisa a fazer é entrar em contato com a matriz da escola ou com a prefeitura para saber como proceder a uma queixa formal. Anote todas as datas e horários das ligações e os nomes e protocolos fornecidos pelos atendentes. São informações importantes, que podem ser usadas caso você não consiga resolver o problema e precise recorrer a outros departamentos ou às autoridades.

Solicite uma reunião com a diretoria da escola

Leve consigo todos os documentos obtidos, explique o que ocorreu e por que você deseja que a escola tome providências para proteger seu filho. Peça que o ajudem a resolver o problema. A diretoria pode intervir e garantir a segurança de que seu filho precisa. Caso sinta que não terá respaldo deles, não desista. Há sempre alguém de maior autoridade com quem se pode falar.

Escreva uma carta

Escreva uma carta contendo todos os detalhes do que ocorreu com seu filho e o motivo pelo qual você solicita ajuda. Envie à matriz da escola ou ao departamento público responsável, solicitando uma reunião. Isso provavelmente chamará a atenção dos responsáveis pela escola ou da regional pública. Assim, quando conseguir marcar a reunião, você terá mais subsídios e informações organizadas para esclarecer os fatos. E mantenha uma postura aberta. Com flexibilidade, pode-se sempre encontrar uma maneira de contornar os problemas. Muitas vezes, nesses casos, chega-se a um acordo, sem necessidade de medidas mais drásticas.

Leve o caso às autoridades

Se apesar de todos os esforços você não conseguir a ajuda que precisa, recorra à prefeitura e verifique como protocolar uma queixa formal ou abrir um processo. Siga os procedimentos e seja o mais objetivo possível. Não deixe que os sentimentos ou a pressa de resolver o problema interfiram no processo. Se for preciso, consulte um advogado.

Procure o Ministério da Educação

Entre em contato com o Ministério da Educação e verifique quais são os protocolos. Um advogado poderá orientá-lo sobre como proceder. Uma observação importante: se seu filho foi fisicamente agredido, pode ser necessário apresentar um Boletim de Ocorrência. Lembramos mais uma vez que seu filho tem tanto direito à proteção da lei quanto um adulto. O Boletim deve conter todos os detalhes do ocorrido (incluindo nomes e, se possível, endereço dos agressores).

> **ALERTA!** Se seu filho está sendo vítima de *cyber bullying* e foi ameaçado, você também pode efetuar um Boletim de Ocorrência. Imprima e leve à delegacia de polícia todas as páginas com os textos das ameaças. Mesmo que você não saiba quem é o *bully*, a polícia deve ser informada de todos os detalhes para poder investigar.

O melhor a fazer é chegar a um acordo

O melhor para todos os envolvidos é sempre um acordo que satisfaça a todos os envolvidos na situação. Isso pode ocorrer desde que todas as partes mantenham a objetividade e o foco nos interesses dos alunos. Isso pode ser um pouco difícil, pois cada pai tenta proteger os interesses de seu filho enquanto a diretoria da escola tenta conciliar os interesses de todos, sejam os alunos, os funcionários, o departamento de educação, a grade curricular etc.

Nem sempre é fácil enxergar os fatos de maneira clara quando se tem em mente a segurança e a felicidade de um filho. Mas deve-se lembrar que a função dos educadores também é esta. Por isso, é importante manter a mente aberta durante todo o processo. Os diretores provavelmente irão tentar tomar todas as providências cabíveis, mas você tem todo direito de apelar para as autoridades caso seu filho continue sendo ameaçado. Portanto, aja com tato e objetividade. É muito mais fácil conseguir aquilo que deseja através do diálogo do que da agressividade. Se a escola propuser soluções, esteja aberto a discuti-las e também a fazer concessões. Não que isso envolva comprometer a segurança ou o bem-estar de seu filho, mas se algo for solicitado (como levá-lo a um psicólogo ou que você faça trabalho voluntário na escola para interagir com os alunos) considere a possibilidade. Não se recuse a cooperar. Pense com calma, pois o problema pode ser mais facilmente resolvido se todos mantiverem a calma e o foco naquilo que realmente importa: a segurança da vítima de *bullying*.

Programas de prevenção

Se a escola de seu filho não tem um programa de prevenção ao *bullying*, ou se o programa existente não é eficaz, é preciso chamar a atenção da diretoria. Os funcionários podem achar que a política da escola já é suficiente para evitar o *bullying*. Mas, se ainda assim seu filho está sendo maltratado, faça a sua parte. Pesquise e descubra quais programas de conscientização e prevenção do *bullying* têm surtido efeito em outras escolas. Material impresso também pode ser fornecido à diretoria para ajudar. Ofereça-se para coordenar a campanha e convoque outros pais. Se necessário, peça para fazer um trabalho voluntário supervisionando as áreas mais "perigosas" da escola (onde o *bullying* ocorre com mais frequência). Informe-se também sobre instituições que possam oferecer à escola programas e coloque-os em contato com a diretoria.

Capítulo 20
Por que os programas de tolerância zero não funcionam

NESTE CAPÍTULO:
- O que é uma política de tolerância zero?
- Por que os programas de tolerância zero fazem com que haja menor número de denúncias
- A política de exclusão de alunos
- *Bullies* precisam de supervisão e de modelos positivos para seguir
- Outros tipos de prática que não funcionam
- Quais métodos devem ser utilizados?

TOLERÂNCIA ZERO É uma expressão normalmente usada para especificar que quem pratica um crime tem que pagar por ele. Isso significa que deve haver sempre uma punição, independentemente de questões como averiguação de culpa ou circunstâncias atenuantes. Tolerância zero é normalmente aplicada a atos que a sociedade considera perigosos ou nocivos demais para que as pessoas que os cometem fiquem impunes. Muitas escolas têm uma política de tolerância zero para com o uso de drogas, álcool e armas. Mas será que isso funciona mesmo?

O que é uma política de tolerância zero?

Uma política de tolerância zero é aquela em que determinados comportamentos não são admitidos. Em escolas, a restrição normalmente se refere a uso de drogas, de álcool, venda de drogas, porte de armas, assédio sexual ou agressão física. No caso de drogas, a escola informa a professores, pais e alunos que a política é rígida quanto ao assunto e que qualquer aluno que seja flagrado em posse ou uso de drogas será sumariamente expulso.

Muitas escolas têm adotado essa postura com relação ao *bullying*, e isso já representa uma evolução, mas muitos especialistas afirmam que políticas muito rígidas em relação ao problema acabam sendo injustas. Será que um *bully* crônico, que vive maltratando os colegas, deve ser punido exatamente como aquele que cometeu apenas um ato de agressão? E quando se trata de um aluno portador de necessidades especiais, incapaz de perceber as consequências de seus atos? E se ele foi envolvido por outros *bullies* e levado a cometer atos que normalmente não cometeria? E quando se trata de um aluno novo que ainda não conhece ou não está acostumado com a política da escola? Será que todos merecem ser julgados da mesma maneira e ser sumariamente expulsos? Já se registrou inúmeros casos controversos de política de tolerância zero em que injustiças foram cometidas, como o de alunos que estavam tomando medicamento mais forte (prescrito por médicos e com o conhecimento dos pais) e foram acusados de estar usando psicotrópicos ou de expulsão de alunos simplesmente por terem facas plásticas em suas lancheiras ou cortadores de unha em suas mochilas. E também já se soube de outros que foram suspensos ou expulsos por redações ou desenhos contendo palavras ou imagens hostis ou violentas.

Não é nosso objetivo afirmar que a política de tolerância zero seja totalmente negativa, mas é importante que diretores e administradores a utilizem com justiça e bom senso. Todo tipo de *bullying* deve ser combatido e punido, mas isso não significa que qualquer ofensa deva ser tratada com o máximo rigor. Uma política *antibullying* eficaz não tolera maus-tratos de qualquer espécie, mas é flexível e trata cada caso de maneira coerente (exceto quando a segurança das vítimas está em jogo).

> **ALERTA!** Segundo um relatório da Zero Tolerance Task Force (Força Tarefa de Tolerância Zero) da American Psychological Association, "adolescentes com idade inferior a quatorze anos costumam apresentar imaturidade psicológica em pelo menos quatro aspectos: baixa resistência a influência de colegas, baixa percepção de riscos, de consequências futuras e falta de controle de impulsos". Por esse motivo, muitos pesquisadores desaconselham o uso de políticas de tolerância zero nas escolas.

Muitas escolas que adotaram políticas de tolerância zero já foram processadas por pais de alunos que julgaram as punições impostas a seus filhos injustas. Segundo eles, regras únicas para disciplinar crianças não são ideais para se educá-las. Qualquer transgressão acaba sendo tratada como um ato criminoso, sem qualquer direito a investigação ou avaliação de circunstâncias atenuantes. Todo aluno que adota um comportamento que se enquadre na definição de *bullying* é automaticamente punido. Os defensores da política de tolerância zero afirmam que essa é sua maior vantagem: se um aluno maltrata o outro, mesmo sabendo das regras da escola em que estuda, nada mais justo que ele arque com as consequências de seus atos. Se a punição é a expulsão, que seja executada.

Há também um grupo que defende um meio-termo. Muitos Estados norte-americanos instituíram em suas escolas a política de tolerância zero em relação ao *bullying*. Isso é positivo, mas é preciso dar aos administradores das instituições de ensino a oportunidade de criar sanções internas flexíveis para que cada caso seja julgado individualmente. Técnicas de intervenção adequada podem ensinar e conscientizar as crianças que praticam o *bullying* de que seus atos são errados e têm consequências. Somente aquelas que não respondem a qualquer tipo de correção devem ser submetidas a uma punição mais rigorosa, ou seja, à expulsão. Assim, as escolas não precisam agir de maneira injusta com os alunos, submetendo todos a sanções mais rigorosas, mas apenas os que se recusam a cooperar.

Por que os programas de tolerância zero fazem com que haja menor número de denúncias

Alunos que frequentam escolas com política de tolerância zero são conscientes das consequências de determinados comportamentos. E isso pode fazer com que fiquem receosos de delatar casos de *bullying*, por vários motivos.

Punição excessivamente rigorosa

Pode ser estranho pensar que um aluno não denunciaria um *bully*, mas muitas crianças são sensíveis ao sofrimento alheio e não gostariam de ver um colega sendo punido, mesmo que tenha agido de maneira errada.

Medo de retaliação

Suspensão e expulsão são formas severas de punição, e, por isso, as vítimas têm medo de contar o que acontece a um adulto, por receio de que o *bully* venha a se vingar delas depois.

Medo de que o *bully* "vire o jogo"

A maioria dos alunos já teve contato suficiente com *bullies* para saber que eles são especialistas em jogar com as situações de maneira a parecerem vítimas em vez de agressores. Daí o medo de denunciá-los e acabar sendo expulso da escola no lugar deles.

Um ambiente tenso na escola

Os alunos podem acreditar que diretores e funcionários sintam prazer em aplicar a política de tolerância zero e punições mais severas. Isso cria um ambiente tenso e acirra o código de silêncio.

> **FATO** Nos anos 1980 e 1990, a política de tolerância zero foi instituída para inibir o uso e a venda de drogas. As leis se tornaram mais severas em relação ao tráfico e a punição era aplicada independentemente das circunstâncias (não importando o nível ou o contexto da violação).

Políticas de tolerância zero também fazem com que professores se sintam menos dispostos a denunciar incidentes de *bullying*, já que alunos denunciados normalmente são expulsos. E embora a punição severa facilite sua rotina ao eliminar das salas de aula aqueles que causam mais problemas, eles sabem que terão que denunciar todos os casos, sérios ou não. As regras não são flexíveis. E isso pode ir contra a filosofia de muitos deles. O objetivo é remover da instituição os alunos que causam problemas para estabelecer um ambiente mais tranquilo e seguro para os outros. Apesar da boa intenção, segundo a Zero Tolerance Task Force, "os números sobre o ambiente escolar indicam que há um efeito oposto, ou seja, que altas taxas de suspensão e expulsão dos alunos parecem ter efeito menos satisfatório sobre o ambiente escolar, além de fazer com que os funcionários despendam tempo excessivo com aspectos disciplinares".

Em suma, políticas de tolerância zero e seus efeitos, tanto positivos quanto negativos, precisam ser reavaliados.

A política de exclusão de alunos

Uma das principais fontes de controvérsia em relação à política de tolerância zero, com suas regras restritas e métodos punitivos, é o argumento de que todas as crianças têm direito a educação. O crescente número de escolas norte-americanas que vêm adotando esse tipo de política tem feito com que muitos alunos sejam suspensos e expulsos. Esses alunos se deparam com a perda de oportunidades educacionais, o que pode aumentar as chances de comportamentos negativos e de criminalidade. Não queremos dizer, com isso, que crianças e adolescentes não devam ser punidos por atitudes negativas. Todos aqueles que expõem colegas a perigo ou violência devem realmente ser removidos do ambiente educacional. Mas para aqueles que não representam grande ameaça ou cujos atos não são tão graves, ainda que tenham praticado o *bullying*, a suspensão ou a expulsão sumárias podem ser um exagero.

Bullies precisam de supervisão e de modelos positivos para seguir

Crianças ou adolescentes que apresentam comportamento definido como agressivo e praticam o *bullying* costumam agir assim por diversas razões. Alguns são expostos a grande violência em seus lares e são condicionados desde pequenos a ter relacionamentos agressivos. Outros copiam o comportamento *bully* de adultos com quem convivem. Muitos chegam a admitir que gostam da sensação de poder e de controle que experimentam ao perseguir ou ameaçar colegas mais fracos ou vulneráveis. E muitos se tornam *bullies* após terem se tornado vítimas.

> **ESSENCIAL** É importante que você seja um modelo positivo para seus filhos. Ensine-os a demonstrar tolerância e respeito pelos outros. Ao resolver problemas, não use de violência ou intimidação. Evite palavrões e insultos. Comporte-se exatamente como você quer que seus filhos se comportem.

Uma coisa que todos os *bullies* têm em comum é a ausência de habilidades de relacionamento e de modelos positivos para seguir. Crianças aprendem através da experiência e copiam o comportamento que observam nas pessoas ao redor. E também através do incentivo e do reconhecimento que recebem. O filho de um *bully* adulto provavelmente terá o mesmo tipo de comportamento que o pai. Da mesma maneira, uma criança que recebe estímulo positivo toda vez que pratica o *bullying*, ouvindo frases do tipo "muito bem!", "mostre a eles quem manda" ou "é assim que se faz, meu filho" tem muito mais chances de continuar a maltratar ou agredir os colegas.

Será que essas crianças merecem mesmo ser expulsas da escola? Ou será que merecem uma chance de serem orientadas sobre os efeitos do *bullying* tanto para as vítimas quanto para elas? E que seu passado seja analisado para que se possa descobrir as causas de seu comportamento? Somente assim um *bully* pode aprender a se comportar e a interagir adequadamente com as outras crianças.

Já a tolerância zero impõe punições rígidas e severas, colocando toda a culpa na criança (independentemente das circunstâncias) e a afastando do convívio dos colegas.

Outros tipos de prática que não funcionam

Para tentar reduzir o *bullying*, muitas escolas norte-americanas vêm tentando implementar diferentes programas. É um esforço que tem seus méritos, mas que também pode apresentar muitos fracassos. Implementar um programa sem ter certeza de que ele se aplica especificamente ao problema da escola pode fazer com que ele se torne ainda pior. Veja alguns exemplos de políticas que funcionam muito bem para proteger crianças em diversos casos, mas não são eficazes contra o *bullying*.

Programas de curto período

Uma escola pode convocar uma reunião anual no início do período escolar para discutir as expectativas em relação ao combate ao *bullying*. Outra pode estabelecer um programa de treinamento para professores e funcionários. E outra pode reunir os pais para discutir o *bullying*. Todas são estratégias positivas para se estabelecer um ambiente tranquilo na escola, mas não são suficientes.

Solução de conflitos

A solução de conflitos é um método bastante utilizado para se resolver problemas entre alunos. Ajuda em muitos casos, mas não é eficaz contra o *bullying*. Os três componentes que definem o comportamento dos *bullies* são o desequilíbrio de poder entre eles e as vítimas, a intenção de maltratar e a ameaça de ataques futuros. Portanto, colocar a vítima na presença do *bully* para que os dois se resolvam é extremamente constrangedor para ela. Estudos mostram que esse não é o melhor método de intervenção. Quando duas crianças brigam, normalmente ambas têm culpa pela situação. Nesses casos, colocá-las frente a frente pode ser um método eficaz. Mas uma vítima de *bullying* não tem culpa dos maus-tratos que sofre. Deve ser protegida, e não exposta a quem a atormenta.

> **ALERTA!** Tratamento em grupo também não tem se mostrado uma estratégia eficaz para diminuir o *bullying*. Quando estão na presença do grupo, os *bullies* tendem a apresentar comportamento ainda mais agressivo em relação aos colegas. Com isso, em vez de aprender técnicas de controle da raiva e de socialização, eles tendem a acirrar o comportamento negativo.

Quais métodos devem ser utilizados?

Embora as pesquisas sobre a prevenção ao *bullying* ainda estejam em fase inicial, algumas informações já apontam a direção que os programas *antibullying* devem seguir. Ainda há muito a ser pesquisado, mas algumas descobertas se mostram bastante promissoras. As escolas precisam avaliar os programas existentes e estar abertas a novas técnicas e políticas de prevenção até que se consiga encontrar uma solução eficaz e não dispendiosa para todos. Segundo a Zero Tolerance Task Force, "três programas têm se mostrado eficientes na redução do risco de violência: a prevenção (primário), a avaliação do comportamento do *bully* (secundário) e o estabelecimento do nível de ameaça que o incidente representa para a escola, bem como a devida punição (terciário)". Lembramos que punições de tolerância zero não são mencionadas. O Task Force também menciona que "a controvérsia sobre a tolerância zero e a preocupação com o fato de que a expulsão dos alunos possa lhes negar oportunidade de educação fizeram com que diversos Estados norte-americanos, como Indiana, Texas e Virginia, propusessem ou adotassem uma legislação para modificar os procedimentos demasiadamente rígidos e ampliar as opções disciplinares disponíveis".

Considerando-se que o objetivo da disciplina nas escolas é permitir a todos os alunos a oportunidade de aprender em um ambiente seguro, é preciso que políticas alternativas sejam adotadas.

Flexibilização da política atual de tolerância zero

Embora a política e o sistema de punição da tolerância zero sejam bastante eficazes para controlar determinados tipos de comportamento (como armas, drogas, álcool, violência ou ameaças) e devam se manter como métodos mais utilizados, as políticas *antibullying* devem ser alteradas de modo a permitir mais flexibilidade diante de determinados atos que, embora negativos, não chegam a comprometer a segurança dos alunos.

Programas adicionais

Se o objetivo é a redução do *bullying*, a simples adoção de uma política de tolerância zero não é suficiente. Programas de conscientização e prevenção também devem ser adotados, assim como políticas que contribuam para um bom ambiente e noções de convivência em comunidade para melhorar a relação entre os alunos. Programas de liderança, de aconselhamento e de desenvolvimento de cidadania incentivam o senso de responsabilidade e de cooperação. Mas a própria escola deve avaliar cada tipo de programa e escolher aqueles que mais se adaptam à sua realidade.

Hoje, pesquisadores, educadores, administradores, pais e alunos estão cada vez mais conscientes das implicações do *bullying* e da violência escolar. E mais medidas são tomadas para garantir a segurança das crianças dentro e fora da escola.

Capítulo 21

Como os alunos, os pais, a escola e a comunidade podem se unir para combater o *bullying*

NESTE CAPÍTULO:
- É preciso identificar a extensão do problema
- Campanhas de conscientização
- Programas de conscientização
- Grupo de apoio
- Regras em sala de aula
- Atividades de aprendizado cooperativo
- Supervisão redobrada das áreas de risco
- Uma política integrada

ALUNOS, PAIS, ESCOLAS e a comunidade precisam se unir, e não trabalhar uns contra os outros, na batalha contra o *bullying*. A tolerância para com o comportamento *bully* parece ser algo intrínseco em nossa cultura e somente um trabalho que envolva a todos pode modificar o ambiente escolar. Não há mais tempo para se acusar pessoas ou instituições pelo que acontece. É hora de trabalhar coletivamente para o bem de todas as crianças. Mudanças podem ser feitas, mas exigem esforço, conhecimento e dedicação.

É preciso identificar a extensão do problema

Não se pode resolver problemas enquanto não se admite a existência deles. Uma escola que não admite a existência do *bullying* em suas salas de aula não tem como lidar com as situações difíceis que ele causa. Os pais que negam a realidade ao perceber que seu filho é um *bully* só contribuem para o sofrimento dele. E uma sociedade que ignora o problema e permite que crianças continuem a maltratar umas às outras sofre todas as consequências disso.

As escolas podem promover pesquisas anônimas com os alunos, conversar com alguns deles individualmente, discutir a questão do *bullying* com os professores e avaliar o ambiente e como todos se sentem. Uma vez identificada a extensão do problema, podem-se adotar programas para conscientizar a comunidade, reduzir o *bullying* e gerar um ambiente mais agradável para os alunos.

> **ESSENCIAL**
> Pergunte ao diretor da escola de seu filho se já foi feita uma pesquisa sobre *bullying*. Caso tenha sido feita, peça para ver os resultados. Caso contrário, sugira que seja feita, para avaliar a extensão do problema.

Campanhas de conscientização

A partir do momento em que a escola ou a comunidade identificam a existência do *bullying*, o passo seguinte é criar uma campanha pública de conscientização. É preciso divulgar para todos os envolvidos, de maneira a se ter uma noção precisa da extensão do problema. Os passos para a campanha devem ser: identificar o problema (*bullying*), sua extensão (tipos de *bullying* que ocorrem e como ocorrem, onde e com quem), estabelecer um plano para reduzir os ataques (implementação de um programa de conscientização e prevenção) e solicitar a cooperação de todos para que haja uma mudança de comportamento (dos pais, educadores, funcionários da escola e alunos).

> **ALERTA!** Algumas escolas vêm encontrando maneiras criativas de conscientizar os alunos e a comunidade a respeito do *bullying*. Os alunos que são a favor do projeto recebem fitas para usar no pulso ou alfinetes com um símbolo *antibullying* na roupa, para indicar que estão participando. Outras espalham cartazes pelos corredores e distribuem para aqueles que desejam participar da campanha, assinando um acordo se comprometendo a não ficar em silêncio e a não participar de *bullying*, oferecendo camisetas com frases do tipo: "Seja esperto. Não seja *bully*" ou "*Bullies*, mantenham distância".

Programas de conscientização

A prevenção do *bullying* nas escolas só ocorre realmente quando cada aluno, professor e funcionário está consciente e trabalhando por um objetivo em comum. Para isso, é preciso que alguns conceitos estejam muito claros para todos:

- ✓ o que é o *bullying*;
- ✓ como ele ocorre;
- ✓ por que ele ocorre com vítimas de características específicas ou pertencentes a determinados grupos;
- ✓ diferenças entre o *bullying* praticado entre meninos e entre meninas;
- ✓ o que é o *cyber bullying* e por que ele é um problema;
- ✓ o que o aluno deve fazer caso se torne vítima de *bullies*;
- ✓ o que o aluno deve fazer caso suspeite ou presencie um caso de *bullying*;
- ✓ como denunciar;
- ✓ qual deve ser a postura e as providências de professores e administradores diante de casos de *bullying*.

A melhor maneira de combater o *bullying* é estabelecer um programa de prevenção que já tenha se mostrado eficaz em outras escolas. Pesquisas mostram que, para se obter os melhores resultados, é preciso iniciar a campanha entre os alunos mais jovens e mantê-la durante os anos seguintes.

Além de implementar programas de educação e prevenção ao *bullying*, as escolas devem incorporar determinadas estratégias para reforçar a conscientização. Uma delas é uma declaração de compromisso que cada aluno deve assinar no início do ano escolar. Veja um exemplo:

Eu, aluno do colégio _____ me comprometo a colaborar para eliminar o *bullying* que ocorre em nossa escola.

O *bullying* pode ser definido como comportamento agressivo intencional e se manifesta de várias maneiras (verbal, físico, social/de relacionamentos/emocional, *cyber bullying* ou uma combinação deles). Envolve um desequilíbrio de poder e costuma se estender por períodos prolongados. Uma criança pode, sozinha, maltratar a outra, reunir um grupo para atacar a vítima ou agir em grupo para atacar outros grupos.

Algumas atitudes típicas dos *bullies* são humilhar, ofender, espalhar boatos, fofocas, fazer ameaças verbais, físicas, assédio, intimidação, promover isolamento ou exclusão social e agressão física.

Acredito e concordo com a ideia de que nenhum aluno merece ser maltratado ou menosprezado, e que todos, independentemente de raça, cor, religião, nacionalidade, porte físico, sexo, nível de popularidade, habilidades atléticas, acadêmicas, sociais ou nível de inteligência, têm o direito de se sentir seguros e respeitados.

Comprometo-me a:

- ✓ tratar todos os colegas com respeito e consideração;
- ✓ não praticar qualquer tipo de *bullying*, seja ele verbal, de relacionamentos, físico ou *cyber bullying*;
- ✓ respeitar a política e os procedimentos *antibullying* da escola;
- ✓ ajudar colegas que sejam vítimas de *bullying*;
- ✓ denunciar a professores e à diretoria ocorrências de qualquer tipo de *bullying* que venha a presenciar;
- ✓ ser um bom exemplo para meus colegas.

_____   _____   _____
ASSINATURA DO ALUNO   ASSINATURA DOS PAIS   DATA

O melhor modelo de declaração de compromisso normalmente é aquele redigido em conjunto por professores e alunos. A diretoria ou coordenação pode solicitar a cada classe que redija um texto como sugestão. Depois, pode-se fazer uma votação para eleger o que melhor expressa as necessidades da escola. Outra estratégia importante (mas nem sempre colocada em prática) é desenvolver um programa de prevenção junto aos pais, pois eles são elementos-chave na redução do *bullying*. Muitos nem têm consciência da extensão do problema ou acreditam nos mitos mencionados no Capítulo 8. À medida que se tornam mais conscientes do que é o *bullying* e dos problemas que ele causa tanto a *bullies* quanto a vítimas e testemunhas, eles passam a contribuir com ideias e a ajudar.

Grupo de apoio

Outra estratégia que tem mostrado resultados positivos é a criação de um conselho ou grupo de apoio entre os alunos. Seleciona-se aqueles que mais se mostram empenhados em ajudar para serem treinados a ajudar os colegas que têm dificuldades em lidar com os problemas do dia a dia na escola. Isso ajuda de várias maneiras:

- ✓ Crianças e adolescentes se sentem mais à vontade ao conversar com alguém de sua idade (ou com pouca diferença de idade);
- ✓ Os conselheiros do grupo de apoio servem de modelo positivo para os outros;
- ✓ O grupo funciona como mediador entre os alunos e a direção da escola;
- ✓ Ao confiar e se abrir com os conselheiros, os alunos estabelecem uma rede de apoio, muito importante e necessária para todos.

OBSERVAÇÃO: os conselheiros devem receber treinamento de profissionais e se comprometer a manter o sigilo e a confidencialidade. Seu papel é ouvir e mediar e não resolver situações de *bullying* que envolvam ameaça à segurança dos colegas.

> **ESSENCIAL**
> Alguns livros que podem ajudar: *Youth Helping Youth: A Handbook for Training Peer Facilitators* (*Jovens que Ajudam Jovens: Um Manual de Treinamento para Grupos de Apoio*), de Robert D. Myrick and Tom Erney; *A Guide to Peer Counseling* (*Um Guia Completo para Grupos de Apoio*), de Jewel Rumley Cox; and *Peer Assisted Learning* (*Aprendizado Através de Grupos de Apoio*), de Keith Topping.

Regras em sala de aula

Imagine a seguinte situação: a Professora A não estabelece regras sobre contato físico em sala de aula. Incentiva os alunos a fazer amizade, a se abraçar ou a se sentar próximos uns dos outros enquanto leem, e até a lutar de brincadeira, contanto que ninguém se machuque.

Depois de um ano, os alunos passam a ter aulas com a Professora B, que não permite qualquer tipo de contato físico em sala de aula. Ensina cada aluno a respeitar os espaço do outro e acredita que essa regra ajuda a minimizar conflitos e desentendimentos. Durante suas aulas, ninguém empurra, chuta, discute, puxa os cabelos, abraça ou se senta muito próximo dos outros.

Esses alunos sentiram muito a transição entre a Professora A e a Professora B. Tiveram muitos problemas de brigas e agressão física durante as primeiras semanas.

Todo ano, seu filho se depara com novas regras em sala de aula. Não é de se estranhar que reclame ou tenha problemas nas primeiras semanas ou até nos primeiros meses enquanto se ajusta às expectativas dos professores. Por esse motivo, os pesquisadores sugerem que as escolas estabeleçam regras gerais de conduta em sala de aula. Aquelas que fazem isso costumam ter menos problemas do que aquelas que permitem que cada professor estabeleça as próprias regras. Crianças precisam de segurança. Sentem-se mais tranquilas quando sabem exatamente o que esperar da escola e o que a escola espera delas.

> **FATO**
> Muitos professores estabelecem junto com os alunos as regras de comportamento em sala de aula logo no início do ano. Às vezes se surpreendem ao ver que aquelas impostas por eles são mais rígidas do que as suas. É uma evidência de que crianças precisam ter limites e regras bem estabelecidas.

Regras unificadas de comportamento em sala de aula facilitam a vida de professores, funcionários e diretores. E os pais também se beneficiam por saber exatamente como as coisas funcionam a cada ano.

Atividades de aprendizado cooperativo

Atividades em conjunto fazem com que as crianças se acostumem a trabalhar em grupos pequenos ou grandes e agilizam o processo de aprendizagem. Ensinam a elas que se todos os indivíduos de um grupo se esforçam para aprender e ajudam uns aos outros a compreender melhor as matérias, o resultado é um ambiente de crescimento mútuo. Todos se unem para atingir um objetivo e cada aluno aprende que:

- ✓ pode ter melhores resultados ajudando os colegas;
- ✓ cada membro desempenha um papel importante para se atingir determinados objetivos;
- ✓ todos têm que trabalhar juntos, pois, do contrário, irão todos fracassar;
- ✓ o sucesso do grupo é mais importante do que o sucesso individual.

Atividades de aprendizado em conjunto fazem com que as crianças desenvolvam habilidades sociais e de relacionamento interpessoal, espírito de liderança, habilidade de resolver conflitos e de tomar decisões. São características que ajudam a evitar que elas se tornem vítimas de *bullying*, ou mesmo que venham a praticá-lo, pois passam a lidar mais facilmente com as situações que surgem.

> **ALERTA!** Os cinco componentes essenciais da cooperação identificados por Johnson, Johnson & Holubec, 1993, são: interdependência positiva (uma criança só consegue atingir seus objetivos se o grupo atinge seus objetivos), interação positiva (incentivar e elogiar os esforços um do outro), comprometimento individual e para com o grupo (cada um precisa contribuir para que se atinjam os objetivos), habilidades de relacionamento interpessoal e de interação em grupo e administração do processo (avaliação de cada passo do trabalho).

Supervisão redobrada das áreas de risco

A supervisão dos locais em que há maior incidência de *bullying* dentro da escola é crucial para que se possa reduzir ou eliminar o problema. Pesquisas anônimas podem ser realizadas para identificar as principais áreas de risco. Lanchonetes, refeitórios, banheiros, corredores e *playground* são normalmente indicados pelas crianças como sendo locais de maior risco e portanto merecem maior atenção. No entanto, dependendo das condições de orçamento e de horários, nem sempre é possível aumentar o número de funcionários para fazer a supervisão. É preciso usar de criatividade. Se os professores não têm como fazer uma ronda durante os intervalos de aula, os pais podem tentar se revezar em seus horários livres, ou os conselheiros do grupo de apoio das séries mais adiantadas podem ajudar, supervisionando os mais jovens.

Algumas escolas instalam câmeras nas áreas de risco. Se a escola de seu filho tem muitos problemas de *bullying* e de violência, esta pode ser uma boa alternativa.

Uma política integrada

A maioria dos educadores se preocupa com a questão do *bullying*. Sabe das consequências do problema e tenta fazer sua parte dentro das possibilidades do sistema, das regras e dos procedimentos. Cada um faz o que pode para melhorar o ambiente escolar. Mas não basta estabelecer normas e simplesmente segui-las, sem qualquer noção de bom senso ou envolvimento emocional. Para se dizer que uma escola é realmente *antibullying*, todos os membros de sua comunidade têm que trabalhar para que exista nela um ambiente seguro. O objetivo é que cada criança seja tratada com dignidade e respeito. A instituição de ensino dever ter como lema a consideração e o tratamento justo para com todos.

> A prevenção do *bullying* é mais eficaz quando coordenada por um grupo de representantes de todas as áreas da comunidade escolar. O ideal é que participem dele o diretor ou alguém da administração, um professor de cada nível de ensino, um assistente, um funcionário (da lanchonete ou o motorista do ônibus), um conselheiro e um pai ou mãe.

Isso só ocorre de maneira correta quando pais, professores, funcionários e membros da comunidade escolar se conscientizam de que o desenvolvimento emocional e social das crianças é tão importante quanto o acadêmico. Pais e educadores precisam deixar de lado a maneira antiga de pensar, em que o *bullying* é parte normal do crescimento. Nenhuma criança merece ser vítima de *bullies*, e, para isso, é preciso que os adultos façam sua parte, identificando o problema e intervindo o quanto antes para que ele deixe de existir, respeitando, porém, a dignidade de todos os envolvidos. Vítimas de *bullying* precisam ser protegidas e amparadas, *bullies* devem ser ensinados a interagir de maneira positiva e testemunhas precisam se sentir seguras para agir ao presenciar o *bullying*. Os pais devem participar da vida social e emocional dos filhos conversando, desde cedo, sobre o *bullying* e seus efeitos. E também estar mais envolvidos em sua rotina escolar. A escola também precisa ter um canal aberto de comunicação com pais e alunos. Se cada membro da comunidade escolar se dispuser a trabalhar em conjunto com os demais, será mais fácil estabelecer normas e uma política de segurança eficaz. Uma política integrada é aquela em que cada um é responsável e faz sua parte para garantir a segurança e o bem-estar de todos.

Apêndice A
Glossário

ABUSO/MAUS-TRATOS:
Molestar repetidamente uma pessoa, tratando-a mal.

AÇÃO LEGAL/JUDICIAL:
Ação movida contra uma pessoa ou instituição.

ACONSELHAMENTO:
Ato de dar conselhos, apoio e orientação a alguém.

ADOLESCÊNCIA:
Período de desenvolvimento físico, emocional e psicológico entre a puberdade e a maturidade. É uma fase marcada por uma grande preocupação com questões de identidade. "Quem sou?", "O que estou me tornando?", "Quem devo ser?".

AFIRMAÇÕES POSITIVAS:
Afirmações que, repetidas com frequencia, aumentam a autoconfiança.

AGRESSÃO:
Ataque físico ou verbal.

AGRESSIVIDADE:
Sentimento de hostilidade e raiva que pode gerar ataque físico ou verbal.

ALUNOS:
Crianças que frequentam uma escola.

AMBIENTE FAMILIAR:
Relacionamento e convivência dentro de uma família.

AMEAÇA:
Fonte de perigo iminente.

AMIZADE:
Interação positiva e contínua entre duas pessoas.

AMOR INCONDICIONAL:
Amor sem julgamento ou restrições.

ANSIEDADE:
Estado de humor desconfortável, uma apreensão negativa em relação ao futuro, uma inquietação interna desagradável. A ansiedade inclui manifestações somáticas e fisiológicas.

APARÊNCIA:
Representação física, externa ou visível, de uma pessoa ou de um objeto.

ASSÉDIO SEXUAL:
Comportamento inapropriado e de conotação sexual, verbal ou não verbal, dirigido a alguém contra sua vontade.

ASSÉDIO:
Comportamento repetitivo e negativo, considerado ofensivo e que pode causar preocupação, medo e ansiedade.

AUTOCONFIANÇA:
Comportamento que garante a uma pessoa satisfazer suas necessidades sem o uso de agressividade.

AUTOESTIMA:
Maneira como a pessoa se sente sobre si mesma.

BLOG:
Um diário ou periódico publicado na Internet.

BOATO:
História não verdadeira.

BULLY:
Pessoa que age de maneira intencionalmente cruel para com outras.

BULLYING DE RELACIONAMENTO:
Modalidade de *bullying* em que se ameaça a posição ou o relacionamento social da vítima.

BULLYING EMOCIONAL:
Ato de manipular o comportamento de uma pessoa através de chantagem.

BULLYING FÍSICO:
Bullying praticado através de atos de violência (como socos e chutes).

BULLYING SOCIAL:
Tipo de *bullying* que afeta os relacionamentos sociais da vítima.

BULLYING VERBAL:
Tipo de *bullying* efetuado através da palavra falada e que inclui ridicularização, provocação e falsos boatos.

BULLYING:
Prática em que uma pessoa, intencional e repetidamente, agride outra de maneira verbal, física ou moral.

CLIMA:
Condição ou estado predominante em um local.

COMPORTAMENTO POSITIVO:
Comportamento considerado socialmente aceitável, que gera aceitação e aprovação.

COMPUTADOR:
Equipamento eletrônico capaz de armazenar e processar dados.

COMUNICAÇÃO NÃO VERBAL:
Todos os componentes da comunicação que não envolvem a palavra falada (olhar, tom de voz, linguagem corporal).

CONFIANÇA:
Habilidade de acreditar em si mesmo e nas próprias habilidades: sentir-se capaz.

CONFLITO:
Choque ou desentendimento entre indivíduos com pontos de vista opostos.

CONFRONTO:
Discussão ou desentendimento face a face.

CONSTRANGIMENTO:
Situação em que uma pessoa se sente psicologicamente desconfortável; vergonha.

CRIANÇA:
Fase da vida de uma pessoa que vai do nascimento à puberdade, ou seja, até 12 anos, aproximadamente.

CULTURA:
Conjunto de valores e padrões que dão sentido e significado à vida de um grupo.

***CYBER BULLYING*:**
Bullying realizado por meios eletrônicos (telefone celular, mensagens de texto, *e-mail* etc.).

DEFICIÊNCIA:
Déficit físico, mental ou emocional que interfere no funcionamento normal de um organismo.

Apêndice A: Glossário

DEPRESSÃO:
Distúrbio que afeta o humor e interfere nas atividades de uma pessoa.

DIRETOR:
Educador com cargo de chefia e administração dos funcionários da escola e dos alunos.

DISCIPLINA:
Conjunto de métodos utilizados pelos pais para equilibrar o comportamento dos filhos.

DISTÚRBIO DE APRENDIZAGEM:
Dificuldade em processar informações corretamente ou em prestar atenção a estímulos necessários.

DISTÚRBIO DE ESTRESSE PÓS-TRAUMÁTICO:
Reação intensa de estresse que acomete uma pessoa após ela vivenciar um evento ou uma série de eventos traumáticos.

EDUCAÇÃO EM CASA:
Modalidade acadêmica em que a criança recebe a maior parte das aulas em casa.

EGOÍSTA:
Pessoa que se concentra e se preocupa apenas consigo mesma.

***E-MAIL*:**
Mensagem escrita, enviada e recebida através de tecnologia eletrônica.

EMPATIA:
Habilidade de se colocar no lugar de uma pessoa e entender o que ela está sentindo ou vivenciando.

EQUIPAMENTO ELETRÔNICO:
Telefones celulares, computadores, aparelhos de som etc.

ESTAR NO CONTROLE:
Ter condições e habilidade para administrar e resolver problemas.

ESTRATÉGIA ESCOLAR COOPERATIVA:
Estratégia utilizada em escolas, que consiste no trabalho em conjunto de funcionários, professores e entidades externas (pais e comunidade).

EVITAR:
Manter distância ou afastar-se deliberadamente.

EXCLUSÃO:
Ato de rejeitar ou colocar uma pessoa fora de um grupo ou situação.

FOFOCA/MEXERICOS:
Ato de discutir o comportamento e as ações das pessoas de maneira maldosa ou maliciosa.

FORÇA-TAREFA:
Grupo criado com o propósito específico de resolver um problema.

FUNCIONÁRIOS DA ESCOLA:
Pessoas que trabalham em uma escola.

GÊNERO:
Masculino ou feminino.

GENÉTICA:
Traços biológicos transmitidos de pais para filhos.

GRUPO DE TRABALHO:
Um grupo de pessoas que se reúne para trabalhar juntas e atingir um objetivo em comum.

GRUPO SOCIAL:
Grupo de pessoas de idade e nível social semelhante.

GRUPO:
Reunião de pessoas com interesses ou padrão de comportamento semelhantes.

HABILIDADE DE COMUNICAÇÃO:
Qualidade que permite comunicar uma mensagem de maneira efetiva.

HABILIDADES SOCIAIS:
Habilidades necessárias para a comunicação interpessoal e relacionamentos efetivos.

HUMILHAÇÃO:
Constrangimento intenso, capaz de abalar a autoestima de uma pessoa.

IMPOR-SE:
Agir de maneira confiante para obter aquilo que se deseja.

IMPOTÊNCIA:
Sentimento de que, por maior que seja o esforço, não se é capaz de atingir um objetivo.

INTERNET:
Uma rede global de computadores interligados.

INTERVENÇÃO:
Interrupção de uma ação, de maneira a corrigir uma situação negativa ou prejudicial.

INTIMIDAÇÃO:
Ameaçar ferir ou prejudicar algo ou alguém.

INVEJA:
Sensação de desconforto, raiva e angústia perante a constatação de que outra pessoa possui objetos, qualidades e relações que o indivíduo gostaria de ter, mas não tem.

LINGUAGEM CORPORAL:
Gestos, maneirismos e expressões físicas utilizados na comunicação.

MAL-INTENCIONADO:
Maldoso ou rancoroso.

MANTER SEGREDOS:
Ato de ocultar algo de outras pessoas.

MEDIAÇÃO DE GRUPO:
Técnica de solução de problemas face a face.

MEDO:
Estado de progressiva insegurança e angústia, de impotência e invalidez crescentes ante a impressão iminente de que sucederá algo que queríamos evitar e, progressivamente, nos consideramos menos capazes de reagir.

MENSAGEM DE TEXTO:
Mensagem escrita, enviada de um telefone celular para outro.

MENSAGEM INSTANTÂNEA:
Comunicação de texto realizada em tempo real entre duas ou mais pessoas *online*, simultaneamente.

MENTALIDADE DE GRUPO:
Tendência de os indivíduos agirem de maneira diferente quando em grupo.

MENTOR:
Pessoa que oferece orientação, apoio e liderança.

NEGAÇÃO:
Ato de refutar a validade de uma declaração.

OBJETO DE ATAQUE:
Vítima perseguida ou atacada.

PASSIVO:
Aquele que permite que as necessidades e desejos das pessoas prevaleçam sobre os seus.

PATERNIDADE:
Processo que envolve nutrir e educar uma criança do nascimento à maturidade.

PESQUISA:
Processo de reunir informações.

POLÍTICA UNIFICADA:
Política praticada em todos os departamentos de uma escola.

PRESSÃO DE GRUPO:
Influência positiva ou negativa dos membros de um grupo sobre o comportamento dos outros.

PROFESSOR:
Pessoa cujo trabalho é ensinar; provedor de conhecimentos.

PROGRAMA *ANTIBULLYING*:
Um programa criado para reduzir o comportamento *bully* em crianças de idade escolar.

PROGRAMA DE TREINAMENTO:
Programa educacional que treina participantes de um grupo para solucionar um problema ou contornar determinadas situações.

PROGRAMA EDUCACIONAL:
Programa destinado a transmitir determinadas habilidades ou competências.

PROVOCAÇÃO:
Ato de zombar ou imitar alguém, por brincadeira ou maldade.

QUADRO DE AVISOS ONLINE:

Espaço *online* em que as pessoas podem deixar mensagens.

RAIVA:

Emoção negativa e intensa resultante de eventos contrários ao desejo de uma pessoa. A raiva não escuta os outros, não respeita ou se preocupa com eles. Considera os outros errados, culpados, inferiores e inadequados.

REAÇÃO:

Ação ou comportamento de resposta diante de um evento ou de uma pessoa.

REFERÊNCIA/MODELO:

Pessoa com características positivas que se pode utilizar como padrão de comportamento.

RELACIONAMENTO:

Conexão estreita e interativa de longo período entre duas pessoas.

RESISTÊNCIA:

Habilidade de se adaptar e se recuperar de dificuldades.

RETALIAÇÃO:

Ato de se vingar de uma pessoa após ter sido prejudicada por ela.

RETORNO POSITIVO:

Mensagens positivas de reconhecimento das ações e do comportamento de uma pessoa.

SALA DE BATE-PAPO:

Espaço virtual *online* onde se pode conversar com outras pessoas.

SANÇÕES:

Punições aplicadas por violações de regras ou leis.

SUICÍDIO:
Tirar a própria vida; matar-se.

SUPERPROTETOR:
Pai ou mãe que protege demais os filhos, a ponto de sufocá-los.

SUPERVISÃO:
Observação e monitoramento das atividades de alguém.

TELEFONE CELULAR:
Telefone portátil e sem fio.

TEMPERAMENTO:
Um conjunto de características de personalidade.

TESTEMUNHA:
Pessoa que presencia um evento, mas não participa dele.

TIROTEIO EM ESCOLAS:
Tiroteio que ocorre dentro ou ao redor de uma escola.

TOLERÂNCIA ZERO:
Política que envolve formas de punição estritas e severas.

VERGONHA:
Sensação de culpa e inadequação.

VIDEOGAMES:
Jogos eletrônicos acessados através do computador ou da televisão.

VINGANÇA:
Retaliação.

VIOLÊNCIA NA MÍDIA:
Violência apresentada na televisão, nos filmes e em *videogames*.

VIOLÊNCIA:
Abuso físico que fere ou prejudica.

VÍTIMA DE *BULLIES*:
A criança que sofre maus-tratos constantes por parte de outra(s).

VÍTIMA:
Pessoa prejudicada por outra.

***WEBSITE*:**
Site que contém páginas, imagens ou vídeos.

Apêndice B
Referências

LIVROS

Beane, Allan L., PhD. *Protect Your Child from Bullying* (*Proteja seu Filho do* Bullying) (San Francisco, CA: Wiley, 2008).

Cohen, Cathi, LCSW. *Raise Your Child's Social IQ* (*Eleve o QI Social de seu Filho*) (Washington, DC: Advantage, 2000).

Coloroso, Barbara. *The Bully, the Bullied, and the Bystander: FromPreschool to High School – How Parents and Teachers Can Help Break the Cycle of Violence* (*O Bully, a Vítima e a Testemunha: da Pré-Escola ao Ensino Superior. Como Pais e Professores podem Interromper o Ciclo de Violência*) (New York: HarperCollins, 2004).

Dellasega, Cheryl and Charisse Nixon. *Girl Wars: 12 Strategies That Will End Female Bullying.* (*Guerra de Meninas: Doze Estratégias para Eliminar o* Bullying *Feminino*) (New York, NY: Fireside, 2003).

Eisen, Andrew R., PhD. *Helping Your Socially Vulnerable Child.* (*Como Ajudar a Criança Socialmente Vulnerável*) (Oakland, CA: New Harbinger, 2007).

Haber, Joel and Jenna Glatzer. *Bullyproof Your Child for Life: Protect Your Child from Teasing, Taunting, and Bullying for Good* (*Torne seu Filho à Prova de Bullies*). (New York: Penguin, 2007).

Kowalski, Robin M., PhD, Limber, Susan P., PhD, and Patricia W. Agatston, PhD. *Cyber Bullying*. (Malden, MA: Blackwell, 2008).

Kraizer, Sherryll, PhD. *10 Days to a Bully-Proof Child. (Como Deixar seu Filho à Prova de Bullies em 10 Dias)* (New York, NY: Marlowe & Company, 2007).

Olweus, Dan. *Bullying at School: What We Know and What We Can Do* (Bullying *na Escola: O que se Sabe e o que se Pode Fazer*) (Cambridge, MA: Blackwell, 1993).

Ross, Dorothea. *Childhood Bullying, Teasing, and Violence: What School Personnel, Other Professionals, and Parents Can Do (2nd ed.)* (Bullying *na Infância, Provocações e Violência: O que Funcionários de Escolas, Profissionais da Área de Ensino e Pais Podem Fazer*). (Alexandria, VA: American Counseling Association, 2003).

Simmons, Rachel. *Odd Girl Out: The Hidden Culture Of Aggression In Girls.* (*Não Queremos Brincar com Você: A Cultura Velada da Agressão entre Meninas*); (Fort Washington, PA: Harcourt, 2003).

Willard, Nancy. *Cyberbullying and Cyberthreats: Responding to the Challenge of Online Social Aggression, Threats, and Distress* (Cyber Bullying *e Ameaças Cibernéticas: Como Encarar o Desafio da Agressão Social e da Agressividade Online*). (Champaign, IL: Research Press, 2007).

Wiseman, Rosalind. *Queen Bees and Wannabees: Helping Your Daughter Survive Cliques, Gossip, Boyfriends, and Other Realities of Adolescence.* (*As Pretensas Abelhas Rainhas: Como Ajudar sua Filha a Sobreviver aos Grupinhos Fechados, às Intrigas e às Realidades da Adolescência*) (New York, NY: Crown, 2003).

WEBSITES

Sobre *bullying*

The United States Department of Health and Human Services, Substance Abuse and Mental Health Services Administration's (SAMHSA) National

Mental Health Information Center (Centro de Informações do Departamento Norte-Americano de Saúde e Serviços, Abuso de Drogas e Administração do Serviço de Saúde Mental).
🖱 www.mentalhealth.samhsa.gov

ACT (*Adults & Children Together Against Violence*) (Adultos & Crianças Unidos Contra a Violência)

Oferece material educacional para que adultos possam ensinar crianças (de 0 a 8 anos) sobre maneiras não violentas de solucionar problemas.

Site desenvolvido pela American Psychological Association and the National Association for the Education of Young Children (Associação Norte-Americana de Psicologia e Associação Norte-Americana de Educação de Jovens).
🖱 www.actagainstviolence.apa.org

Bullying.org

Site canadense que contém informações e material para prevenção do *bullying*.
🖱 www.bullying.org

Bullying UK

Site britânico sobre prevenção ao *bullying*. Estabelece parâmetros interessantes de comparação com os *sites* norte-americanos.
🖱 www.bullying.co.uk

BullyPoliceUSA

Informação e material sobre prevenção do *bullying*. O *site* foi criado pela mãe de uma vítima de *bullies* que cometeu suicídio em razão da pressão que sofria.
🖱 www.bullypolice.org

Center for the Study and Prevention of Violence (Centro de Estudos e Prevenção da Violência)

Informações e material útil no combate à violência.
🖱 www.colorado.edu/cspv/index.html

Exploring the Nature and Prevention of Bullying
(Estudos sobre a Natureza e a Prevenção do *Bullying*)

Contém informações e material para professores, conselheiros e administradores de escolas. Desenvolvido por Education Development Center, Inc., para o U.S. Department of Education (Centro de Desenvolvimento da Educação para o Departamento Norte-Americano de Educação).

🖰 www.ed.gov/admins/lead/safety/training/bullying/index.html36

Eyes on Bullying
(De Olho no *Bullying*)

Informações e material para prevenção. *Site* criado pela fundação IBM Global Work/Life Fund.

🖰 www.eyesonbullying.org

Fight Crime: Invest in Kids
(Lute Contra o Crime: Invista nas Crianças)

Organização norte-americana sem fins lucrativos que estuda e denuncia o *bullying*.

🖰 www.fightcrime.org

National Youth Violence Prevention Resource Center
(Centro Norte-Americano de Prevenção à Violência entre os Jovens)

Informações e links úteis para pais e alunos na prevenção do *bullying*. Patrocinado pelos U.S. Centers for Disease Control and Prevention (Centros Norte-Americanos de Controle e Prevenção de Doenças).

🖰 www.safeyouth.org

PACER National Center for Bullying Prevention
(Centro Norte-Americano PACER de Prevenção ao *Bullying*)

Material de prevenção ao *bullying* com foco em crianças portadoras de necessidades especiais.

🖰 www.pacer.org

PREVNet

Informações e material para a prevenção do *bullying*. Criado por uma comissão de pesquisadores e organizações do Canadá para o combate ao *bullying*, patrocinado por Networks of Centres of Excellence, Queen's University e pela York University.

🖱 www.prevnet.ca

Stop Bullying Now!
(Já Chega de *Bullying*!)

Informações e material para a prevenção e o combate ao *bullying*. Patrocinado pelo U.S. Department of Health & Human Services, Health Resources Services Administration (HRSA) (Departamento Norte-Americano de Saúde & Serviços Humanos; Administração de Recursos de Saúde).

🖱 www.stopbullyingnow.hrsa.gov

NO BRASIL

Programa de Redução do Comportamento Agressivo entre Estudantes

Informações e material para prevenção e combate ao *bullying* nas escolas brasileiras, com estudos e implementação do programa em 11 escolas do Rio de Janeiro.

🖱 www.bullying.com.br

Diga não ao *Bullying*

Desenvolvimento, divulgação e implantação do Programa "Diga Não ao *Bullying*", é a principal atividade da entidade denominada "Iniciativa por um Ambiente Escolar Justo e Solidário – IAEJUS". Paralelamente a essa atividade, organiza seminários e cursos – ou participa de eventos organizados por terceiros – relacionados à temática *bullying*.

WEBSITES SOBRE *CYBER BULLYING*

Center for Safe and Responsible Internet use
(Centro de Utilização Segura e Responsável da Internet)

Oferece pesquisas e serviços para divulgar o uso responsável e seguro da Internet.

🖱 www.cyberbully.org

Cyberbullying.us

Informações sobre pesquisas, notícias, eventos e recursos para o combate ao *cyber bullying*.

🖱 www.cyberbullying.us

i-SAFE

Fundação sem fins lucrativos dedicada à proteção dos jovens que navegam na Internet.

🖱 www.i-safe.org

MindOH!

Apresenta dicas e ferramentas de prevenção ao *cyber bullying*.

🖱 www.mindoh.com

Índice remissivo

1

10 Days to a Bully-Proof Child (*Como Deixar seu Filho à Prova de Bullies em 10 Dias*) (Kraizer), 178

A

A Good Friend (*Um Bom Amigo*) (Herron e Petter), 163
Abuso/maus-tratos, 19, 97,
Acessos de raiva, 60-61, 62
Agressão, 230
Agressão em relacionamentos, 138, 139, 144, 146, 147, 195
Agressão física, 36, 62, 133-35, 138
Agressão física, ameaças de, 37
Alergia a alimentos, 27, 220-23
Alérgicas, substâncias, *bullying*, 221
Alexander, Duane, 24
Alexander, Jenny, 178
Ambiente familiar, 94
Ambiente social, 211
Ameaça sexual, 38
Ameaças cibernéticas, 25-6
Amizades, 98
Anafilaxia, 222
Áreas de maior risco, supervisão, 252
Assassinato a tiros, 25
Atividades de aprendizado cooperativo, 251
Atração Mortal (*Heathers*) (filme), 51
Autoafirmação, 174-76
Autoestima, 24, 150-59
    amizade, 159-60
    aprender com os erros e, 158-59
    áreas de desenvolvimento e, 155-57
    áreas de resistência/competência e, 153-55
    associar-se a clubes/grupos e, 163
    atividade física e, 155
    aulas de autodefesa e, 163-64
    autoafirmação e, 158-59
    características e, 152-54
    comportamento e, 151-52
    dar apoio, 162
    declarações agressivas, 155
    definição de, 150
    diálogo positivo consigo próprio e, 158
    elogios/incentivo, 154-55
    esquecer os erros e recomeçar, 158
    estratégias de melhoria, 153-59
    habilidade de fazer amigos e, 159-62
    habilidades de prevenção, 164
    humor e, 159
    integração social e, 160
    interesses em comum e, 161
    linguagem corporal positiva e, 160-61
    planos de melhoria e, 156-57
    ser positivo e, 160
    temperamento e, 152-53

B

Bandura, Albert, 88, 89
Beane, Allan L., 179
Best Enemies (Os Melhores Inimigos), (Leverich), 179
Best Friends, Worst Enemies (Melhores Amigos, Piores Inimigos) (Thompson, Cohen and Grace), 143
Blubber (Choradeira) (Blume), 21
Blume, Judy, 21
Borba, Michele, 162
Boys Adrift: The Five Factors Driving the Growing Epidemic of Unmotivated Boys and Underachieving Young Men (*Meninos Perdidos: os Cinco Fatores que Levam ao Aumento da Epidemia de Meninos e Adolescentes Desmotivados e de Potencial Limitado*) (Sax), 134

Brown, Laurie Krasny, 163
Bullies, *Veja também* Comportamento, *bullying*
   "bulicídio", 25, 125
   a saúde psicológica da criança e, 210-11
   a tríade e, 63
   ações legais e, 225
   agressão e, 230
   agressão em relacionamentos e, 138, 139, 144, 146
   agressão física e, 133-36, 138
   alergia a alimentos e, 220-23
   ambiente escolar e, 212
   ambiente social e, 211
   androgenia e, 133
   apoio dos pais e, 127
   atividades construtivas e, 214-15
   biologia/ambiente e, 130
   blogs e, 44
   bullies que agem em grupo, 53-54
   Bullies, meninas, 137-47
   Bullies, tipos de, 49-55
   Bullycide: Death at Playtime (Bulicídio: Morte na Hora de Brincar) (Marr e Field), 25
   Bullying
   bullying de relacionamentos e, 139
   bullying em grupo e, 142-43
   bullying emocional e, 139
   bullying indireto e, 138
   bullying sexual e, 136
   bullying social e, 139
   bullying verbal e, 137-39
   Bullying, consequências do, 121-127
   Bullying, crianças portadoras de necessidades especiais, 217-25
   Bullying, tipos de, 33-47
   Bullying, um crime, 227-35
   campanhas via *e-mail* e, 228
   características comuns, 26-27
   características do, 57-60
   como lidar com o problema, 207
   comportamento do, 19
   comportamento social e, 211
   condicionamento social e, 60
   confiantes, 49-50
   consciência da população e, 229
   cyber bullying e, 234
   Cyber bullying, 42-47
   cyber, 42-47
   cyberspace e, 42
   de relacionamento, 39-40
   definição de, 19-20, 33
   direitos legais e, 224
   direto versus indireto, 42
   disciplina apropriada à idade e, 62
   dominantes, 50
   domínio social e, 135
   efeito a longo prazo, 126-27
   efeitos a curto prazo, 125-26
   efeitos emocionais e, 123-24
   efeitos físicos e, 121-23
   efeitos sobre o rendimento escolar e, 124
   e-mails e, 43-44
   emocional, 40-41
   envolvimento dos pais e, 219-20
   estágios de desenvolvimento e, 138
   estereotipado, 64
   estereótipos e, 131
   exclusão/isolamento social e, 142
   exclusões *online* e, 45
   extorsão, 41
   fatos/estatísticas e, 23-26
   ferimentos físicos/ameaças, 230-31
   físico, 36-38
   fotos digitais e, 45-46
   funcionários e descaso, 231-32
   gangues de *bullies*, 54-55
   habilidade de fazer amigos e, 212
   habilidades de domínio e, 130
   habilidades interpessoais e, 213
   habilidades íntimas e, 130
   habilidades sociais e, 213
   hiperativos, 52
   história do, 20-23
   impacto do, 28
   insensíveis, 51
   Internet e, 42
   intervenção e, 134, 207-12
   leis *antibullying* e, 218, 227, 229-30
   leis estaduais e, 227
   leis, *bullying* e, 229-30
   manter a mente aberta e, 207
   masculinidade e, 129-30
   maus-tratos a colegas e, 43
   meninas malvadas, 50
   meninas que maltratam meninas, 143-44
   meninos que maltratam meninas, 135
   meninos que maltratam meninos, 136
   meninos, 129-36
   mensagens de texto e, 45

Índice remissivo

meu filho, um *bully*, 205-15
mito de que garotos têm de ser homens, 129-31
modificações de comportamento e, 213-14
motivação e, 208
não verbal, 39
o *bully* convicto, 67
o *bully* experiente, 66
o *bully* iniciante, 65-66
o *bully* vítima de *bullies*, 53-53
O *bully*, 29, 57-67
o papel da escola e, 217-18
o perigo dos estereótipos e, 132
o poder das meninas e, 140
o tipo "menina boazinha", 144
onde o *bullying* ocorre, 64-65
os mais jovens, 65
pais autoritários e, 62-63
pais e, 136-36, 144-46
pais permissivos, 61-62
perfil dos pais e, 209-10
pesquisas, estudos e, 22-23
poder/dominação e, 133, 136
política de tolerância zero e, 212
popularidade e, 143
por que algumas crianças maltratam as outras, 60-63
primeira linha de defesa e, 224
procurar ajuda e, 229
programas de prevenção e, 234-35
psicológico, 39
reclamação formal, procedimentos, 232-34
resoluções e, 234
salas de bate-papo e, 43
sanções graduadas e, 212
seu perfil de relacionamentos e, 210
sinais do *bullying*, 145
sinais, 205-07
sociais, 50-51
social, 38-39
tecnologia e, 46-47
telefones celulares e, 45
The Bully, the Bullied and the Bystander (*O Bully, a Vítima e a Testemunha*) (Coloroso), 29, 73
verbal, 33-36, 137-39
versus conflitos normais, 27-28
videotape e, 46
violência e, 133, 140-42
violência em família e, 141
violência entre colegas e, 141
violência na escola e, 141
violência na mídia e, 215
violência no bairro e, 141-42
vulnerabilidade e, 218-19, 221
websites e, 44
Bullying at School: What we Know and What we Can Do (*Bullying na Escola: O que se Sabe e o que se Pode Fazer*) (Olweus), 22
Bullying de extorsão, 41
Bullying de relacionamentos, 139
Bullying emocional, 139
Bullying social, 50, 51, 139-39

C

Campanhas de conscientização, criação, 247
Cleary, Beverly, 179
Cohen, Lawrence, J., 143, 210
Coleridge, Georgia, 210
Coloroso, Barbara, 29, 63, 73
Columbine High School, 94
Comitê de Estudos do massacre na escola Virginia Tech, 95
Como se Livrar dos Bullies (Beane), 179
Comportamento
    ambiente escolar, 98-99
    ambiente familiar, 94
    ambiente, 87
    amizades, 98
    aprendizado por observação, 89
    bullies que também já foram vítimas, 97
    bullying, 87-100
    genética, 94
    influência dos pais, 87-88
    maus-tratos a crianças, 90-92
    maus-tratos, 97, 98, 99
    modelos positivos, 92-93
    rejeição por parte dos colegas, 98
    repetência escolar, 97
    teoria do aprendizado social, 88-89
    videogames violentos, 94-97
    violência doméstica, 89, 90
    violência em família, 87
    violência na televisão, 92-93
Comportamento social, 211
Convivência social, 156-57
Cosby, Bill, 179

Cyber bullying, 189-203, 234
    anonimato e, 196
    artimanhas e, 193
    consequências do, 197-98
    definição, 189
    denegrimento e, 191
    educação contra, 200-202
    envolvimento dos pais e, 199-201
    exclusão e, 194
    exposição e, 194-95
    impacto do, 197-98
    instigação e, 191
    instigadores e, 191
    intervenção e, 201
    mensagens agressivas e, 201-02
    perseguição/provocação, 190-91
    personificação e, 192
    problemas do, 195-96
    proteção contra, 199-200
    razões para o, 195-96
    reação ao, 200-02
    relação de agressão e, 195
    sinais de, 198-99
    sites de relacionamento e, 200
    tipos e, 189-95
Ciberespaço / cyberspace, 43

D

Dear Mr. Henshaw (Cleary), 179
Depressão, 24, 59
Deficiência de aprendizado, 52
Dickens, Charles, 21
Dificuldades de aprendizado, 73
Disciplina apropriada para a idade, 61
Disciplina interior, 62
Distúrbio de deficiência de aprendizado não verbal (NLD), 166
Distúrbio de déficit de atenção com hiperatividade, 52
Doherty, Karen, 210
Dominante, 50, 54

E

Educação em casa, 73
Eisen, Andrew, 178
Elman, Natalie Madorsky, 162
Engler, Linda B., 178
Epinefrina, 222
Esquecer os erros e recomeçar, 158

F

Fab Friends And Best Buds: Real Girls On Making Forever Friends (*Amigas Legais e Grandes Companheiras: Um Guia para Meninas que Querem Ter Amigas para Sempre*) (Karres), 163
Families and Work Institute, estudos do, 39-40
Federal Bureau of Investigation, relatórios do, 140
Field, Tim, 25
Food Allergy & Anapylaxis Network (FAAN), 221-22
Fox, Michael J., 22

G

Garbarino, James, 142
Gardner, Howard, 168, 175
Garotas Malvadas (*Mean Girls*) (filme), 51, 109
Genética, 94
Gíria da Internet, 203
Golding, William, 21
Grace, Catherine O'Neill, 143
GrandTheft Childhood: The Surprising Truth about Video Games and What Parents Can Do (*O Grande Jogo: a Verdade sobre os Vídeo Games e o que os Pais Podem Fazer a Respeito*) (Kutner e Olson), 83
Gurian, Michael, 130

H

Habilidades de conversação, 171-72
Habilidade de fazer amigos, 150
Habilidade para ser relacionar entre amigos, 159-62, 172-73
Habilidades interpessoais, 213
Habilidades sociais/interpessoais, 150
Habilidades sociais, 165-176, 213
    apresentações e, 172
    atitudes e, 170
    atividades lúdicas e, 166
    autoconfiança e, 167
    capacidade de manter conversas e, 171
    contato visual e, 168
    cumprimentos e, 171-72
    demonstrar gratidão e, 173
    ensino, 149-50
    enturmar-se, 173
    essencial, 166-67
    expressões faciais e, 169-70

fazer amizades e, 166-67
fazer elogios e, 173
flexibilidade e, 167
habilidade de conversação e, 171-72
habilidade de fazer amigos e, 172-73
linguagem corporal e, 168-70
nervosismo e, 171
oferecer ajuda e, 173
postura e, 169
qualidade de voz e, 170-71
relacionamento interpessoal e, 165, 166, 171
Harris, Erics, 95
Helping your Socially Vulnerable Child (Como Ajudar um Filho Socialmente Vulnerável) (Eisen e Engler), 178
Herron, Ron, 163
High, Brenda, 229
Hinton, S.E., 21
How to Be a Friend (Como ser Um Amigo) (Brown), 163
Humilhação, 38-39
Humor, 159

I

Implementação de programas educacionais, 247-49
Inteligência intrapessoal, 168
Intenção de fazer mal, 27
Internet, 42
Intervenção, 22, 66, 12, 120, 134, 201, 207-12
Isolamento social, 59

J

Josephson Institute of Ethics, 24

K

Kaiser Foundation, 20, 24, 25, 93
Karres, Erika V. Shearin, 145, 163
Kennedy-Moore, Eileen, 162
Kindlon, Dan, 134
Klebold, Dylan, 95
Kraizer, Sherryll, 178
Kutner, Lawrence, 96

L

Lane, Marilyn L., 210

Lei norte-americana sobre portadores de necessidades especiais, 223
Leis *antibullying*, 227, 229
Leis sobre *bullying*, diretivas, 229-30
Leverich, Kathleen, 179
Linguagem corporal, 168-70
Linguagem ofensiva, 35-36
Linking the Interest of Families and Teachers (União dos Interesses de Família e Professores – LIFT), 183
Lista negra, 51
Lord of the Flies (*O Senhor das Moscas*) (Golding), 21

M

Maine Project Against *Bullying*, 105
Manipulação, 40
Marr, Neil, 25
Maus-tratos
    crianças com necessidades especiais e, 220
    cyber bullying e, 190-91
    entre colegas, 217
    necessidades especiais, 223
    online, 43
    processos legais, 225
    sexual, 141
    suicídio de adolescentes e, 120
Maus-tratos a colegas, 43
Maus-tratos à criança, 90-92
Maus-tratos a portadores de necessidades especiais, 223
Mean Chicks, Cliques, and Dirty Tricks (Meninas Malvadas, Grupinhos Fechados e Brincadeiras Sem-Graça) (Karres), 145
Mehrabian, Albert, 170
Meninas Malvadas (Voigt), 179
Mitos com relação ao *bullying*, 101-09
    autodefesa e, 103-04
    bullies andam sempre sozinhos e, 108-09
    bullies já nascem assim e, 107
    comportamento aprendido e, 107
    fofocas e, 106
    medo de retaliação e, 104
    medos, 104-06
    o *bully* não ocorre e, 107-08
    ritos de passagem e, 101-02
    um problema da escola e, 109
    vítimas sempre denunciam e, 104-06

N

National Center for Education Statistics, 73
National Crime Victimization Survey, 140
National Institute of Child Health and Human Development (NICHD), 24
National Institute of Mental Health, 93, 145
National Mental Health Information Center, 70
National Youth Violence Prevention Center, 19, 191
Nobody Liked, Everybody Hates me (*Ninguém me Ama, Todos me Odeiam*) (Borba), 162

O

Odd Girl Out: The Hidden Culture Of Aggression In Girls. (*Não Queremos Brincar com Você: A Cultura Velada da Agressão entre Meninas*) (Simmons), 138, 142
Oliver Twist (Dickens), 21
Olson, Cheryl, 96
Olweus *Bullying* Prevention Program, 183, 185
Olweus, Dan, 22, 63, 70, 102, 108, 182
O massacre na escola Virginia Tech, 95
Os Anos Incríveis, 183

P

Parenting with Purpose: Five Keys to Raising Children with Values and Vision (*Crie Bem: Cinco Técnicas Essenciais para Criar Filhos com Valores e Visão*)(Reasoner and Lane), 210
Parents Television Council, 93
Pesquisa sobre o *bullying*, 246
Peter, Val J., 163
Pew Internet & American Life Project, 193, 196, 200, 201
Playful Parenting (*Pais que Brincam*) (Cohen), 210
Políticas de tolerância zero, 237-44
    descrição, 237-38
    escola e, 212
    intervenção/papel positivo de modelos e, 241-42
    objetivos das, 240
    política de expulsão de alunos e, 241
    política/programas a serem utilizados e, 243-44
    políticas de curto prazo/políticas de intervenção e, 242
    processos legais e, 239
    relatórios de diminuição no número de incidentes e, 239-41
    sanções graduadas e, 185-86, 239
    solução de conflitos e, 243
Pollack, Williams, 134
Postura, 37
Pré-escola, 34
Prevenção do *bullying*, 59, 181-87
    ambiente de tolerância e, 182
    aplicação de sanções e, 186
    avaliação do problema e, 182
    educação continuada/intervenção e, 186
    integradas, 183-84
    mudanças no ambiente escolar e, 182-83
    pais/escola e funcionários que dão apoio e proteção, 183-84
    política de tolerância zero e, 185-86
    procedimentos para denúncia e, 185
    programas de desenvolvimento de caráter e personalidade e, 184
    programas, 234
    sanções graduadas e, 185
    supervisão de áreas de maior risco e, 186-87
Pressão dos colegas, 53-54
Problemas, identificar os, 246
Programas de aconselhamento de colegas, 249
Programas/conscientização *antibullying*, 181

Q

Qualidade de voz, 170-71
Queen Bees and Wannabees (*As Pretensas Abelhas Rainhas*) (Wiseman), 51, 139

R

Raising Cain: Protecting the Emotional Life of Boys (*A Educação de Caim: Como Proteger a Vida Emocional dos Meninos*) (Kindlon and Thompson) (Kindlon e Thompson), 134
Reação de medo, 72
Real Boys: Rescuing Our Sons from the Myths of Boyhood (*Meninos de Verdade: como Resgatar Nossos Filhos dos Mitos Sociais de como ser Homem*) (Pollack), 134
Reasoner, Robert W., 210
Regras em sala de aula, especificar, 250-51

Regras gerais da escola, 252-53
Relacionamentos, 40
Relações interpessoais, 165, 168, 171
Responsabilidade paterna, mudanças de comportamento e, 177-87 Veja também prevenção ao *bullying*
    atittude de superproteção e, 180
    consciência da situação e, 179
    constrangimento e, 178
    dar apoio e, 180
    denúncias de *bullying* e, 180-81
    medo, 177-78
    respeitar os desejos das crianças e, 179
Rubin, Kenneth H., 162

S

Sadler, Marilyn, 179
Sax, Leonard, 134
School Psychology International, 104
School violence, 141
Schwartz, David, 74
See Jane Hit: Why Girls Are Growing More Violent and What We Can Do About It (*Veja como Jane é Agressiva: Por que Meninas estão se Tornando Mais Violentas e o que se Pode Fazer a Respeito*) (Garbarino), 142
Seven Secrets of Successful Parenting (*Os Sete Segredos dos Pais Bem-Sucedidos*) (Coleridge e Doherty), 210
Simmons, Rachel, 138, 142, 143
Sites de relacionamento, 200
Southern California Center of Excellence on Youth Violence Prevention, 53
Suicídio entre adolescentes, 120
Super-heróis, 129-30

T

Tecnologia, 46-47
Teoria do aprendizado social, 88-89
Testemunha, a , 31, 79-85
    a testemunha como auxiliar, 80-81
    a testemunha como instigadora, 81
    a testemunha que evita falar no assunto, 81-82
    a tríade e, 80
    características da, 79
    como herói/heroína, 82
    como pedir ajuda, 85
    definição, 79
    demonstração de apoio, 84
    empatia/indulgência e, 84
    inocência e, 83
    intervenção e, 84-85
    não denunciar e, 82
    necessidade de denunciar e, 84
    o papel da, 80-82
    soluções alternativas e, 85
The Breakfast Club (O Clube do Café da Manhã), 109
The Friendship Factor (*O Fator Amizade*) (Rubin), 162
The Journal of the American Medical Association, 23
The Karate Kid, 22, 108-09
The Meanest Thing to Say (*A Coisa Mais Cruel que Alguém Pode Dizer*) (Cosby), 179
The Ophelia Project, 146-47
The Outsiders (Hinton), 21
The Unwritten Rules of Friendship (*As Regras Implícitas da Amizade*) (Elman e Kennedy-Moore), 162
The Very Bad Bunny (*O Coelhinho Malvado*) (Sadler), 179
Thompson, Michael, 134, 143

U

U.S. Secret Service/Department of Education, relatórios do, 25, 108

V

Violência, 53, 133, 134, 140-42, 215
Violência doméstica, 53, 89-90
Violência entre colegas, 138-39
Violência entre jovens, 25
Violência familiar, 141
Vítima de *bullies*, A, 30, 69-77
    a tríade e, 71
    ação dos pais e, 117-120
    características de, 69-70
    como alguém se torna, 72-74
    educação em casa, 73
    influência dos pais e, 115-117
    intervenção e, 112, 120
    os sinais do *bullying*, 70, 111-12

os sinais no rendimento escolar, 114
pais e, 76
passividade/provocação, 70
porque as vítimas não delatam os
   bullies, 76-77
sinais e sintomas físicos, 111-113
sinais psicológicos/sintomas, 113-114
tornar-se um *bully*, 77
vítimas em potencial e, 115
vulnerabilidade emocional/social
   e, 115

Voigt, Cynthia, 179

W

What Stories Does my Son Need? A Guide to Books and Movies that Build Character in Boys (Gurian), 130
When your Child is Bullied (*Seu Filho, Vítima de Bullies*) (Alexander), 178
Wiseman, Rosalind, 51, 139
Workplace *Bullying* Institute, 109